台湾研究

抗战时期福建崇安县的台湾籍民

——心态史视域下的考察

黄俊凌　著

九州出版社 JIUZHOUPRESS | 全国百佳图书出版单位

图书在版编目（CIP）数据

抗战时期福建崇安县的台湾籍民：心态史视域下的考察 / 黄俊凌著. —北京：九州出版社，2010.6

ISBN 978-7-5108-0523-3

Ⅰ.①抗… Ⅱ.①黄… Ⅲ.①抗日战争-史料-崇安县②华人-抗日斗争-史料-台湾省 Ⅳ.①K265.06

中国版本图书馆 CIP 数据核字（2010）第 104221 号

抗战时期福建崇安县的台湾籍民

——心态史视域下的考察

作　　者	黄俊凌 著
出版发行	九州出版社
出 版 人	徐尚定
地　　址	北京市西城区阜外大街甲 35 号（100037）
发行电话	（010）68992190/2/3/5/6
网　　址	www.jiuzhoupress.com
电子信箱	jiuzhou@jiuzhoupress.com
印　　刷	三河市东方印刷厂
开　　本	720 毫米×1020 毫米　16 开
印　　张	16.25
字　　数	255 千字
版　　次	2010 年 6 月第 1 版
印　　次	2010 年 6 月第 1 次印刷
书　　号	ISBN 978-7-5108-0523-3
定　　价	32.00 元

序 言 一

日本殖民统治台湾达五十年之久（1895－1945年），数百年来两岸正常的交流交往被阻隔，这一阶段台湾民众返回祖国大陆，便是日籍台湾人，也就是台湾籍民。关于台湾籍民的研究，海峡两岸乃至日本都已经发表过不少的专题论文，甚至也有了相关的专著。所以当作者提出要利用档案资料研究抗战时期福建台湾籍民时，我既给予鼓励，也替他担心，觉得要在这个选题上推陈出新是很有难度的。但作者最终顺利完成了书稿，而且在史料应用、选题角度和研究方法上都取得了突破，这是极为难得的，综合起来有如下三点：

其一，丰富的新史料。在史料的发掘上，作者下了一番苦功，使用的资料分别来自国家图书馆民国期刊电子库、福建省档案官、武夷山市档案馆、厦门市图书馆、厦门大学图书馆保存库等，利用了六十七卷数百份档案，以及不少民国时期的期刊、报纸。大量的一手资料，为此书高质量地完成奠定了扎实的基础。

其二，新颖的选题和观点。作者将研究的视角聚焦在抗战时期福建崇安县的台湾籍民上，结合大量的档案资料，生动形象地再现了崇安县台湾籍民这一特殊群体当时的境况及心态，指出文学作品中的“亚细亚孤儿”意识确实有其历史原型，抗战时期崇安县的台湾籍民就具有这种心态，分析了此种迷惘、失落心态的形成与变化。此外，作者还利用翔实的史料，在有关台湾籍民问题上，提出不同的看法，譬如通过对厦门地区台湾籍民职业类别、就业人数及其所占比例的情况，提出“台湾籍民对民国时期厦门社会经济的发展，有一定的贡献，但作用和影响力是有限”的观点；对于以往学界误认为崇安县垦务所是集中营的看法，作者也用大量的事实给予澄清，认为垦荒是当时福建省政府安置台湾籍民生活的一个方案，崇安县垦务所并非集中营。这些观点的提出，丰富了籍民研究的内容。

其三，研究方法的突破。心态史学是法国年鉴学派在史学中开辟的一块新领域，在史料运用上要求颇高，需要日记、回忆录、书信、遗嘱等直接体现人物或群体心理、观念或意识的史料。作者在运用档案的过程中，从大量台湾籍民递交的呈请文件出发，作为分析不同情境下台湾籍民心态的直接资料，而且突破既有的研究范式，从方法论上将心态史学与心理史学做了区分，并巧妙地将心理学中的相关概念引入到心态史学的方法中，对抗战时期崇安县台湾籍民的心态做了全面的分析。除此以外，本书叙事流畅，线索清晰，结构紧凑，分析细致，评论客观全面，是一部可读性极强的学术作品。书中大篇幅地对台湾籍民在崇安县的生产生活境况及其心态进行微观、细致的描绘与分析，体现了意大利微观史学的风格特点，这种尝试和突破也是值得称道的。

林仁川

2010 年 4 月于厦门大学海滨东区

序言二

本书运用心态史学的研究方法，从民国时期的档案出发，重点研究了抗战时期福建崇安县台湾籍民的聚居缘由，生产、生活状况及其心态变化。本研究认为，“亚细亚孤儿”意识确实是存在的，崇安县的台湾籍民就是主要的历史原型，但他们多数人最终克服了迷惘、失落的“孤儿”心态，义无反顾地参加了台湾义勇队的抗日活动，并贡献了重要的力量。

本书分为九章，第一章绪论部分解释了选题的缘起和研究意义，对相关的学术史进行了概括性的回顾，阐述了心态史学的概念、理论及方法，提出了研究思路与写作框架，介绍了本著述的史料特点，并对本研究的突破和不足作了简要的说明。

第二章系统考察了1895年至1937年这四十二年间福建地区台湾籍民的基本状况。文章从厦门、福州等地警务部门的案例记载出发，详细叙述了福建省台湾浪人违法犯罪的情况及其恶劣影响。在前人研究的基础上，进一步揭露了日本帝国主义利用少数台湾浪人制造事端，以达到“以华制华”和离间两岸民众情感的罪恶目的。

第三、四章介绍了抗战爆发后福建省台湾籍民的基本动向，分析了非沦陷区台湾籍民被集中迁移崇安县的原因及其心态变化。文章认为，台籍浪人在福建胡作非为所积累的民怨，加上金门、厦门沦陷中台籍浪人的助纣为虐，引起福建民众的愤慨和社会舆论的强烈谴责，迫使国民政府将福建省内台湾籍民集中迁移至崇安县。福建省政府的不信任对多数饱受日本殖民统治的台湾籍民而言，无形中造成了心理伤害，成为“亚细亚孤儿”意识形成的肇始。

第五章至第七章详细论述了1938年至1947年间崇安县台湾籍民的生产、生活状况以及心理情绪。文章从崇安县的自然、社会环境以及台湾籍民的自身情况展开分析，认为他们的生活较为困苦。虽然国民政府对崇安县的台湾籍民进行了系列安置和赈济，例如阶段性生活费补助、安排垦荒和独立谋生、对老弱妇孺进行救济等，但受限于抗战时期的紧张局势、经济动荡以及崇安恶劣环境因素的影响，台湾籍民的生活难有根本的起色。生活的困顿，使他们产生焦虑情绪；当局严密的监管举措，也在某种程度上加深了他们原有的失落感和苦闷心理，这是此阶段台湾籍民的主要心态。

第八章阐述了崇安县台湾籍民参加台湾义勇队的基本情况，分析多数台湾籍民克服“亚细亚孤儿”意识，投身抗战的原因。文章叙述了台湾义勇队的组建经过和大致活动，指出崇安县台湾籍民最终克服“亚细亚孤儿”意识的消极影响，在抗战中做出了巨大的贡献，肯定了多数台湾籍民身上蕴含着中华民族不屈外侮的民族“气节”，赞扬了他们不畏艰苦挫折、勇于追求“自我实现”和民族解放的精神。

最后一章再次揭示了福建台湾籍民问题产生的根源，并以崇安县台湾籍民为中心，对“亚细亚孤儿”意识的产生、发展和升华进行简要的回顾。笔者强调“以史为鉴”，吸取“亚细亚孤儿”意识产生的历史教训，主张客观理性地看待这段特殊的历史，为化解两岸同胞间的历史“心结”提供一些新的思路。

目　录

第一章 绪 论

第一节 问题的缘起

台湾作家吴浊流的长篇小说《亚细亚的孤儿》，是一部生动反映日本殖民统治下台湾社会百态的优秀文学作品。小说通过主人公胡太明的人生经历，将日本殖民台湾时期的政治铁腕统治，社会严密控制，经济疯狂压榨，教育文化上的奴化、“皇民化”等揭露得淋漓尽致。胡太明的一生是波折坎坷的，他师范毕业后任职乡间学校，感受到日本人和台湾人之间的差别待遇，见证了日籍校长、教员对台湾学生的肆意凌辱，爱情上遭到日籍女教师久子的拒绝，这些都使他深刻感受到殖民者和亡国者之间的鸿沟距离。胡太明曾希望通过留学日本来改变命运，可在殖民当局种族歧视政策下，这种愿望只是镜花水月，留学归来的胡太明马上尝到失业的痛苦，后来就职的小农场又因日本制糖会社的压榨而破产。事业的磨难，家庭的变故以及纷杂现实问题的种种困扰，迫使胡太明选择了回祖国大陆寻找发展契机。可是积贫积弱的祖国大地，也深处风云激荡的变革之中，当日本军国主义加紧侵略中国时，胡太明因台湾人身份而被怀疑是日本间谍，遭受牢狱之灾，后得学生相助脱身，不得已又回到台湾。回到台湾的胡太明经历更多的人生变故，最终因弟弟被殖民当局虐死，过度伤心而发疯（小说结尾暗示他是装疯，后来潜回祖国大陆参加抗战）。

《亚细亚的孤儿》可以说是日据时期台湾小说最高水平的代表之一，不仅有丰富的艺术内涵，也具有深刻的现实意义，小说透过胡太明的一生，“把日本统治下的台湾，所有沉淀在清水下层的污泥渣滓，一一揭露出来了。……不异是一篇日本殖民统治社会的反面史话。”① 胡太明的悲惨命运

① 吴浊流《亚细亚的孤儿》，人民文学出版社，1986 年版，页 235 – 236。

实际上是日据时期台湾小知识分子命运的缩影：他们不仅要遭受经济上的压榨剥削，而且政治上没有地位，在傲慢的日本殖民者眼中，被统治的台湾人永远是“二等国民”，是“肮脏的”、“无知的”、“不长进的”、“下劣的”、“邪恶的”，动辄就被训斥“清国奴”滚回“支那”去，几乎毫无人格可言；台湾人回到同样遭日本帝国主义荼毒的祖国大陆，在和祖国同胞接触时，也饱受不信任的眼光，往往被认为是日本帝国主义的走狗和鹰犬。这样一来，有爱国热情的台湾小知识分子难免感到寂寞和悲愤，在失落中产生“孤儿感”。胡太明的“孤儿感”就如台湾作家陈映真所评价的那样，“是一个失落了认同的人的一生。在他的后面，他失落了他所来自的渊源；在他的前程，他看不到他的将去、应去的道路。在历史的深山中，他迷失了自己，孤独、寂寞、因循、冷漠、懦弱、自谴……”①。对于“孤儿感”的根源，台湾学者刘孝春认为，“在日本人实施离间政策，而且对中国发动侵略战争的情况下，作为日本国籍的台湾人，在这段特殊的历史时期，必定是要承受如同‘孤儿’般精神上的痛苦。这种痛苦，来自日本的帝国主义侵略，是毋庸置疑的”②，这可以说是对小说“孤儿”意识根源的一种准确诠释。

文学作品的创造离不开现实的土壤，而历史研究更是以事实为基础，以科学的理论为指导的严谨学科。“亚细亚孤儿”意识毕竟只是文学作品中隐讳展现的一种心态，要进行历史考证，就必须找到相应的历史原型。而这类历史原型是确实存在的，日据时期很多“台湾籍民”都有类似胡太明的经历。根据戴国辉先生的定义，“台湾籍民”：“指日本支配下的台湾本岛人，居住在日本本土及台湾以外的海岛，尤以对岸的厦门为中心的中国各地乃至南洋等地者”③。日本殖民统治台湾期间，台湾人拥有日本国籍，但很多人不愿被日本所统治，纷纷回到祖国大陆，他们有的融入乡土，安分守己地服务桑梓；有的心系中华文化，在各地各级学校求学；也有的成立抗日组织，

---

① 陈映真《试评“亚细亚的孤儿”》，吴浊流《亚细亚的孤儿》，人民文学出版社，1986 年版，页 242。

② 刘孝春《试论“亚细亚的孤儿”》，夏潮联合会、台湾大学东亚文明研究中心《台湾殖民地史学术研讨会论文集》，（台湾）海峡学术出版社，2004 年版，页 373。

③ 戴国辉《日本的殖民地支配与台湾籍民》，王晓波《台湾的殖民地伤痕》，（台湾）帕米尔书店，1985 年版，页 243。

谋求台湾的解放和回归祖国。此外，也有一些台湾的浪人、流氓和帮派分子，仰仗日本帝国主义的扶持和庇护，为非作歹，干尽伤天害理之事，引起当地同胞的强烈不满和愤恨。“七·七事变”后，全面抗战爆发，有不少生活在大陆的“台湾籍民”，因日本国籍的关系被怀疑为日军间谍，从而遭到拘禁或者监管，其中有不少从事抗战的爱国义士，如谢南光、蔡培火、林家齐等①。较特殊的情况是群体性的集中监管，福建省崇安县就集中收容了数百名台湾籍民。1938 年 5 月，厦门被日军攻占后，福建省政府鉴于局势紧张和防范日军间谍的需要，把福建省内的大多数台湾籍民集中到闽北的崇安县（今武夷山市），编入当地保甲，进行统一监管。他们的处境很特别：一方面他们不是囚犯，在崇安县内自己营生，政府部门给予一定的补助和救济；另一方面他们又没有完全的人身自由，不能随意离开崇安县，日常生活受到严格监管，直到抗战胜利后，这些台湾籍民才被逐步送回原籍。

从研究对象上看，崇安县的台湾籍民，是特定历史条件下最为特殊的一个群体，他们早年的生活状况，迁移到崇安县的具体过程，集中到崇安后的工作和生活，对崇安县环境的适应情况，以及他们在此条件下的心态和民族意识等，都是值得研究的问题。由于他们的人生境遇和胡太明极为相似，因此，这些台湾籍民是否有“亚细亚孤儿”的失落感，或者是否有更为复杂的心态，都有待我们进一步的求证或探索。

从现代史学的研究趋势上看，“任何形式的新史学都试图研究总体历史”，总体历史的研究要求我们“除显要人物的历史外也应给小百姓历史一个地位；在一个遗传继承的社会行为系统之中和一个表面上持久不变的空间环境之内出现过一些诸如改良过采伐技术的一个普通农民，他们是和赢得一次战役的将军具有同等重要性的历史人物”②。因此，崇安县台湾籍民和其他知名的台胞如李友邦、游弥坚、黄朝琴一样，也是值得我们研究的对象。

从了解台湾当代问题的角度来看，有关崇安县台湾籍民的研究也具有重要的现实意义。陈孔立教授认为：“如果研究台湾当代政治，而不了解由特

① 林德政《抗战期间国共政权对峙下的台湾志士——他们的奋斗和贡献》，（台湾）“国史馆”印行，1998 年版，页 359、362、366。

② 【法】雅克·勒高夫、诺拉等主编，姚蒙译《新史学》，上海译文出版社，1989 年版，页 5、235。

殊的历史背景所形成的台湾民众的复杂心态，以及当今台湾民众的心态，只是从政治本身研究台湾政治，而不涉及文化、心理等等深层的因素，那就很难深刻地了解台湾。”① 近年来，台湾岛内有一部分人刻意将台湾历史渲染成“悲情史”，不断以“台湾人从来受外来人的统治”、“台湾人曾经被祖国抛弃”、“台湾人曾经是二等公民”、“台湾人曾经是‘亚细亚孤儿’”等言论，在一定的场合进行煽动，制造省籍族群对立，获取同情和选票，挑动民众的对抗情绪和分离意识，这需要我们警惕和关注。因此，从特定的历史条件出发，考察崇安县台湾籍民的特殊经历和具体心态，对我们今天如何客观、全面和实事求是地了解台湾民众的心态，有一定的关联性和重要的启示作用。

第二节　学术史回顾

有关台湾籍民的学术研究，近年来尤为热络，成果也极为丰硕。开启研究先河的首推日本学者中村孝志，中村先生充分利用了日本外务省、台湾总督府以及日本驻华领事馆等机构的档案、文书和内部报告，初步介绍了华南地区台湾籍民的基本情况、台湾总督府在中国华南地区兴办学校、医疗机构和报纸事业的三大政策，对台湾籍民与台湾总督府“南进政策”之间的关系有比较细致的阐述②。中村孝志的研究影响深远，其运用的档案资料和研究方向，为后来的籍民研究铺开了道路，提供了多维的思路。在此基础上，台湾和日本的学者进行了更为深入和全面的研究。

这些成果主要包括：对中国大陆和东南亚地区台湾籍民基本情况，如人口、职业、各类活动、籍民和当地官民间的互动、籍民违法问题等方面进行

① 陈孔立《台湾学导论》，（台湾）博扬文化出版有限公司，2004年版，页180。

② 【日】中村孝志著，卞凤奎、李玉珍译《“台湾籍民”诸问题》，（台湾）《台北文献》，第129期，1999年9月；【日】中村孝志著，卞凤奎、李玉珍译《华南之“台湾籍民”（2）》，（台湾）《台北文献》，第130期，1999年12月；【日】中村孝志《福州の台湾籍民》，（日本）《南方文化》，第10期，1983年10月；【日】中村孝志《厦门の台湾籍民と三大姓》，（日本）《南方文化》，第12期，1985年11月。

论述[①]；台湾籍民在台湾总督府"南进政策"中的角色、作用以及两者相互关系的分析[②]；日本外务省、日本驻华南各领事馆、台湾总督府等，对处理台湾籍民"国籍"问题的政策对比[③]；台湾籍民在大陆从事毒品行业之状况及其和台湾总督府之间的关系[④]。这些研究在充分利用日本外务省以及台湾总督府档案、文书等日文资料的情况下，将中村孝志原有的研究推向更深、更广的领域。其中有些论著颇具创新性，例如王学新的博士论文《日本对华南进政策与台湾籍民之研究（1895－1945）——兼论台湾黑帮籍民的形成与演变》，此文分析了台湾总督府对岸政策与日本中央政府对华政策的关系，论述了日本外务省、日本军部以及台湾总督府三方在对华"南进政策"中的具体操作，将台湾总督府在华南设置的教育、医疗和报纸等文教事业，放在日本大陆政策中进行分析；其次，系统地论述华南地区台湾黑帮的形成和发展，详细阐述了部分台湾籍民由社会治安毒瘤逐步演变为日本推行大陆政策尖兵的过程，有效地弥补了早期"籍民"研究中的一些盲点。不过需要注意的是，新的研究成果虽然角度各异，但资料来源主要集中在日本官方档案文件上，研究的主要内容也大多涉及华南之台湾籍民、台湾总督府、日本南进政策以及三者间的关系等，研究主题略显单一，内容多有交叉重复。

大陆学者在台湾籍民的研究上，亦是成绩斐然。福建省是日据时期台湾籍民最主要的居住和活动区域，因此相关的各级档案资料尤多，在充分利用

---

① 松浦章、卞凤奎《中国华南地区台湾籍民之特性及其问题（初探）》，（台湾）《台北文献》，第133期，2000年9月；卞凤奎、李玉珍《台湾籍民在东南亚地区之动态》，（台湾）《台北文献》，第134期，2000年12月；戴国辉著，洪惟仁译《日本的殖民地支配与台湾籍民》，王晓波编《台湾的殖民地伤痕》，（台湾）帕米尔书店，1985年版；卞凤奎《日据时期台湾籍民在大陆及东南亚活动之研究（1895－1945）》，黄山书社，2006年版；梁华璜《日据时代台湾籍民在闽省的活动及处境》，《日据时期台湾史国际学术研讨会论文集》，1993年6月。

② 梁华璜《台湾总督府的"对岸"政策研究》，（台湾）稻乡出版社，2001年版；卞凤奎《台湾总督府的南进政策——以籍民为中心探讨》，厦门大学历史系博士论文，2002年；王学新《日本对华南进政策与台湾籍民之研究（1895－1945）——兼论台湾黑帮籍民的形成与演变》，厦门大学台湾研究院博士论文，2007年。

③ 栗原纯《台湾籍民与国籍问题》，台湾省文献委员会编印《台湾文献史料整理研究学术研讨会论文集》，2000年11月；王学新《日本对华南进政策与台湾籍民之研究（1895－1945）——兼论台湾黑帮籍民的形成与演变》，厦门大学台湾研究院博士论文，2007年。

④ 钟淑敏《台湾总督府的对岸政策与鸦片问题》，台湾省文献委员会编印《台湾文献史料整理研究学术研讨会论文集》，2000年11月。

大陆档案、早期报刊、回忆录、口述历史等资料的基础上，大陆学者对台湾籍民问题也有充分的论述。例如：陈小冲教授利用清政府外务部档案，详细考察了清末台湾籍民利用“治外法权”从事犯罪活动的情况，以及由此引发的“归化”台湾籍民问题，清政府和日本帝国主义在处理“归化”台湾籍民、台湾籍民的“治外法权”等问题上进行的斗争等，在其专著《日本殖民统治台湾五十年史》中，揭露了日本殖民当局利用“台湾籍民”问题离间两岸人民之间感情，并在中国大陆扩张日本势力的阴谋①；林仁川、黄福才两位教授的著作《闽台文化交融史》，则从移民史的角度，分析了福建台湾籍民的人口、职业成分、区域分布和社团组织等，深刻揭露了在闽台籍浪人的罪恶行径，介绍了爱国台湾籍民的抗日组织、从事的抗日活动和他们的抗日贡献等②；对福建省台湾籍民情况做概括性论述的还有詹冠群《论日据时期在闽的“台湾籍民”若干问题》，也有详细介绍福建省个别城市台湾籍民违法问题的作品，如罗桂林《国民政府初期福州的台湾籍民问题》就是专门论述民国时期福州市台湾籍民经营非法行业和从事犯罪活动的文章③；陈小冲、林真等，在利用福建省各级档案资料的基础上，考察了抗战时期福建省台湾籍民的处境和安置情况④；此外还有从社会经济和城市发展角度来分析台湾籍民问题的，前者如李国栋的《“台湾籍民”与近代厦门社会经济的若干考察》，该文主要分析了民国时期厦门市台湾籍民的数量、工商业执业人数、日籍台湾浪人从事非法行业的情况，以及台湾籍民对厦门工商业发展的影响，后者是林星的《日本人和台湾籍民与福建城市的近代化》，该文认为民国时期日本人和台湾籍民在福建从事的经济、文化、教

---

① 陈小冲《档案史料所见之清末日籍台民问题》，《台湾研究集刊》1991年第3期；陈小冲《档案资料所见之清末“归化”台湾籍民》，《台湾研究集刊》1992年第1期；陈小冲《台湾籍民与治外法权——以光绪三十一年王协林案为例》，《台湾研究集刊》1992年第2期；陈小冲《日本殖民统治台湾五十年史》，社会科学文献出版社，2005年版。

② 林仁川、黄福才《闽台文化交融史》，福建教育出版社，1997年版。

③ 詹冠群《论日据时期在闽的“台湾籍民”若干问题》，《台湾研究》2001年第4期；李国栋《“台湾籍民”与近代厦门社会经济的若干考察》，林金田主编《第四届台湾历史与文化研讨会论文集》，（台湾）台湾省文献委员会，2001年；罗桂林《国民政府初期福州的台湾籍民问题》，《台湾研究集刊》，2006年第2期。

④ 林真《抗战时期福建的台湾籍民问题》，《台湾研究集刊》1994年第2期；陈小冲《抗战时期的台湾籍民问题》，《台湾研究集刊》2001年第1期。

育、医疗等活动对福建城市近代化有一定的推动作用①，香港学者周子峰的专著《近代厦门城市发展史研究：1900－1937》，叙述了近代厦门台湾籍民的人口、职业、商业状况及其对厦门治安的影响，并从厦门地方的氏族大姓、台湾籍民和“角头好汉”三个群体间的相互关系，讨论近代厦门民间社会的变迁②；针对华南地区台湾籍民的教育问题，学者黄新宪以福州和厦门为例，分析了日本殖民当局在华南地区设立关于籍民教育设施的原因和情况，指出此类教育的实质是日本在台湾殖民教育的延伸③。这些研究成果充分利用了大陆的档案资料、民国刊物以及回忆录等，亦有不少新颖的观点和看法，不过由于中国大陆缺乏日本外务省或台湾总督府的相关日文资料，在直接揭露日本侵华阴谋和总督府对岸政策的意图方面略显单薄。

台湾籍民的抗日团体和抗日运动，尤其对台湾义勇队和台湾少年团的研究，是近年来的一大研究热点，海峡两岸包括一些海外学者发表了大量的学术论文，并整理出不少的回忆文献。台湾的王晓波教授应该是最早涉及台湾义勇队的研究者之一，其概论性的文章《李友邦与台湾义勇队初探》，初步介绍了李友邦在祖国大陆从事抗日活动，组建台湾义勇队经过和台湾义勇队抗日活动概况等④，《日据时期的台湾独立革命与李友邦将军——论台湾革命青年团与台湾义勇队》、《日据时期的台湾抗日运动与独立运动——论李友邦与“台湾独立革命党”》，则是论述了李友邦早年的抗日活动以及组建义勇队情况的文章。⑤ 吕芳上在《蒋中正先生与台湾光复》一文中，概括性地介绍了抗战时期在祖国大陆的台胞抗日团体，简要地提到了台湾义勇队以

---

① 李国栋《“台湾籍民”与近代厦门社会经济的若干考察》，林金田主编《第四届台湾历史与文化研讨会论文集》，（台湾）台湾省文献委员会，2001年；林星《日本人和台湾籍民与福建城市的现代化》，《福州大学学报》（哲学社会科学版），2006年第3期。

② 周子峰《近代厦门城市发展史研究：1900－1937》，厦门大学出版社，2005年版。

③ 黄新宪《日据时期台湾籍民教育探微——以福州和厦门为中心》，《东南学术》，2004年第4期。

④ 王晓波《李友邦与台湾义勇队初探》，厦门大学台湾研究所历史研究室《海峡两岸首次台湾史学术交流论文集》，厦门大学出版社，1990年版。

⑤ 王晓波《日据时期的台湾独立革命与李友邦将军——论台湾革命青年团与台湾义勇队》，《台湾研究集刊》1990年第2、3期合刊；王晓波《日据时期的台湾抗日运动与独立运动——论李友邦与“台湾独立革命党”》，严秀峰编《纪念李友邦先生论文集》，（台湾）世界综合出版社，2003年版。

及台湾少年团。① 澳大利亚学者 J. B. Jacobs《台湾人与中国国民党 1937 - 1945：台湾“半山人”的起源》一文，对抗战时期中国大陆的台湾人抗日组织以及从事的抗日活动进行概述，将台湾义勇队归类为国民党领导下的军政性组织，略述台湾义勇队的组织与活动情况。② 林德政的《抗战期间台湾义勇队与国民党及共产党的关系》，分析了当年台湾义勇队和国、共两党之间的关系。③ 卞凤奎的《台湾义勇队在华南地区的抗日活动》以及《日据时期台湾籍民在大陆及东南亚活动之研究（1895 - 1945)》的部分内容，对台湾义勇队的成立、抗日工作、处境等进行阐述。④ 较为全面完整论述台湾义勇队的著作应该是王政文的《台湾义勇队：台湾抗日团体在大陆的活动(1937 - 1945)》，此论著结合台湾抗日团体在祖国大陆的出现与发展状况，分析了台湾义勇队的成立背景、筹组成立经过、政治思想和主张、组织结构和抗日活动及其和国民政府、台湾其他抗日团体的关系等，多角度的展现台湾义勇队的全貌。⑤ 大陆方面也有不少的论著。林真在利用福建省档案资料的基础上，剖析了抗战爆发后，福建省台湾籍民的状况以及国民政府的处理方针，阐明了台湾义勇队的组建过程以及相关评价问题⑥；陈小冲教授亦有文章对台湾义勇队抗日工作的意义作了相关分析。⑦ 全面论述台湾义勇队抗日活动的专著是楼子芳的《抗日烽火中的台湾义勇队》，该书细致论述了台湾义勇队的筹组、初步发展、参加抗日活动的四项工作，兼述台湾少年团以及台湾义勇队结合国际反法西斯力量的情况，对他们在闽西的艰苦生活有细致的描述，并对他们的抗日贡献给予高度的评价；类似的作品还有陈正平的

① 吕芳上《蒋中正先生与台湾光复》，(台湾)《近代中国》第 79 期，1990 年。

② J. B. Jacobs《台湾人与中国国民党 1937 - 1945：台湾“半山人”的起源》，(台湾)《台湾风物》，第 42 卷第 2 期，1990 年。

③ 林德政《抗战期间台湾义勇队与国民党及共产党的关系》，(台湾)《中华军史学会会刊》第 9 期，2004 年。

④ 卞凤奎《台湾义勇队在华南地区的抗日活动》，《台湾文献》第 53 卷 4 期，2002 年；卞凤奎《日据时期台湾籍民在大陆及东南亚活动之研究（1895 - 1945)》，黄山书社，2006 年版。

⑤ 王政文《台湾义勇队：台湾抗日团体在大陆的活动（1937 - 1945)》，(台湾) 台湾古籍出版社，2007 年版。

⑥ 林真《抗战时期福建的台湾籍民问题》，《台湾研究集刊》1994 年第 2 期；林真《台湾义勇队的筹组及在福建的活动》，《台湾研究集刊》1991 年第 4 期。

⑦ 陈小冲《抗战时期的台湾籍民问题》，《台湾研究集刊》2001 年第 1 期。

《李友邦与台胞抗日》，这是将李友邦个人传记和台湾籍民抗日活动结合起来论述的著作。① 楼子芳教授还著有文章《略论台湾义勇队的抗日活动》、《李友邦及台湾义勇队在浙江的抗战活动——兼论台湾义勇队的成立时间和性质》，前者是将台湾义勇队的成立与发展划分为三个阶段（筹建时期、浙江金华时期、闽西龙岩时期）加以论述，后者则是考证了台湾义勇队的成立时间以及论述义勇队在浙江时期的抗日活动。② 符维健主编的《烽火东南——台湾义勇队在龙岩》和金振林主编的《台湾义勇队在金华》，这些是关于李友邦将军、台湾义勇队和少年团在龙岩和金华进行抗日斗争的论文集和史料整理性质的著作。③ 台湾少年团是台湾义勇队的附属组织，由崇安县台湾籍民的子女组成，关于少年团的概论性文章有《在祖国抗日战争中的台湾少年团》，而陈小冲教授的《台湾少年团论述》，则是详细分析了少年团组建的目的、过程、任务、成员情况、组织架构等。④ 汪毅夫教授的著作《从福建馆藏档案看台湾义勇队同仁：为抗日战争胜利 60 周年而作》，利用福建省档案馆档案以及有关资料，介绍了不同时期台胞参加台湾义勇队或台湾少年团的情况。⑤ 当然除此之外，广义上说，台湾籍民还包括一些在大陆从事抗日活动的团体或个人，他们在台湾光复后回到台湾为国民政府服务，一般被称为“半山”，如黄朝琴、李万居、连震东等人，但由于这些人物身份特殊，经历各异，无法将其当作具有共同经历的群体来进行研究，就不列入探讨范围。

从上述台湾籍民的主要研究成果来看，具有时间跨度大、内容范围广、分析视角多样等特点，不过，涉及福建省崇安县台湾籍民研究的作品，却较

---

① 楼子芳《抗日烽火中的台湾义勇队》，（台湾）世界综合出版社，2003 年版。陈正平《李友邦与台胞抗日》，（台湾）世界综合出版社，2000 年版。

② 楼子芳《略论台湾义勇队的抗日活动》，《抗日战争研究》1993 年第 4 期；楼子芳《李友邦及台湾义勇队在浙江的抗战活动——兼论台湾义勇队的成立时间和性质》，严秀峰编《纪念李友邦先生论文集》，（台湾）世界综合出版社，2003 年版。

③ 符维健《烽火东南——台湾义勇队在龙岩》，龙岩东方彩印有限公司，2005 年版。金振林主编《台湾义勇队在金华》，九州出版社，2005 年版。

④ 李青《在祖国抗日战争中的台湾少年团》，中华全国台湾同胞联谊会编《抗日烽火中的台湾儿女》，中国妇女出版社，1996 年版；陈小冲《台湾少年团述论》，《抗日战争研究》1993 年第 4 期。

⑤ 汪毅夫《闽台缘闽南风》，福建教育出版社，2006 年版。

为少见。林真的《抗战时期福建的台湾籍民问题》，简要描述了崇安县台湾籍民的来源、经济情况、省政府的救助措施等，说明当时福建当局对台湾籍民是有分良莠区别对待的，崇安县的台湾籍民被省府尽力妥善安置。① 陈小冲的《抗战时期的台湾籍民问题》，则是从抗战爆发后福建当局对台湾籍民采取的措施，台湾籍民被集中到崇安县收容所的生活状况做有关的论述，说明当时崇安县的台湾籍民得到不同程度的救助，国民政府的这些努力应给予肯定，但有些措施效果不明显，并且分析当时某些舆论对崇安台湾籍民收容的负面评价过于夸大与失实。② 林仁川、黄福才两位教授的著作《闽台文化交融史》，介绍了崇安县台湾籍民的来源，在崇安的生活安置情况，以及台湾光复后的最终归宿。③ 卞凤奎先生的《日据时期台湾籍民在大陆及东南亚活动之研究（1895－1945）》几乎涵盖了所有的“台湾籍民”研究。此书不仅研究日据时期中国大陆（包括东北三省、上海、北京、广东、福建等地）和东南亚地区台湾籍民的基本状况，对崇安县台湾籍民和台湾义勇队的情况也略有介绍，还大致分析了崇安县台湾籍民的来源、性别、年龄和职业等情况，将台湾籍民集中崇安的原因部分归结为福建省政府的垦荒计划，并且认为崇安县台湾籍民处于集中管制的软禁状态。④ 汪毅夫教授在分析台湾义勇队、台湾少年团人员构成及来源时，分析得出台湾义勇队及少年团成员多数来自福建崇安县的台湾籍民的结论。⑤ 除此以外，有关崇安县台湾籍民的资料，大都散见于各类回忆性的文章或档案汇编中⑥，至今仍没有全面细致的相关论著，其中有些研究观点也值得商榷，有待更深入的探讨。由于这部分籍民是抗战爆发后，因为国防安全需要才被省政府集中到崇安县，那么他们的真实身份和在崇安县的生活情况究竟如何呢？要如何看待当时福建省政府

---

① 林真《抗战时期福建的台湾籍民问题》，《台湾研究集刊》1994年第2期。

② 陈小冲《抗战时期的台湾籍民问题》，《台湾研究集刊》2001年第1期。

③ 林仁川、黄福才《闽台文化交融史》，福建教育出版社，1997年版，页60－63。

④ 卞凤奎《日据时期台湾籍民在大陆及东南亚活动之研究（1895－1945）》，黄山书社，2006年版，页175－176、页179。

⑤ 汪毅夫《从福建馆藏档案看台湾义勇队同仁：为抗日战争胜利60周年而作》，《闽台缘闽南风》，福建教育出版社，2006年版。

⑥ 严秀峰编《李友邦先生纪念文集》，（台湾）世界综合出版社，2003年版。福建省档案馆编《台湾义勇队档案》，海峡文艺出版社，2007年版。

的处理策略和安置措施？这些台湾籍民是否有“亚细亚孤儿”意识？他们在特定环境下具有何种的心态？该如何客观、全面地看待这段历史？这些问题都需要进一步的考察和解答。

第三节 理论、方法和分析框架

福建闽北的崇安县地处偏僻，人口稀少，本来并没有台湾籍民居住。抗战爆发后，福建省政府将除厦门外的省内大多数台湾籍民集中到这里，使其成为居住在特定区域的特殊群体。本文重点考察的是抗战时期福建崇安县台湾籍民的状况和经历，以及他们在特殊环境下所产生的心态。通过对具体事件和区域群体的研究，来体现对这段历史的整体了解。因此，实事求是地从具体史实出发，尽可能正确地揭示当年崇安县台湾籍民的境况，并且尽量客观地从“情感”上去体验和感受特定条件下台湾籍民的群体心态，真实地回归部分历史“现场”，则是本研究中的重点和难点。

一、理论与方法

古希腊历史学家修昔底德认为，历史解释的最终关键在于人的本性。① 现代美国史学家伊格尔斯也提出：“历史的解释取决于对人的意识动机的认识。”② 因为人类的任何活动都有心理现象的存在，都受一定心理因素的影响，作为研究人类过去各个方面的历史学，就不可避免地要对历史上的心理现象有所揭示。恩格斯早就指出，所有在社会历史领域活动的人，“全是具有意识的、经过思虑或凭激情行动的、追求某种目的的人”，“人们通过每一个追求他自己的、自觉期望的目的来创造自己的历史”，“而这许多按不同方向活动的愿望及其对外部世界的各种各样影响所产生的结果，就是历

① 【英】杰夫里·巴勒克拉夫著，杨豫译《当代史学主要趋势》，上海译文出版社，1987年版，页101。

② 【美】伊格尔斯著，陈海宏等译《历史研究国际手册》，华夏出版社，1989年版，页1。

史。”① 可见，历史发展过程中多少都会牵扯到人类的心理问题。历史研究在注重政治、经济、文化等因素对历史影响的同时，也必须重视历史上人们的心理状态，这包括他们的愿望、情感、动机、态度、观念、意识等，尤其是在历史进程中起到关键作用的人物、阶级、集团或群体。英国学者帕特里克从历史解释的角度指出：“历史学家非常强调他们工作的想象特征，强调需要同情地理解某人的个性特征或一个时期，强调需要‘进入’吸引他们关注的那些人物的‘内心世界’。”② 只有深入历史人物或特定群体的内心世界，才能更好地认识和解释历史，从另一个侧面去解开历史的谜底，完整地了解某一阶段历史的“全景”。本文的研究因涉及台湾籍民这个特殊群体以及他们在特定历史条件的心理状态，所以心态史学是不可或缺的首要研究方法。

心态史学（history of mentalities），是法国年鉴学派史学家吕西安·费弗尔和马克·布洛赫在新史学中所开辟的一块新领域。在法语中，“心态”(mentalité）有着众多的含义和用法，根据有关学者的研究，法语“心态”最主要的含义有两种：“其一指的是某一集体或群体的精神习俗、信仰和情感的总称；其二是指一种精神状态。”③ 很显然，法语“心态”的内涵极为丰富，概念的外延十分宽泛，这也说明“心态史”的研究领域非常广泛。法国年鉴学派的史学家芒德鲁，曾给“心态”以及“心态史”下过定义，他认为“心态”指的是人类社会中某一特定群体在思想及情感的层面所确信、感觉的方式，而所谓的“心态史”指的是针对某社会群体的“世界观”、态度、行为模式、无意识集体再现的历史研究。④ 显然，在他看来，心态史触及的核心问题是群体的观念和意识。现以意大利著名历史学家卡洛·金斯伯格的著作《夜间的战斗：16、17 世纪的巫术和农业崇拜》为例，来认识心态史如何研究特定阶级、集团或群体的“观念和意识”。“夜间的

① 【德】恩格斯《路德维西·费尔巴哈和德国古典哲学的终结》，【德】马克思、恩格斯著，中共中央马、恩、列、斯编译局译《马克思恩格斯选集》，第 4 卷，人民出版社，1972 年版，页 243 - 244。

② 【英】帕特里克·加登纳著，江怡译《历史解释的性质》，北京出版社出版集团、文津出版社，2005 年版，页 114。

③ 吕一民《法国心态史学述评》，《史学理论研究》，1993 年第 3 期，页 139。

④ 陈恒、耿相新主编《新史学》，第四辑“新文化史”，大象出版社，2005 年版，页 80。

战斗”指的是16世纪意大利弗留利地区，乡村民众中有一些生来有胎膜的人，他们总是认为自己在某些夜晚“恍惚出神或陷入深睡”，在模糊状态中感觉自己灵魂离开躯体，拿“茴香束当武器”，为了一季庄稼的收成与“巫师”展开斗争，并称自己为“本南丹蒂”。在这些“本南丹蒂”的意识里，他们为基督信仰服务，为农作物的丰收而与巫师进行战斗。在作者卡洛·金斯伯格看来，“本南丹蒂”所认知的“夜间战斗”，实际上是曾一度在中欧广泛流传的祈求丰收仪式的继承与发展，不过在欧洲教会势力的猜忌之下，这种祈求丰收的活动被纳入异端的巫术活动，成了“凶暴”的半夜拜鬼仪式。应该说，“本南丹蒂”所从事的“夜间的战斗”，不是当时某部分人的精神幻觉，而是意大利弗留利地区农民祈求农业丰收心态的反映，是在当时西欧宗教文化背景下，普通社会阶层民间信仰中对农业丰收的观念和意识。正如英国著名史学家霍布斯鲍姆所评价的那样，卡洛·金斯伯格的探索是“复原了这一时期农民的心理状态”。① 而从西方有关心态史的研究著作来看，内容也大多涉及特定时期某一阶级、集团或群体的观念和意识，例如：神灵信仰问题、王权崇拜意识、地区文化宗教观念、时间观念、生活观念、对死亡的态度等。② 从这些心态史学的著作中可以看出，“心态史所处理的研究主题涵盖面极为广泛，包括了群众集体宗教心态、仪式、节庆活动、巫术、对死亡的态度、爱情、婚姻关系、家庭、阅读习惯等”，这在印证“心态”丰富内涵的同时，也说明在研究对象上，“心态史难以形成一个明确的概念与意义。”③ 法国年鉴学派史学家勒高夫也认为“心态”一词含义“广泛、含糊而又常常令人忧虑”，甚至遭到“滥用，已然失色”，但他又进一

① 【意】卡洛·金斯伯格著，朱歌姝译《夜间的战斗：16、17世纪的巫术和农业崇拜》，上海人民出版社，2005年版，页2。

② 例如：费弗尔《十六世纪不信仰的问题：拉伯雷的宗教》，讲述16世纪拉伯雷地区的“神明信仰”问题；布洛赫《国王的神迹》（又名《巫师国王：论王权的超自然性》），讲述10－18世纪期间，流行英、法的人们心态，他们相信国王的“御触”可以治愈某种皮肤病；勒华拉杜里的《蒙塔犹》，解读的是中世纪法国农民的文化宗教观念；勒高夫《教会的时间和商人的时间》，描述的是中世纪时期人们在时间观念上的变化；菲利普·阿里埃斯的《18世纪以来的法国人口史及法国人对生活的态度》，讲述法国人在18世纪时的生活态度；特南蒂的《文艺复兴时期生活中的死亡感和爱情》，探讨的是文艺复兴时期的死亡和爱情观念等。

③ 陈恒、耿相新主编《新史学》，第四辑“新文化史”，大象出版社，2005年版，页78。

步指出模糊性恰恰是心态史最吸引人的地方。①

心态史学在自己的发源地法国，尚难以形成确切的定义，国内史学家对心态史的理解自然也是丰富多彩。② 通过综合比较，笔者认为最能体现“心态”以及“心态史”原本涵义的，应属居阅时和吕一民两位学者的定义。居阅时认为：“心态是一定社会环境如政治、经济、舆论习俗、传统、信仰和价值体系影响下，人类群体、民族、团体及个人在意识行为上的反映和表现”③，“心态史是一门研究历史上人们，特别是其中的某一群体或某一集团的心态结构及其演变过程和趋势的史学分支。它的研究物件主要是这种心态结构的各种表现，即历史上社会群体在社会生活中所共有的观念和意识，以及这种观念和意识与当时现实物质环境之间的关系。”④

从上述定义中，可以看出心态史研究的主要特点：

第一，研究对象的“群体性”。一般而言，心态史的研究对象，往往是社会中某一群体的心态，而群体的范围可大可小，特定人群、集团、阶层、阶级、国家、民族，甚至全人类，都可以成为所研究心态的主体。勒高夫认为心态史的研究对象就是群体性的事物，他说：“任何一个历史个人（不管其地位多么重要）的心态是他本人及其同时代的其他人所共有的心态。”⑤这也说明，哪怕是对某个历史人物的心态研究，其实质也必定是对他所代表

---

① 【法】雅克·勒高夫《心态：一种模糊史学》，【法】雅克·勒高夫、皮埃尔·诺拉主编，郝名玮译《史学研究的新问题新方法新对象——法国新史学发展趋势》，社会科学文献出版社，1988年版，页265。

② 例如：邹兆辰认为“心态史是研究历史上的社会群众所共有的观念和意识”，《史学理论研究》；周启琳认为“心态史是研究一定时代群体心理表现和大众意识状态结构及其演变过程和趋势的分支”，《世界文化》；郑剑虹、陈劲认为“心态史学是研究历史上的社会心理现象”，《重庆大学学报》；庞卓恒认为“心态史以历史上社会群体心态的状况和演变为特定研究对象”，《西方新史学述评》；罗凤礼、胡波认为“心态史学所研究的是历史上社会群众（或其中的一个部分或集团）所共有的观念和意识，这种观念和意识在民间世代相沿，……是人类社会精神文化乃至整个人类历史中最具相对稳定性的部分”，《历史与心灵：西方心理史学的理论与实践》与《历史心理学》；彭卫认为“心态史学是运用心理分析手段考察历史上人们精神状态的一种研究方法”，《历史的心境——心态史学》。

③ 居阅时《论社会心态对北洋历史进程的影响》，《史学月刊》，2002年第4期，页49。

④ 吕一民《法国心态史学述评》，《史学理论研究》，1993年第3期，页140。

⑤ 【法】雅克·勒高夫《心态：一种模糊史学》，【法】雅克·勒高夫、皮埃尔·诺拉主编，郝名玮译《史学研究的新问题新方法新对象——法国新史学发展趋势》，社会科学文献出版社，1988年版，页268。

集体的心灵考察。

第二，研究对象具有“复杂性”。由于心态史侧重于研究历史上的群体“观念与意识”，而这种观念和意识往往是某一特定时期社会心理的某种反映，它一般是人们自发形成的不系统、不定型、不具理论形态的社会意识，主要表现为愿望、动机、情绪、情感、态度、审美情趣和风俗习惯等，而这些社会心理所涉及的内容又包括民族意识，国家认同，宗教观念，对死亡、巫术、爱情婚姻、家庭等的观念意识。

显然，心态史学所展现的社会心理是较为复杂的，并且呈现出来的态势也是有分层次的。社会心理可分为动态的社会心理与静态的社会心理。动态的社会心理起源于人们所处时代的一切客观社会存在物的运动变化，是“社会意识中较低的一个层次，是人的精神活动中的一种”，“包括自发形成的社会情绪、幻想、愿望等群众性的日常意识”，是人们在社会生活中间自发产生，并互有影响的主体反应。① 静态的社会心理则是指相对稳定的社会文化心理结构。这种静态的心理结构——文化心理结构是历史和文化在人类社会历史发展中，通过人的实践活动不断内化和积淀而成的一种深层心理结构。② 一般而言，静态的社会心理态势主要体现为民族心理，有时也被称为“民族性格”或“民族精神”。这是在特定民族经济、政治、文化等环境长期影响下，通过人的生产劳动和进行各种社会活动不断内化积淀而成的，一种相对通常意义上的“社会心理”，体现了“群体性”的特征，是较为稳定的心理状态或心理结构，并且比较难以察觉。因此，心态史的研究内容具有相当的复杂性。

第三，注重研究对象和现实物质环境的关系。唯物史观认为：社会存在决定社会意识，决定社会心理反映的内容和性质；社会意识和社会心理又反作用于社会存在。人是生活在一定客观社会环境中，只能在他所处的时代中思考和行动，他的心理是对周围客观物质环境的反映；反过来，人们在特定心理支配下的行为，又能改造客观物质环境物质世界，创造新的历史。因此，心态史研究必须联系具体环境来研究人的心态情感和心理动机，分析客

---

① 胡波《历史心理学》，广东高等教育出版社，1993 年版，页 144。
② 胡波《历史心理学》，广东高等教育出版社，1993 年版，页 56。

观物质环境中影响心态的各类因素，不能抽象、孤立地去分析人的心理行为，这对于理解历史事件与进程是极端重要的。

除了上述特点外，笔者认为心态史研究还必须处理好两大相关议题。

第一，心态史学可以借鉴心理史学的理论方法，使心态史研究更为深入。

一般而言，心理史学（psychohistory）是“历史学与心理学的嫁接而产生的一门新学科，它借助于运用心理学的理论与方法，来探索人类过去的种种行为，进而更全面更深刻地阐明人类历史发展的客观进程。”① 笔者采用了庞卓恒等学者对心理史学的定义，即“运用心理学的理论、方法和手段，说明历史进程和社会集团或历史人物的行为，对各种历史现象作出心理学上的解释。”② 心理史学（psychohistory）与心态史学（history of mentalities）是同一学科的不同研究取向，不过，这两种研究方法在国内史学界的理解和使用，并不一致，没有被严格地区分。③

实际上，心态史学和心理史学在研究的内容、手段方面，存在着一定的差异。简言之，心态史学就是研究在“客观物质条件”影响下，“历史上社会群体”的共有“观念和意识”，研究的对象均为群体心理或大众意识，主要从历史文献（日记、回忆录、书信、档案、遗嘱、碑文、祈祷文等）和遗迹（服饰、器皿、武器、雕刻、画像等）出发而不是借助研究模式，多数著作采用一般史学的叙述、分析和解释。有的学者甚至认为“心态史研究一般较少运用心理学的概念，它与传统的史学研究方法区别并不是很大”④；而心理史学则是运用精神分析理论或其他西方现代心理学理论作为研究手段的，倚重临床经验、实验结果和家庭背景资料等，研究对象可以是

① 张广智、周兵《心理史学》，（台湾）扬智文化事业股份有限公司，2001 年版，页 4。
② 庞卓恒主编《西方新史学述评》，高等教育出版社，1992 年版，页 427。
③ 邹兆辰《当代中国史学对心理史学的回应》，《史学理论研究》，1999 年第 1 期，页 35。
④ 邹兆辰《近年来我国心理史学发展趋势》，《史学理论研究》，2005 年第 4 期，页 124。

群体，也可以是个人，其中心理传记较多①，既可是心态，也可以是经济、政治、文化等方面的各种行为。② 由此可见，心态史更为侧重历史研究的方法，心理史学较为倚重心理学的研究模式，但两者都是对历史上心理现象的研究，兼备历史学和心理学的双重属性，在研究的内容和方法上理应存在交叉重叠，它们之间彼此借鉴是完全可能的。

笔者认为，心态史学完全可以像心理史学那样，运用心理学中的一些概念和成熟的分析模式，来对群体心态进行研究。群体社会心理有动态和静态的区分，动态的社会心理往往起源于人们所处时代一切社会存在物的运动变化，这种运动变化必然会导致个人或群体在情绪、情感、态度、认知、欲望等主观感受上的相应变化，而心理学作为研究人心理现象的科学，对于人的一切精神活动的本质和规律均有较为准确地把握，它可以帮助史学家们更好地把握“社会存在物”变化所引发的群体心理变化，更准确地把握动态的社会心理。英国学者巴勒克拉夫就曾慎重地肯定心理学在史学研究中的作用，他指出“对历史上的每一个决策和事件所做的合理分析都留下了一部分剩余的问题未加以解释。只要心理学能够帮助历史学家弄清这些剩余的问题，历史学家就不会拒绝它的帮助”，“只要对心理学加以谨慎的应用，便没有任何理由不应当借助于心理学来扩大历史理解的范围。”③ 事实上，现代心理学中的主要流派，如构造学派、机能学派、行为学派、格式塔学派、

① 心理史学兴起于20世纪初，先期以弗洛伊德的精神分析理论为研究的基本模式，多为人物的个案心理研究，例如：弗洛伊德的心理史学著作《列昂纳多·达·芬奇及其对童年的一个记忆》、《托马斯·伍德罗·威尔逊总统，心理面貌》、《摩西与一神教》等；随着弗洛伊德的理论的传入，以及其追随者移居美国，二战期间，美国的心理史学得到极大的发展，这一时期的著作例如埃里克森《甘地的真理，关于富有战斗性的非暴力运动的起源》、P. 史密斯《以精神分析观点看路德的早期发展》、奥托·弗兰兹《俾斯麦心理分析初探》、兰格《阿道夫·希特勒的心态》等；20世纪60－70年代后，美国的心理史学发展达到了鼎盛的时期，众多的心理史学家在发展精神分析的同时，也将其他的心理学方法运用到历史研究中，出现了非精神分析学派，这类著作有，哈维·阿谢尔根据行为主义理论而撰写的《非精神分析方法对希特勒民族社会主义的探讨》、拉森运用认知不协调理论撰写了《遏制政策的起源》、李夫顿运用组构理论的《远离战争的家庭》、克胡特运用自身心理学理论的《自身与历史》等。

② 罗凤礼《历史与心灵：西方心理史学的理论与实践》，中央编译出版社，1998年版，页112。

③ 【英】杰夫里·巴勒克拉夫著，杨豫译《当代史学主要趋势》，上海译文出版社，1987年版，页113。

精神分析学派、人本主义学派和存在主义学派（认知学派）等，这些现代心理学流派理论的大部分内容都对心态史学有不同程度的裨益。① 仅以人物心理分析的方法而言，一些解析现象的规律，诸如“抑制作用”、“归属”、“投射”、“替代作用”、“转移”、“升华”等，都得到了大量临床实验的验证，具有较强的科学性和普遍性，只要有充分史料的支撑，运用这些心理规律来分析历史上的个人或群体心理，都将有益于心态史研究的深入。

抗战时期，被集中迁移到崇安县的台湾籍民，经历了人生境遇和生活环境的重大变故，这必然使他们的情感认知发生相应的变化，台湾籍民在情绪、情感上的变化，形成了特定条件下的心态。因此，心理学中有关情绪、情感的认知理论，有关挫折心理的产生和反应机制的模式，人的需求层次和动机理论等，都可以在一定程度上反映台湾籍民的动态社会心理，并给予一定的解释。

广义的情绪包括情感，是人对客观事物与自身需要之间关系的态度体验，是人脑对客观现实的主观反映形式，是由某种外在的刺激或内在的身体状况作用而引起的体验，只是反映的内容和方式与认知过程不同。② 运用情绪心理学的相关概念，把握台湾籍民在生活环境变迁后的情绪、情感，了解他们情绪中喜、怒、哀、乐的基本状况，分析并解释他们的心态内容和结构，这是研究崇安县台湾籍民心态的基本内容。

任何个人的行为都有内在的心理动机，而需求和内驱力是动机的生理基础，人本主义心理学者马斯洛对需求进行了分类，并提出了需求层次论，即“较低层次的需求优先于高层次的社会需求和自我实现的需求。”③ 虽然马斯洛的看法不尽然正确，但笔者认为用来理解人一般行为和动机时，是一个很好的指南，并且其中的一些概念，如“尊重的需要”、“自我实现发展的需要”等，对于理解台湾籍民在特定环境下的心态，有很强的借鉴意义，是可以用来说明问题的。

在动机驱使下，人会追求自己的目标，但在实现追求目标的过程中却并

---

① 彭卫《历史的心境——心态史学》，河南人民出版社，1992 年版，页 6。

② 梁宁建主编《心理学导论》，上海教育出版社，2006 年版，页 352。

③ 沙莲香主编《社会心理学》，中国人民大学出版社，2002 年版，页 132。

非总是一帆风顺，挫折是必然存在的现象，对于挫折心理的分析也是一个难以避开的议题。抗战时期，福建多数台湾籍民被集中迁移到崇安，他们在崇安县的生活状况，存在众多的不利的外部因素，在这种情况下，挫折心理的产生是极为正常的现象。在崇安县台湾籍民的心态考察中，挫折心理是不可或缺的研究内容。挫折是个体的动机、愿望、需要和行为受到内部和外部因素阻碍的情境和相应的情感状态。① 而针对挫折的反应，根据两岸一些史学工作者的总结，计有应激和应缓两大类，包括攻击、温吞（幻想）、文饰、否认、压抑（固着）、投射（归属）、冷漠、反向、倒退（退化）、升华（代替）、补偿、毁灭、忏悔、自得等应对挫折的机制，这些机制可以解释人们在不同情境下对挫折的各种反应。②

当然，不仅是台湾籍民的动态社会心理，需要运用心理学的理论和方法进行考察，对于台湾籍民静态社会心理的考察，也需要心理学的相关知识来辅助研究。静态的社会心理态势——文化心理，主要体现在民族心理，主要见诸于民族的共同情感、习惯、风俗、行为方式、思维方式和伦理道德观念，乃至审美情趣方面，是“最稳定、最保守、最难于变化的心理”。③ 台湾籍民虽拥有“日本籍”，但作为中华民族一份子的血缘事实是无法改变的，五千多年的中华传统文化，早已无孔不入地渗透进他们的观念、行为、习俗、信仰、情感、思维方式等方面，潜移默化地形成他们处理各类事务、关系的指导原则，使他们和祖国同胞保持着共同的心理状态和性格特征。因此，研究崇安县台湾籍民的心态时，不仅要在微观上注重动态心理的变化，也要从宏观的角度来分析他们行为背后的静态社会心理，只有这样才能全面细致地分析他们的心理状况，解释他们的行为与动机。

当然，有关心理学方法的运用是综合的。对具体心理活动的解释，可以用不同的心理学方法，从不同的角度来进行分析。这既是心理史学的特点，也是对心态史研究颇有助益的地方。

第二，心态史研究需要从“长时段”的角度分析群体心态和“客观物

---

① 梁宁建主编《心理学导论》，上海教育出版社，2006年版，页392。

② 彭卫《历史的心境——心态史学》，河南人民出版社，1992年版，页189－213；张玉法《历史学的新领域》，（台湾）联经出版事业公司，1978年版，页103－106。

③ 胡波《历史心理学》，广东高等教育出版社，1993年版，页58。

质环境”的关系。

历史进程的时空结构是极为复杂的，历史的全过程往往要在“长时段”内，由多个即时“历史现场”进行组合，才能相对完整的呈现。“长时段”是法国年鉴学派史学家布罗代尔于1958年正式提出的，他在《长时段：历史与社会科学》一文中，将历史划分为“长、中、短”三种不同的时间演变层面来解释历史，“长时段”一般以世纪为单位，可表现“地理格局、生物现实、生产率限度和思想局限”等长期起作用的现象①；“中时段”以十年为单位，可以反映包括人口变动、长期的物价演变、生产和利息等较慢的变化；“短时段”以天、月或年为单位，可描述如战争、革命等变化最快的现象。在布罗代尔看来，长时段所要解决的首要问题就是阐释“结构”。所谓结构就是“指社会现实和群众之间形成的一种有机的、严密的和相当稳定的关系”，“有些结构因长期存在而成为世代相传、连绵不绝的恒在因素：它们左右着历史长河的流速。”② 心态作为社会群体性的“观念和意识”，尤其是民族意识、风俗习惯等社会静态心理，它们的形成与发展需要较长的历史周期，存在着“世代相传、连绵不绝的恒在因素”，符合运用长时段研究的一类“结构”。年鉴学派的代表人物勒高夫也指出，马克思主义的“历史分期学说（奴隶社会、封建社会、资本主义社会）”就是一种长时段的理论，认为这也“代表了新史学一个基本倾向的结构概念”。③ 另外，勒高夫在赞同马克思史学“把一些历时几百年的经济和社会体系看作是历史的基本形态”的同时，也指出“可从另外一方面来表达这一点，就是将习俗、心态当作历史的衡量标准”，“心态虽然不是历史因果关系中一个主要因素，但在新史学中占有较重要的地位”，肯定了长时段在心态史研究中的作用。④另一位心态史学的开创者阿里埃斯也努力证明“心态史所研究的是非常长

① 例如布罗代尔的著作《菲利普二世时代的地中海和地中海世界》、《15至18世纪的物质文明、经济和资本主义》等。

② 【法】费尔南·布罗代尔著，顾良、张慧君等译《资本主义论丛》，中央编译出版社，1997年版，页180。

③ 【法】雅克·勒高夫、诺拉等主编，姚蒙译《新史学》，上海译文出版社，1989年版，页35。

④ 【法】雅克·勒高夫、诺拉等主编，姚蒙译《新史学》，上海译文出版社，1989年版，页27。

的时段中一系列隐秘的演进”。① 显然，心态史的研究离不开长时段的宏观视角。

至于长时段的时间跨度，则可以根据不同的历史时期和不同的研究对象，来进行相应的规定。譬如工业革命以前生产力低下，社会进化的步伐极为缓慢，历史文化变迁呈现一定程度的静止状态。对有关社会“结构”的历史考察，必须在数个世纪的时间段内，方能在缓慢的社会变迁中发现其演变的规律。因此，在研究上古史、中古史的自然环境、气候、风俗文化时，长时段的时间跨度动辄就是数个世纪。但工业革命后，生产力飞速进步，社会发展步伐加快，导致物理环境塑造的人类举止、各种技术、开发自然环境的方式、社会关系、精神状态、家属关系结构以及情感方式等，能够在较短的时间内发生一定的变迁。因此，对于历史“静止面”的描述不如以往那样受到时间维度的约束，长时段的时间跨度也可以不必那么长。笔者个人认为，五十年至一百年以内，亦可作为长时段的时间范围。

中国近代史是一段饱受西方殖民者侵略、风云激荡的历史。马关条约后，中国殖民地化的程度加深，台湾被迫割让，日本殖民统治者强迫台胞入“日籍”，造成了广大台胞民族情感和“国籍身份”的分裂。对抗战时期崇安县台湾籍民的经历和心态研究，仅以事件的周期来看也不过八年，但却和福建台湾籍民近四十年来利用“治外法权”的违法问题有必然的联系。其中所反映的籍民心态，实际上也涉及日据时期广大台胞向往祖国情感中的困惑与迷惘。因此，有关崇安县台湾籍民的研究，有必要在时代背景上延长时间跨度，从日本占据台湾五十年的较长时段来考察有关的台湾籍民问题，利于对研究对象的总体性把握，利于全面了解特定时代背景下的客观社会环境，有益于推动本研究的深入。

有关抗战时期崇安县台湾籍民的心态研究，必然不能仅从“心理”的角度进行单向探讨，还必须重视他们所处时代背景下的“客观物质环境”，分析影响群体心理各类因素产生的社会历史条件、社会经济结构乃至社会群体关系，给予合理的解释，这是历史唯物主义的基本要求。也只有把历史事

---

① 【法】雅克·勒高夫、诺拉等主编，姚蒙译《新史学》，上海译文出版社，1989 年版，页 144。

件置于特定时空下进行分析，才能揭示其运动的自然过程、内在的本质和规律。因此，有必要将崇安县的台湾籍民看成一个整体，不仅要研究这个群体内部因素的特性和彼此影响，如籍民的籍贯、职业、性别、行为、心态等具体特征，更要将这个群体置于民国时期崇安县的自然环境和人文社会环境中，考察这个群体与周围环境的互动关系和相互作用，例如抗战时期福建的国民经济情况、省政府的系列措施、崇安县的自然环境、社会经济状况、籍民管理机制等外在因素对籍民生活和心态产生的作用和影响。正因为历史是关系复杂的社会机体的辩证运动，因此只有从籍民群体内部的矛盾关系、群体与环境的外在互动出发，才能全面完整、客观多层次地接近历史的真实面。

综上所述，心态史学的研究，并不排斥有关学科的相关概念、理论和方法，它甚至可以是运用多门学科，对某个人或群体心理进行整合研究的过程。当然，有关心态史学和心理史学的理论研究，依然有不少值得探索的空间，这有待于在未来的实际运用中得到进一步的发展。

二、思路与分析框架

“亚细亚孤儿”意识是从文学作品中引申出来的，主要是指抗战时期大陆台胞因受不公正待遇所产生的迷惘、困惑心理。但这种心态确实可以在抗战时期崇安县台湾籍民中找到历史原型。笔者先后从福建省档案馆、武夷山市（原崇安县）档案馆找到有关当年台湾籍民的不少原始档案，这些档案对于了解崇安县台湾籍民的状况，以及对“亚细亚孤儿”意识的历史考察，无疑是很好的原始资料。因此，本书以崇安县台湾籍民的由来、生活状况以及具体心态为叙述中心。不过，鉴于历史的发展有其延续性，并且心态史研究特别注重特定时代背景下群体“观念、意识”和“客观物质环境”的关系，所以要系统地研究崇安县的台湾籍民及其心态，就必须从广阔的历史维度来进行考察。因此，本研究并不是单刀直入地对“亚细亚孤儿”意识进行直接阐述，而是从甲午战争后福建省“台湾籍民”的基本情况展开分析，展现特定时代背景福建台湾籍民生活的社会环境；其次，论述抗战爆发后崇安县台湾籍民的由来、基本情况以及心态等，分析“亚细亚孤儿”意识的产生与存在情况；最后，通过崇安县台湾籍民参加台湾义勇队的抗日热情以及抗日活动，研究“亚细亚孤儿”心态的演变和升华。

根据上述的研究思路，本文是以历史事件发展的时间顺序，逐步展开情节进行论述，具体写作框架如下：

第一章“绪论”，分别从问题的缘起、学术史回顾、相关概念、理论及方法、思路与分析框架、运用史料的特点，以及对本文在研究上的突破和有关不足作了简要的说明。

第二章“福建早期台湾籍民的状况与问题（1895－1937年）”。本章主要叙述抗战爆发前，福建省台湾籍民四十年左右的基本概况。尤其从厦门、福州两地警察部门记载的案例出发，可以了解福建省台湾浪人违法作恶的情况，以及产生的恶劣社会观感。福建民众对浪人籍民的不满，对抗战时期福建省政府集中迁移台湾籍民的政策制定，有无形的影响。因此，在研究台湾籍民“亚细亚孤儿”意识产生之前，需要对民国初期福建台湾籍民的状况做细微的考察，避免研究背景上的“时空断层”。

第一节“福建台湾籍民概况”，大致介绍了抗战前福建省台湾籍民的人数、地域分布、职业类别、经济地位和生活状况等情况。第二节“福建部分台湾籍民的违法犯罪问题”，揭露了福州、厦门地区部分台籍浪人，在日本帝国主义的操纵下，从事各类烟、赌、娼等非法营业以及从事各类犯罪行为的恶行，充当了日本军国主义在华南扩大侵略势力的马前卒。第三节“福建台湾籍民引发的社会观感及其影响”，虽然大多数台湾籍民是心怀祖国的爱国台胞，他们或从事反日活动，或隐姓埋名，服务桑梓，造福家乡。但部分台籍浪人的胡作非为，引起了大陆同胞的强烈不满，进而对全体台湾籍民的印象不佳。抗战爆发后，福建民众对台湾籍民的不满情绪进一步发酵，成为最终导致福建省政府采取迁移台湾籍民至崇安县政策的一个诱因。

第三章为“抗战初期福建省政府的台湾籍民政策（1937－1938年）”。抗战爆发后，中日关系全面破裂，福建的日本领事馆撤走大部分的台湾籍民，余留下来的除了少数甘当日寇间谍走狗的浪人籍民外，多数为普通的台胞。由于台籍浪人长期积累的民怨深重，加上福建厦门、金门等地的沦陷中，多有台籍汉奸作祟，更是引起福建民众的愤慨和福建省政府对国防安全的焦虑。

第一节“抗战初期福建台湾籍民的返台情况”，叙述了抗战爆发后，日本领事馆撤离福建地区台湾籍民的情况。第二节“抗战初期福建省政府的台湾籍民政策”，本节揭露了日本军国主义利用台籍浪人充当间谍的阴谋和具体情况，并介绍福建省当局对仍然留在福建的台湾籍民采取的政策及其演变，特别是厦门沦陷后，福建省政府决定集中省内台胞，迁移至闽北崇安县。

第四章为“福建省台湾籍民集中迁移崇安县（1938 年）”。厦门沦陷后，福建省政府最终决定集中省内的台湾籍民，迁移至崇安县进行管理。由于集中迁移的原因在于福建省政府对于台湾籍民缺乏信任，这对多数不愿返台继续被日本殖民统治的台胞而言，无形中造成了心理伤害，这是“亚细亚孤儿”意识形成的肇始。

第一节“福建台湾籍民集中迁移崇安县之过程”，介绍了福建省各地台湾籍民集中并迁移到崇安县的过程与情况。第二节“台湾籍民迁移中的问题及其心态分析”，福建省政府在集中迁移台湾籍民的过程中，存在方法简单粗暴以及过程草率仓促的问题。此外，分析集中迁移对台湾籍民心理情绪的影响，指出其“亚细亚孤儿”意识形成的原因和基本状况。

第五章为“迁居崇安县台湾籍民的初步安置（1938 年）”。当台湾籍民迁移到崇安县后，县政府立即展开对他们的生活安置和日常管理工作。

第一节“崇安：台湾籍民生活区域的背景描述”，对崇安县的历史、自然地理和社会经济状况等，做了一个概况性介绍，指出台湾籍民生活的客观环境比较艰苦。第二节“台湾籍民初期的安置管理与生活境况”，崇安县对刚刚迁移来的台湾籍民进行初步的住宿安置，并且根据省政府的要求制定了较为严格的监管规章。省政府和县政府在生活上，对台湾籍民初步提供了三个月的伙食赈济和生活上的安排。

第六章为“崇安县台湾籍民的生产活动（1938 - 1947 年）”。在福建省政府各部门的积极协助下，崇安县台湾籍民开始进行垦荒和独立谋生。

第一节“崇安县台湾籍民的垦荒工作”，安排台湾籍民参加崇安县垦务所的垦荒劳动，是有关当局试图使广大台民能够自给自足的一个重要举措，但由于自身条件和客观环境的限制，台湾籍民的垦荒活动最终失败。第二节“崇安县台湾籍民的独立谋生”，除了垦荒外，崇安县政府允许台湾籍民各尽所能，独立谋生，并且积极提供一些就业机会以及在手工业、商业方面的资金优惠借贷，力图解决部分台湾籍民的独立谋生问题。不过，因为台湾籍民群体就业能力上存在着结构性的缺陷和失衡，独立谋生存在众多难以解决的困难。

第七章“崇安县台湾籍民的生活状况及归宿”。由于各种内外因素的影响，台湾籍民的生活状况较为困苦，虽然省政府对台民进行了系列的救助和赈济，但效果有限。这一阶段台湾籍民的主要心理情绪是对生活的担忧和由此引发的焦虑感，这在一定程度上强化了“亚细亚孤儿”意识。

第一节“崇安县台湾籍民的生活状况”，在经济生活上，台湾籍民大多过得比较艰苦，这既有恶劣气候和自然环境的影响，也有社会经济大环境动荡的影响。加上他们本身就业能力孱弱，因此不论是垦荒，还是独立谋生，都没能起到良好的效果，大多数台湾籍民没有稳定的收入来源，生活自然较为贫苦。虽然福建省、崇安县政府有关部门源源不断地提供各种赈济，但无法改善台湾籍民困顿的生活。这一阶段，由于现实生活的困苦以及无力解决问题的困扰，使台湾籍民对未来的生活极度担忧，焦虑成为他们的主要心态。第二节“崇安县台湾籍民的最终归宿”，抗战胜利，台湾籍民陆续登上了返乡之途，崇安县的台湾籍民最终找到各自的归宿。

第八章为“彷徨中的奋起：崇安县台湾籍民参加抗战的心态解析”。台湾义勇队是抗战时期活跃在祖国大陆闽、浙地区的台胞抗日队伍，他们利用自己具有的特殊技能，为祖国的抗战事业奉献了自己的力量。台湾义勇队和少年团的成员，大部分是来自崇安县的台湾籍民，他们受到爱国台胞李友邦的鼓励和感召，内心深藏的民族意识被唤醒，克服了各种困难，尤其是摆脱了苦闷、悲观的心理情绪，毅然投身祖国的抗日活动中，并为此做出了不可磨灭的贡献。在此过程中，他们逐步坚定了中华儿女的身份认同，最终克服了“亚细亚孤儿”意识。

第一节“崇安县台湾籍民参加抗战的概况”，叙述了台湾义勇队的组建经过，介绍了崇安县台湾籍民参加台湾义勇队的具体情况。第二节“崇安县台湾籍民参加抗战行为的心态分析”，从民族心理、人本心理学等角度，对台湾籍民参加抗日进行内在的心态分析，并从日本殖民者的压迫、李友邦和国民政府的外部推动因素，分析了众多崇安县台湾籍民克服“亚细亚孤儿”意识，参加台湾义勇队抗战的原因。第三节“抗战胜利与台湾义勇队的归宿”，介绍了抗战胜利后，台湾义勇队队员复员返回台湾的情况。

第九章为“结论与启示”。再次揭示了福建台湾籍民问题产生的根源，并以崇安县台湾籍民为中心，对“亚细亚孤儿”意识的产生、发展和升华进行简要的回顾。最后，强调“以史为鉴”，吸取“亚细亚孤儿”意识产生的历史教训，在坚持客观公正看待历史的同时，也要结合台湾当前的政治现实，反对一些对“亚细亚孤儿”意识的偏颇看法和曲解，并进一步阐述掌握广大台胞心态在做台湾人民工作中的重要作用。

第四节　研究的突破与局限

本文的主要研究目的，是揭示抗战时期福建崇安县台湾籍民的大致情况，尽可能重现他们的群体生活，分析他们与崇安县的自然与社会人文环境的互动，考察“亚细亚孤儿”意识的形成、存续，而台湾籍民参加台湾义勇队抗日活动的过程，体现了他们隐藏内心深处的爱国情感、民族意识，以及“亚细亚孤儿”意识的升华。本研究课题主要有三大特点：

第一，采用新的档案史料。首先史料是进行历史重构的依据，本文研究崇安县台湾籍民的主要史料，大多来自崇安县档案馆（今武夷山市档案馆）。武夷山市档案馆馆藏的民国档案，共有13个全宗8035卷，其中涉及抗战时期台湾籍民迁移闽北崇安、集中垦荒、生产生活以及台湾义勇队筹建和活动的档案，根据笔者目前的发现，约有3宗53卷①；福建省档案馆则馆藏民国时期档案92宗177606卷，其中有大量闽台两省政治、经济、文教以及人员交往的文书档案，也包括涉及崇安县台湾籍民和台湾义勇队的档案，先后有专门的档案专辑出版②，笔者挖掘了其中4宗14卷尚未被使用的台湾籍民档案作为补充。这些档案资料除了福建省政府、福建省赈济会难民生产管理处、崇安县政府、崇安县垦务所以及当时福建省、崇安县的有关

① 1993年时，武夷山市档案馆的民国档案尚未全面编号，目前尚有部分民国档案交付福建省档案馆进行裱糊修复，其中不排除有的档案跟台湾籍民有关。

② 如《闽台关系档案资料》、《台湾义勇队档案》。

部门、行业的文书档案外，还有很多当时台湾籍民递交给国民政府的各类“呈请书”。一般而言，心态史学的研究史料，多为反映当时人心理的第一手资料，如论著、笔记、回忆录、日记、书信、诗文等，而这些“呈请书”则大多反映了台湾籍民早年在台湾的境遇、在崇安县的生产生活状况，他们对现状的感想以及对国家、民族的内心情感等，这是研究台湾籍民群体心态的极好资料。此外，档案结合地方志、回忆录和口述历史，也是本文采用史料的一大特点。其次，运用的史料不同，对历史“现场”复原或者重构的过程和结果，就有所不同。对清末民初的台湾籍民研究，以往的研究史料往往集中在日本外务省档案、日本驻华领事馆档案、台湾总督府档案以及大陆出版的地方文史资料和部分档案文件上，尤其台湾学者在日本外务省、日本驻华领事馆和台湾总督府的日文档案中发掘出大量的珍贵史料，有了很多高质量的研究成果，其最大特点就是利用日本官方资料，对大陆“台湾籍民”问题幕后的日本帝国主义阴谋，给予入木三分的揭露和批判①。而本文在研究早期福建台湾籍民时，则在史料上另辟蹊径，主要利用福建省的官方资料，例如《厦门市政府公报》、《厦门市公安局警务月刊》、《福州市公安局警政月刊》、福建省以及厦门市的有关档案，从福建省主政当局、警务系统以及当时台湾籍民个人等角度，分析“台湾籍民”问题，揭示当时台湾籍民与福建当地社会的相互关系，并且结合部分民间资料，较为全面地反映大陆官方和民间对于“台湾籍民”问题的认识和态度；此外，对福建地区普通的台湾籍民状况也有所提及，力求较为全面、客观地展现当时福建省的台湾籍民状况。

第二，研究方法的新突破。心态史学作为新的研究方法，在国内的历史研究中并不常用。本文引入心态史学的理论与方法，立足唯物史观，注重群体“观念意识”和“客观物质环境”间的关系，在抗战时期崇安县的客观外在环境中，展现崇安县台湾籍民的群体状况和心态；并运用心理学中较为成熟的研究方法，对台湾籍民的特定心理、民族意识等进行分析，在具体的

① 卞凤奎《台湾总督府的南进政策——以籍民为中心探讨》，厦门大学历史系博士论文，2002 年。王学新《日本对华南进政策与台湾籍民之研究（1895 - 1945）——兼论台湾黑帮籍民的形成与演变》，厦门大学台湾研究院博士论文，2007 年。

历史条件中去做合理的解释。此外，从更广阔的角度来分析崇安县的台湾籍民，把民国初期的“台湾籍民”问题和抗战时期台胞参加抗日的情况，有机地和崇安县“台湾籍民”联系成一个“流动”的整体，结合起来进行考察，放大了历史的时空维度。

第三，观点上的突破。首先，本文从历史学的角度，通过对崇安县台湾籍民群体状况和心态的分析，对“亚细亚孤儿”意识这个大家耳熟能详的概念，进行全面、细致的考证，证明了“亚细亚孤儿”意识并不是简单的文学想象，而确实是抗战时期一些台湾籍民存在认同困惑的心态体现，这种心态的产生和演变，有其特定的历史条件；其次，本文并不静态、单一地看待“亚细亚孤儿”意识，而是看到这种悲情意识的发展、转折和最后升华。通过对崇安县台湾籍民参加台湾义勇队抗日活动的描述，以及对其内心活动的刻画，展现广大台胞内心深藏的中华民族的气节、民族意识，以及浓厚的民族情感。“亚细亚孤儿”意识只是外在环境的暂时困难所致，而根植于台湾籍民身上的祖国意识才是恒久不变的内在情感。

正如美国普林斯顿大学教授刘子健所说：“历史有许多复杂相互交叉的因素。在多数情况下，恐怕不是一元的解释所能尽致。”① 由于涉及台湾籍民研究的课题十分庞大、繁杂，现有的史料和成果关联度极高，虽然本文的研究重点是崇安县台湾籍民，但涉及的相关问题仍有不少，挂一漏万之处在所难免。此外，史料的搜集也面临众多的困难，尽管笔者已收集到相当数量的档案文件，但由于解放前战乱频仍，福建省民国时期的档案缺乏有效保管，丧失和严重受损亦不少，属福建省、市、县等现有的民国档案资料在数量和时间断限上都很不足，这给本研究的完整性带来一定的困难。史料收集的困难还体现在心态史的研究上，由于研究群体或个人的心理活动，需要借助“传记”、“日记”、“回忆录”、“口述历史”等资料，但这类资料较难收集；加上时过境迁，当年曾生活在崇安县的台湾籍民多已过世，即使是当初

---

① 刘子健《史学的方法、技术和危机》，康乐、彭明辉主编《史学方法与历史解释》，中国大百科全书出版社，2005年版，页128。

的垂髫儿童也已到耄耋之年，口述资料之获取遇到不少的困难①，因此研究的深度和分析的力度都受到一定的限制，这是本文最大不足之处。希望日后能有更多的书面或口头资料被发掘，以补充此项课题之研究。

① 当年曾生活在崇安县的台湾籍民，仅以笔者调查所知，台湾有一名，福建漳州市的长泰、龙海、南靖以及泉州市各有一人，但受制于当事人身体状况和其他条件限制，笔者一直没有恰当的机会进行采访。

第二章 福建早期台湾籍民的状况与问题（1895－1937年）

法国史学家费弗尔在《历史与心理学：一个总的看法》里提到："个体只可能存在于他的时代，存在于他的社会环境里。"① 因此，在对抗战时期崇安县台湾籍民展开研究之前，有必要从更广阔的时代背景和社会环境入手，对抗战爆发前福建省台湾籍民四十年左右的概况做个基本介绍。尤其从厦门、福州两地警察部门记载的案例出发，可以了解福建省台湾浪人违法作恶的情况，以及产生的恶劣社会观感。浪人籍民给福建民众留下的不良社会印象，对抗战时期福建省政府集中迁移台湾籍民的政策制定，有无形的影响。因此，在研究崇安县台湾籍民及其"亚细亚孤儿"意识产生之前，有必要对民国初期福建台湾籍民的状况做细微的考察，避免研究背景上的"时空断层"。

第一节 福建台湾籍民的概况

1895年，清政府被迫签署不平等的《马关条约》，将台湾割让给日本，台湾就此沦为日本的殖民地。台湾人的身份也随之发生了变化，成了名义上的"日本人"，《马关条约》中所谓"讲和条款"第五条规定，"本约批准互换之后，限二年之内，日本准，中国让与地方人民愿迁居让与地方之外者，任便变卖所有产业，退去界外。但限满之后尚未迁徙者，酌宜视为日本臣民。"② 针对这个条款，台湾总督府还于1896年11月18日，发布府令第

① 【法】吕西安·费弗尔《历史与心理学：一个总的看法》，田汝康、金重远选编《现代西方史学流派文选》，上海人民出版社，1982年，页53。

② 王铁崖编《中外旧约章汇编》，第一册，三联书店，1957年版，页615。

35号“台湾及澎湖列岛住民退去条规”，该令规定之一：“台湾及澎湖列岛居民之愿外迁者，无论是否累世居民或暂住居民须写明其籍贯、姓名、年龄、现住址、不动产等于明治三十年（1897）五月八日前向台湾总督府之地方官厅申报。其所携家属亦同”，“限满之后尚未迁徙者，视为日本臣民”。① 因此1897年5月8日后，仍留在台湾的本岛人自然拥有“日本国籍”。由于台湾和福建隔海相望，历史上大批闽南人渡海来台，成为台湾居民的主要组成部分，他们保留了闽南的方言、风俗习惯、宗教信仰等，两岸之间的经济、宗族、文化、宗教联系依然紧密。台湾割让给日本后，两岸之间血浓于水的民族感情并没有断绝，台湾人在实质仍然是中国人，对于这点，即使是日本殖民者，也有深刻的认识，“本岛当地人都同原来二百年前或几十年前自中国之泉、漳、潮诸州移居而来者有关，其血统与抱负亦纯同中国内地人无异。”② 不过台湾人的“国籍”变更，在“法理”上也是不争的事实，台湾人拥有的“日本国籍”，自然会给两岸人民的交往带来一定的影响。

综合众多学者的相关研究③，“台湾籍民”的概念可以简化为“泛指甲午战争后，生活在中国大陆或东南亚地区的日本籍台湾人”。实际上，“台湾籍民”的针对性很强，主要限定居住于日本本土及台湾以外的台湾本岛人，特别是指居住在福建的台湾人。不过这个概念的外延在特殊历史条件下有所放大，台湾籍民还包括那些假冒籍民。由于鸦片战争以来，中国逐步沦为半殖民地、半封建社会，西方资本主义国家通过不平等条约，享有各种政治、经济特权。台湾籍民有日本籍的身份，在祖国各地生活时同样享受这类

① 台湾总督府警务局编，王洛林总监译《台湾抗日运动史》，第4册，（《台湾总督府警察沿革志》第二篇，上卷），（台湾）海峡学术出版社，2000年版，页1011。

② 台湾总督府警务局编，王洛林总监译《台湾抗日运动史》，第4册，（《台湾总督府警察沿革志》第二篇，上卷），（台湾）海峡学术出版社，2000年版，页1009。

③ 戴国辉《日本的殖民地支配与台湾籍民》，王晓波《台湾的殖民地伤痕》，（台湾）帕米尔书店，1985年版，页243；【日】栗原纯《台湾籍民与国籍问题》，《台湾文献史料整理研究学术研讨会论文集》，台湾省文献委员会编印，2000年版；陈小冲《档案史料所见之清末日籍台民问题》，《台湾研究集刊》1991年第3期；陈小冲《档案资料所见之清末“归化”台湾籍民》，《台湾研究集刊》1992年第1期。

特权。① 这自然引起不少本地不法之徒的垂涎，他们透过各种手段谋求台湾籍②，因此出现了不少假冒的台湾籍民。因此，台湾籍民的成分就变得较为复杂，这里既有日本籍的台湾人，也有冒充台湾人获得日本籍的大陆人。至于日本当局对于假冒台湾籍民的态度，随着日本不同时期对华政策的重心转移，也发生了不同的变化，从不支持到有目的地协助特定人士"归化"日本籍，以扩大日本的在华势力。

一、福建台湾籍民的人数概况

日本殖民台湾时期，返回福建的台湾籍民众多，不过对于这一时期福建台湾籍民的具体人数，很难有准确的统计数字。目前较为权威的统计，大致有三个来源：首先，台湾总督府官房统计课的各年统计书，里面对每年往返闽、台申请旅券的籍民有详细统计；其二，日本驻福建的领事馆对当地籍民人数存有记录，民国时期福建省、市公安部门的统计资料，也有一些统计数字；第三，就是一些日本的官方文书及福建报刊记载。即便可供参考的资料不少，但由于统计方式不一，以及籍民偷渡大陆等客观因素的影响，关于台湾籍民人口的统计数据，不同资料间的出入仍然很大。根据 1926 年日本驻厦门领事井上庚二郎的分析，主要原因有三个方面：第一，偷渡者众。由于日本统治台湾后，力图斩断台湾和祖国大陆的联系，采用"渡华旅券"制度来阻挠台湾人返回大陆，在核发"旅券"手续严格的情况下，就有台湾人乘"轮船启航前之混乱混入船中，或搭乘戎克、渔船来厦"，利用偷渡前往厦门的人数最多。第二，"渡航旅券"只是针对台湾人直接赴中国大陆，如经日本本土来华则不必持有"旅券"，也有少数台湾人通过这个迂回方式前往福建。第三，台湾籍民在当地结婚后的配偶及其所生子女，没有及时向日本领事馆申报户籍的，亦有相当人数。③ 另外，1911 年 9 月 10 日后，虽

① 松浦章、卞凤奎《中国华南地区台湾籍民之特性及其问题（初探）》，（台湾）《台北文献》，第 133 期，2000 年 9 月，页 216－218。

② 【日】中村孝志著，卞凤奎、李玉珍译《"台湾籍民"诸问题》，（台湾）《台北文献》，第 129 期，1999 年 9 月，页 215－216；陈小冲《日本殖民统治台湾五十年史》，社会科学文献出版社，2005 年版，页 396－397。

③ 【日】井上庚二郎著，梁华璜译《厦门的台湾籍民问题》，《台湾风物》，第 37 卷第 1 期，1987 年，页 84－85。

然日本殖民当局规定申请来华的台湾籍民，抵达后必须向就近的日本领事馆进行登记，“旅券”加盖验章，不过从当时“台湾旅券在厦门之贩卖、伪造，甚为严重”的情况看①，显然有些籍民并没有去登记“旅券”，日本驻华领事馆所登记的籍民人数并不完整，实际人数只会更多，井上庚二郎就认为1926年的台湾籍民数不应仅是登记的6832人，“约在八千至一万人较为正确”②，依此类推，每年的籍民人数可能只有实际人数的六成至八成左右。因此，日据时期福建各地的台湾籍民人数难以精确统计，只能在综合各类资料的基础上做个大概的估算：

表一：台湾籍民福建地区分布概况③　　单位：人

年度/地名	厦门	福州	泉州
1899	1532		
1900	2715		
1901	2082		
1902	3361		
1903	3137		
1904	3516		
1905	3669		
1906	3704	330	
1907	3716		
1908	4210		
1909	4266		
1910	4639		
1911	4432		
1912	4634		
1913	4707		
1914	4715		

① 梁华璜《日据时代台民赴华之旅券制度》，《台湾风物》，第39卷第3期，1989年，页12。

② 【日】井上庚二郎著，梁华璜译《厦门的台湾籍民问题》，《台湾风物》，第37卷第1期，1987年，页84。

③ 厦门地区台湾籍民的人数只能反映变动的趋势，由于大量偷渡人员无法统计在内，而且1917年以前的人数是以当年的人数为基数，结合《台湾总督府统计书》来厦门的人数统计，粗略加减所得，数据并不准确。此外，漳州地区虽有少数台湾籍民，但没有资料记录有关的统计，故不列人表中。

续表

年度/地名	厦门	福州	泉州
1915	4714		
1916	4413		
1917	2883		
1918	3374		
1919	3516		
1920	3765		
1921	4423		
1922	5226		
1923	5816		
1924	6168		
1925	6539		
1926	6832		
1927			
1928			
1929	6879	1121	
1930			
1931			
1932			
1933			
1934		2316	
1935	7356	1971	300
1936	7990	2102	
1937	10217	1777	

资料来源：【日】台湾总督府官房统计课《台湾总督府统计书》第1－22卷；【日】井出季和太著，郭辉译《日据下之台政》卷1，（台湾）海峡学术出版社，2003年版；【日】井上庚二郎著，梁华璜译《厦门的台湾籍民问题》，《台湾风物》，第37卷第1期，1987年；监察院闽浙监察区监察使署《密报台湾人在晋江活动之概况》，福建省档案馆，40－1－19；福建省会公安局编《福建省会公安局统计表》，1937年；台湾省文献委员会编《台湾省通志》，卷三"政事志·外事篇"，1960年；厦门市档案局、厦门市档案馆编《近代厦门涉外档案史料》，厦门大学出版社，1997年版。

表格所列的籍民人数大多是估计值，但仍可从中看出当时福建地区台湾籍民的分布情况和变化趋势：首先，福建的台湾籍民主要聚居在厦门与福州，尤其厦门地处闽南且是通商大埠，是台湾通往大陆的便利口岸，厦门的台湾籍民几乎占全省的80%以上，最具代表性；其次，除了特定年份外，福建省的台湾人数量总体上处于增长状态；第三，漳州、泉州的台湾人比较少，而且较难被统计，由于厦门的区位优势具有强吸附力，加上台湾总督府早期规定内渡的台湾籍民向就近的日本驻华领事馆登记，因此在漳、泉活动的台湾人，除偷渡等原因外大部分是从厦门上岸，向日本驻厦领事馆登记，然后才逐步向漳州、泉州等地迁移，人数不多且难掌握。所以，福建地区台湾籍民主要以厦门、福州为代表，也是最主要的研究对象。二十世纪初至三十年代中期，福建地区的政治、经济、社会状况，是台湾籍民生活的外在环境，集中考察厦门、福州地区台湾籍民的人口、职业、生活状况，包括台湾籍民与当地社会的互动关系，就可以较为系统、动态地反映福建省台湾籍民的真实情况。

二、福建台湾籍民的职业概况及其经济影响

第一次鸦片战争后，根据第一批不平等条约，福州和厦门成为中国最早的通商口岸，福建亦成为开放较早的省份。到了民国初期，福建近代工业有了一定的发展，初步形成了以电力和加工工业为主的轻型工业体系。福州和厦门这两个重要城市也有重大发展：福州已是闽东经济区的核心城市，也是省级中心市场，经济较为繁荣。厦门则是闽南地区的核心城市和物资集散中心，市内有不少洋商驻华机构与银行，闽南地区的进出口货物主要由厦门港转运，加上周边侨乡，每年有千万美元的侨汇流入闽南地区，商品经济十分活络。不过在半封建半殖民地的中国社会，近代工业发展和民族资本主义经济，面临外国资本的高度压制，生存空间狭隘；农村经济市场化程度低，土地占有不均和封建剥削严重，加上军阀混战，使农业发展缓慢，百业凋敝，农村贫困化趋势十分明显。福建经济在封建主义和帝国主义双重压迫的夹缝中艰难成长。政治环境上，辛亥革命后，福建政权被北洋军阀窃取，不少军阀割据一方，专制独裁，扩军备战，苛捐杂税繁重，逼迫农民栽种罂粟，每年出产鸦片膏数十万量，闽省烟毒泛滥，军阀政治使福建人民饱受荼毒，经济备受摧残。①

---

① 汪征鲁主编《福建史纲》，福建人民出版社，2003年版，页105－106，页135－136。

在这样的历史背景下，台湾籍民在福建当地社会中究竟扮演何种角色，起什么么作用呢？长期以来，由于厦门地区的台湾籍民一直占福建台籍人口绝对多数，因此以厦门地区的台湾籍民职业来进行考察。根据现有的资料，对比考察1926年和1936年厦门台湾籍民的就业种类、从业人数，结合厦门当地百姓的人口和就业情况进行对比，可以在一定程度上反映台湾籍民在福建社会经济中的地位和作用。

表二：1926、1936年厦门台湾籍民的职业分类及户数 单位：户/人

		1926		1936
商业	杂货	168	杂货商	698
	茶商	17	茶商	29
	糖商	6		
	布店	19	裁缝店	53
	烟草	16	烟酒商	17
	五金	5	五金店	16
	谷物店	13	米店	7
	钟表店	2	古物店	29
	豆腐贩卖	1	和服店	52
	食品行	3	小商贩	20
	酱油贩卖	2	酱油制造业	10
	旧货商	3	贸易商	32
	果菜商	7	水果商	44
	鱼贩	2	雇员	356
	银楼	5	金银制造业	8
	薪炭	4	柴木炭商	21
	渔具贩卖	1	承包商	3
	生水供给	1		
	电气行	3		
	祭祀用纸	1	金银纸制造业	6
农、林、牧、副、渔业	海产	22	农业	37
	木材	8		
	牛奶	3	畜牧场	2
	兽肉	1	兽肉贩卖	17

续表

	1926		1936	
金融业	货币兑换	19	房地产出租业	54
	钱庄	5	金融业	42
	当铺	2	当铺	44
轻工业	樟脑业	2	石灰制造业	2
	运输业	3	交通业	17
	皮鞋	2		
	饼干	7	饼干制造业	18
	酿酒及贩卖	12	酒商	15
	蜡烛制造商	2		
	铁工厂	1	铁匠业	22
	印刷厂	1	印刷业	8
	袜子制造	1		
	制香业	1	线香制造业	5
	汽水制造	1		
	染料	1	洗染业	3
	冰行	2		
	皮革业	4	皮革业	13
	印刷器材	1		
	烟火制造	1		
	罐头业	1	工人	6
	纸业	2	纸商	8
	米粉业	1	米粉制造业	5
	肥皂制造	2	其他制造业（豆腐、制水、石碱等）	25
服务业	委托业	1	代书业	6
	职业介绍	1	乐队员	6
	代办业	1	台球业	2
	理发店	1	理发店	4
	旅馆	9	旅馆业	24
	照相馆	2	照相业	11
	餐厅	90	饮食店	25

续表

		1926		1936
服务业	轿车出租业	1	齿科	36
	药材行	26	药商	60
	医师	12	医师	128
	助产妇	3	助产妇	9
			其他（按摩、澡堂）	2
手工业	陶瓷器	3	瓷器店	7
	木匠用具	1	木偶戏业	3
	家具	1	家具店	14
	木器工匠	1	木材店	15
	竹类工业	1		
公、教人员	官吏	2	官吏	24
	教员	8	公吏（公会事务员）	34
特种行业	鸦片烟馆	195	料理合作社社员	86
			陪酒女郎	110
			女招待	30
			舞场	2
			台球业	2
总计		747		2832

资料来源：【日】井上庚二郎著，梁华璜译《厦门的台湾籍民问题》，《台湾风物》，第37卷第1期，1987年；台湾新民报社编《台湾居留民公报》三十年纪念特刊，陈支平主编《台湾文献汇刊》第7辑，第8册，厦门大学出版社、九州出版社，2005年版。

表格所列数据的来源和计量单位有一定差异，但仍具有参考价值和一定的可比性①，从中可以看出厦门台湾籍民在这两个年份的从业特点：

首先，厦门台湾籍民从事行业涉及面广。1926年和1937年的职业分类略有不同，且有不同程度的增减，但范围均涵盖农业、轻工业、商业、服务

① 1926年的数据是由当时日本驻厦领事馆所做的统计，涵盖在厦门日本领事馆登记的台湾籍民，以“户”为单位；1936年的数据则由台湾居留民会统计得出，范围限于加入公会的厦门台湾籍民，以“人”为单位，不过由于台湾居留民会的统计主要是入会的会员，对雇员的统计采用“同一家族的子女受雇人员不统计，一家族只统计一人”的原则，因此“人”和“户”的单位界限并不那么明显。

业等产业，最多时涉及66种职业，这其中有较先进的轻工业，如罐头制造、肥皂制造、饼干制造等，也有制瓷、木匠、理发师、助产妇等传统的行业，个别台籍人士甚至在政府部门工作。民国时期的厦门社会，大多数行业都有台湾籍民的影子，并且随着时间的推移以及籍民人口的增加，不少行业的从业人员亦有不同程度的增长。仅从数值上判断，1936年不少行业的台籍从业人员比1926年时有所增加，例如杂货买卖、金融典当和医疗卫生等，当然亦有个别行业数量减少甚至消失的，例如1937年就没有台湾籍民从事袜子业、烟火业等职业了。

其次，台湾籍民从事鸦片烟馆和色情行业的不在少数。鸦片烟馆方面，1926年台湾籍民从事鸦片烟业的有195户，占全部从业户数的26.1%，从人数而言，根据当时日本领事井上庚二郎的统计，“实际依赖贩毒谋生之台湾籍民总数，应为二千零五十一人”，占了台湾籍民在厦门从业人员的四分之一，使得厦门市“鸦片商之约半数皆为台湾籍民所占”①。由于国民政府于1928年施行禁烟，1935年4月颁行了“禁烟实施办法”和“禁毒实施办法”等法规②，鸦片毒品经营早已是非法行业，因此1936年厦门出版的《台湾居留民公报》三十年纪念刊上并没有鸦片馆的统计数据，但台湾籍民从事毒品业的依然大有人在；在色情业方面，1926年的日本领事馆没有做明确的统计，1936年的统计数据虽有所反映，但也并不精确，主要是料理合作社社员（艺妓、妓女）、陪酒女郎、女招待，包括缝纫业的一部分女工亦有从事卖淫工作③，人数大概在两百人左右，不过实际从事色情业的女子恐怕不至于此，根据有关资料，厦门的台湾籍娼妓实占当时籍民总数7.85%④，如果按1936年估计的1万余名台湾籍民来算的话，就将近800人，可见为数不少。

---

① 【日】井上庚二郎著，梁华璜译《厦门的台湾籍民问题》，《台湾风物》，第37卷第1期，1987年，页88。

② 《禁烟实施办法》、《禁毒实施办法》厦门市政府秘书处《厦门市政府公报》，第1期，1935年4月，页1－3。

③ 台湾新民报社编《台湾居留民公报》三十年纪念特刊，陈支平主编《台湾文献汇刊》第7辑，第8册，厦门大学出版社、九州出版社，2005年版，页392－393。

④ 台湾“主计处”编《台湾省统计要览》，第17期，页12，转引自林满红《晚近史学与两岸思维》，（台湾）麦田出版社，2002年版，页283。

民国时期，厦门地区台湾籍民的从业情况，构成了正、负面两极化的特点。一方面，台湾籍民从业范围遍及工、商、服务等多个正当行业；另外，从事毒品和色情业的也是人数众多，负面作用是不言而喻的。那么，台湾籍民的职业状况，在厦门当地社会具有什么样地位和影响呢？这可从台湾人和厦门住民的职业类型和就业情况来分析。

表格三：1936 年厦门住民与台湾籍民职业分类对比表 单位：人

职业/性别		厦门住民	台湾籍民	总数	台籍比例
农业		772	56	828	6.8%
工业		10012	119	10131	1.2%
商业		14959	1185	16144	7.3%
交通运输业		316	17	333	5.1%
公务员	党	108	24	3900	0.6%
	政	331			
	军	1395			
	警	2042			
自由职业	教育事业	1043	347	2925	11.9%
	医药业	1019			
	律师业	76			
	工程师业	11			
	会计会业	15			
	新闻业	154			
	宗教事业	41			
	社团事业	219			
人事服务	家庭管理	1521	356	3118	11.4%
	佣役	1241			
其他职业	车夫	1214			
	苦力	826			
	稳婆	35			
	伶界	93			
	巫道	16			
	娼妓	1638			
	讲古	9			

续表

职业/性别		厦门住民	台湾籍民	总数	台籍比例
其他职业	小贩	1859	728	15085	4.8%
	其他	8667			
总计	49632	2832	52464	5.4%	

资料来源：厦门市政府秘书处《厦门市政府公报》，第19期，1936年10月；台湾新民报社编《台湾居留民公报》三十年纪念特刊，陈支平主编《台湾文献汇刊》第7辑，第8册，厦门大学出版社、九州出版社，2005年版。

从上表可以看出，就台湾公会所登记的台湾籍民就业情况而言，他们在厦门全体就业人口中的比例不高，仅占5.4%。涉及教育、医疗、律师等服务性质的自由职业，台湾人占厦门就业人口11.9%，是所有职业类别中比例最高的；其次为人事服务，占11.4%，排在第三位的是商业的7.3%；最低的分别是工业1.2%和公务人员0.6%。1936年10月份厦门地区的人口总数为181181人①，台湾籍民的人数约为7990人，台湾人占厦门人口总数的4.4%，厦门当地人的就业率为27.4%，台湾人在台湾籍民中的就业率为35.4%，略高于本地人。当然，由于台湾籍民从事鸦片烟毒的人数量不少，台湾公会自然不敢将这类违法违禁行业的从业人员统计在内，加上有些台湾人并没有登记入公会，因此台湾籍民的实际就业率会高于统计数值。

从职业类别、就业人数及其在当地社会所占比例来看，台湾籍民对民国时期厦门社会经济的发展，有一定的贡献，但作用和影响力是有限的。1929年底厦门领事寺岛广之向日本外务大臣递交的调查报告中指出，厦门“有关台湾人经营之工厂如下：制冰工厂1，冰糖工厂1，汽水厂2，铁工厂2，货物工厂2，制皮工厂1，木材厂1，米粉厂2，制烟厂1”，因此有台湾学者认为，“厦门地区由台湾籍民所经营的工商规模和数量与大陆各地相比较，应不逊色。”② 但实际上，1936年台湾人从事工商业的人数虽估计约占台籍从业人员的46%，且大多应为经营者或投资方，但在厦门全体就业人

① 《二十五年十月份厦门市户口变动统计表》，厦门市政府秘书处《厦门市政府公报》附录，第20期，1936年12月，页7。

② 卞凤奎《日据时期台湾籍民在大陆及东南亚活动之研究（1895－1945）》，黄山书社，2006年版，页123。

口中仅占2.6%，从人数上看比例不高，如果结合台籍工商业资本和厦门地区工商业资本总量的对比，就可对台籍工商业的规模和数量下一个断论了。根据厦门市1936年的统计，厦门的工商业已经具备了一定的规模，当时资本总额达百万的工商业主要有银行、汇兑、电气、自来水业、信托保险、船头行业，煤炭、酱油业、客栈茶楼、汽煤油业、香烟等十一个行业，台湾籍民仅涉及其中的酱油、客栈、香烟以及金融（汇兑、钱庄和高利贷）四个方面。无论是商号的数量、就业的人口，可以说台籍商号的数量和规模都是比较小的。

表格四：1936年厦门市资本总额百万元以上商号统计表

业别	银行	汇兑	电气	自来水业	信托保险	船行	煤业	酱油业	客栈	汽煤油业	香烟业	总计
户数（户）	15	98	32	1	10	35	58	59	271	11	201	791
资本总额（万元）	14200	167	127.7	200	197.36	2088.4	107.6	110.9	114.6	301.2	1512.6	19127.36
职员总数（人）	427	995	153	65	113	319	286	569	1563	101	1162	5753
台籍人员（人）	42						10	24		17	93	

资料来源：厦门市政府秘书处《厦门市政府公报》，第17期，1936年8月；台湾新民报社编《台湾居留民公报》三十年纪念特刊，陈支平主编《台湾文献汇刊》第七辑，第八册，厦门大学出版社、九州出版社，2005年版。

从商号来看，权将台湾籍民的就业人员当成商号，那么厦门市11个资本额百万以上的行业各个商号总共791家，职员5753人，台湾公会登记的相关行业最多也才93家商号（将每一从业人员均作为商号来计算），所占比例不大。至于资本总额度方面，上述791家商号资本总额为19127.36万元，如果再加上那些资本额度不达百万的其他商家，全厦门约74个行业的5423家商号，资本总额为20287.1781万元。① 而1936年台湾人在厦门的商

① 《厦门市商业调查统计表》，厦门市政府秘书处《厦门市政府公报》附录，第17期，1936年8月，页1－7。

店总数约 400 余家，每年贸易额为 2000 余万，拥有财产 2600 余万①，如按投资额算，根据厦门台湾银行经理的估计，台湾人在厦门的投资约在 1000 万左右。② 因此台湾籍民的商号只占厦门所有商店总量的 7.4%，台资商业资本在厦门商业资本总额中的比例，大约占 12.8%，算投资额的话则约占 4.9%，整体经济实力不弱，但也并非举足轻重。这从近代厦门乃至福建工商业发展的特点来看，也可以这样推断。这是因为福建工业发展的主要资金来源是华侨投资，侨资企业多是一大特点，厦门地区最大的工业企业，如厦门自来水厂、厦门电灯电力公司、淘化大同罐头食品公司等，均是侨资企业③，因此台资企业的比例并不冒尖。另外，由于民国时期福建地区的投资环境不佳，无论是华侨资本、民族资本，还是台籍资本，都面临一定的经营风险，投资均会谨慎。1931 年的厦门海关税务司侯礼威就认为“本地区的现代工业发展缓慢。大量富有的归国华侨意识到工业发展的必要性，也拥有足够资本可用于投资附近地区。但由于一些工业企业经营的失败，自然使他们对投资于并无把握的企业裹足不前。……一些大型的工业康采恩，怀着某种希望开始兴办，却由于经营不善而被迫中止业务。”④ 不仅如此，日本领事井山庚二郎也认为，“台湾籍民系外来者，且多数无财力可言，无法打进当地久年建立之一般商业团体而与之竞争。”⑤ 在这种情况下，台湾籍民要维持工商企业的经营并不容易，以轻工业为例：1926 年日本领事馆登记的台籍企业有铁工厂（1 家）、袜子制造（1 家）、汽水厂（1 家）、肥皂制造（2 家）、制冰厂（2 家）等⑥，而在 1936 年台湾公会登记的从业人员里，则已看不到这些企业的相关就业登记，取而代之的是石碱厂、米粉厂、饼干厂、石灰制造之类的厂家，显然台籍工商业者亦有经营失败的风险和压力，

① 《台湾人在厦门之势力：厦市人口最近之调查台人产业达二千余万》，《申报》，1936 年 3 月 30 日。

② 郑林宽《福建华侨汇款》，“福建调查统计丛书之一”，福建省政府秘书处统计室印，1940 年版，页 60。

③ 林庆元主编《福建近代经济史》，福建教育出版社，2001 年版，页 491。

④ 厦门市志编纂委员会、厦门海关志编委会《近代厦门社会经济概况》，鹭江出版社，1990 年版，页 391－392。

⑤ 【日】井上庚二郎著，梁华璜译《厦门的台湾籍民问题》，《台湾风物》，第 37 卷第 1 期，1987 年，页 89。

⑥ 详见表格二“1926、1936 年厦门台湾籍民的职业分类及户数”。

一些企业工厂倒闭破产在所难免。因此，厦门地区的台籍资本比例不会很大。总的说来，关于“厦门地区由台湾籍民所经营的工商规模和数量与大陆各地相比较，应不逊色”的说法是值得商榷的①，从在厦门本地情况看，台籍工商业的规模和数量并没有想象的那么庞大。

不过应该肯定的是，台湾籍民所从事的各类正当行业，对厦门本地的社会经济生活还是起到了一定的作用。台湾籍民所从事的行业繁多，尤其是医疗、教育、代书、照相、理发等服务行业，在厦门当地的就业人员中占了11.9%的比例②，这对丰富和便利当地人民的生活起到了相当大的作用，有些台胞还和当地百姓结下了深厚的友谊，例如：台湾籍民陈西春、翁炳南等，他们在厦门开设了医疗诊所，在行医治病的过程中，深受当地人的推崇；籍民柯进旺，在酿造和制酒方面有精湛的技术和丰富的经验，产品畅销闽南地区，在厦门和邻近地区享有很高的技术威望，此类例子为数不少。③

三、台湾籍民的生活状况

台湾籍民的生活状况是个变化发展的过程，必须进行动态的考察。从各个时期台湾籍民的职业情况来看，虽有较高阶层的工商业者，也有雇员、小商贩、裁缝、妓女之类的下层从业者，亦有大量没有登记的台籍无业游民和浪人，他们生活状况应该是好坏参半。根据厦门台湾公会的调查，20世纪20年代中期，台湾籍民的经济状况尚非良好，“可独立谋生又基础稳固者约占一层（成）至二层（成），其他则一朝有事，或平时也都有朝不保夕之虞”④，随着台湾籍民的逐年增多，下层阶级的人员也会随之逐增，他们的生活状况短期内不会太理想。另外，厦门长年以来物价水平不断上涨，仅

---

① 卞凤奎《日据时期台湾籍民在大陆及东南亚活动之研究（1895－1945）》，黄山书社，2006年版，页123。

② 详见表格三“1936年厦门住民与台湾籍民职业分类对比表”。

③ 台湾民主自治同盟厦门市委员会、厦门台湾同胞联谊会等编《台湾儿女祖国情——记厦门的台湾省籍人士》，台海出版社，2000年版，页182、188、196。

④ 【日】井上庚二郎著，梁华璜译《厦门的台湾籍民问题》，《台湾风物》，第37卷第1期，1987年，页103。

1912年至1921年这十年间，主要物品价格上涨了20%－300%[①]，不少台湾人的家庭感受到生活的压力。当时从澎湖搬到厦门的戴逢年一家，就因厦门的生活费用较高，不得不迁到漳州居住，自己则继续在厦门的渔行工作，每天往返于漳、厦之间[②]，十分的辛苦。不过，下层台湾籍民的生活状况也不是一成不变的，在半殖民地半封建社会的旧中国，西方资本主义国家享有种种特权，台湾籍民亦可凭借日本籍的身份，得到各种政治、经济和司法上的特殊关照。以缴税而言，台湾籍民仅需缴纳关税和子口税，而不必缴纳其他的税目，从事特种行业亦可不受有关部门的直接管理或制裁。厦门的台籍妓女，就因不用缴纳特种印花税，处境比当地妓女较好，据称这些"台籍娼妓每月汇送台湾之钱款达几千圆以上"。[③] 因此不少普通的底层台湾籍民，利用籍民的特权优势，通过多年的摸爬滚打而出人头地。厦门公安局就曾指出所谓的"旧派台民"，即"旅厦十年以上，乃至二三十年者。若辈来厦之初，多系无产阶级，或为在台无业浪人，到此之后，恃其特殊势力，因而经商致富，建置不动产，渐与华民通婚，结为姻娅，养生送死既可无憾，则莫不视此间为乐土，而不思移家返台矣"。[④] 福州地区的台湾籍民，亦有这样的情况，有不少"侨居福州台民，多者二三十年，少亦一二十年，所经营之烟馆，赌场，赈押，日割，旅社，私货，获利均极丰厚，钜者已积资十余万，少者亦数万元。多数皆在福州娶妻生子，广置产业，久已视为乐土"[⑤]。另一方面，还有一些厦门本地人，想方设法混入台湾籍，这些人原本"属于当地政界或经济界之有力人士，其资产以万计者不乏其数"，而日本领事馆"亦基于政策上之考虑，对中国人之申请台籍之取得，不是完全没有放

---

① 厦门市志编纂委员会、厦门海关志编委会《近代厦门社会经济概况》，鹭江出版社，1990年版，页381。

② 《戴秀丽、秀美姐妹访问纪录》，台湾"中央研究院"近代史研究所《日据时期台湾人赴大陆经验》，口述历史第6期，"中央研究院"近代史研究所，1995年版，页102。

③ 【日】井上庚二郎著，梁华璜译《厦门的台湾籍民问题》，《台湾风物》，第37卷第1期，1987年，页97－98。

④ 厦门市档案局、厦门市档案馆编《近代厦门涉外档案史料》，厦门大学出版社，1997年版，页159。

⑤ 《警保辑览》，福建省秘书处公报室《闽政与公余》，第1期，1937年9月10日，页16。

宽处理"①，所以台湾籍民中富裕者亦不在少数。

从一定时期来看，厦门乃至福建地区的大多数台湾籍民，生活情况只能算是一般，有的境况甚至不容乐观，但也有些人通过各类钻营而致富。家境殷实或巨富的台湾籍民也有不少，但应不是主流，且成分也较为复杂。

第二节　福建部分台湾籍民的违法犯罪问题

自台湾割让给日本后，渡航来大陆的台湾籍民中，有不少在台湾作奸犯科的罪犯，以及一些无赖地痞和无业游民，他们偷渡到厦门后从事烟馆、赌场、妓院等非法勾当，一度令日本领事馆头疼。但随着日本对华侵略野心的膨胀和大陆政策的逐步实行，利用和扶植台湾籍民中的恶势力，打击中国大陆的抗日、排日分子，日本军特机关甚至利用台籍浪人来勾结汉奸、黑帮，从事间谍工作等，成为日本帝国主义处理台湾籍民问题的一个重要策略。②另外，利用这些台籍浪人，制造事端，为非作歹，挑拨大陆人和台湾人的关系，离间两岸同胞的骨肉亲情，亦是日本殖民者的险恶用心和罪恶目的。有关福建台湾籍民的非法经营和社会犯罪，一直是困扰福建当局的头疼问题。

一、福建台湾籍民的非法营业及其危害

早在20世纪初，一些在福建经商的台湾籍民，就凭借其日本国籍的特殊身份，或是不缴纳厘金，或是私自进入内地贸易，或是设立栈包税抽仲，并在日本领事馆的庇护下，不服从福建地方官府的约束，频频造成中日两国间的交涉③，台湾籍民的违法经营行为由来已久。民国时期，随着福建台湾籍民的增多，台湾籍民中的一些"不肖之徒"，勾结当地的流氓、无赖，专门从事烟馆、赌场、妓院等不正当行业，衍生出不少社会治安问题，严重干扰了福建社会经济的正常发展和地方行政工作的开展，也给当地民众留下了

① 【日】井上庚二郎著，梁华璜译《厦门的台湾籍民问题》，《台湾风物》，第37卷第1期，1987年，页85。

② 王学新《日本对华南进政策与台湾籍民之研究（1895－1945）——兼论台湾黑帮籍民的形成与演变》，厦门大学台湾研究院博士论文，2007年。

③ 陈小冲《档案史料所见之清末日籍台民问题》，《台湾研究集刊》1991年第3期，页67。

恶劣的印象。

1. 福建台湾籍民的非法营业与当局取缔举措

福建台湾籍民的非法经营主要集中于厦门和福州两地。台湾籍民在厦门经营的鸦片烟馆，势力十分庞大，较为出名的有所谓的"十八大哥"，这是以林滚、谢阿发、柯阔嘴、郑有义、陈春木等18个台籍浪人为首，结合大批台湾的地痞、流氓，在日本当局默许下，逐步形成和发展起来的黑帮势力。他们开设赌场、烟馆、妓院、歌舞厅，放高利贷，走私和贩卖军火，甚至抢劫杀人，绑票勒索，大发不义之财。① 除了较大的恶势力外，还有众多的台湾籍民也涉及鸦片烟馆、赌场和色情行业中。1926年厦门台湾籍民自己经营鸦片烟馆的有60户，名义出租让别人经营的有195户，经营兼出租的有73户，从事鸦片进口和鸦片膏贩卖的共143户，全市依靠贩毒谋生的台湾籍民总共2051人，占了全部台湾人的近四分之一②；福州地区的台湾籍民，情况类似厦门，1934年登记的台民，其中开烟馆、赌场、土行烟馆和妓院的共有198户，而福州总共的登记台湾籍民户数才532户，可见从事不法行业的台籍户数达到37.2%。③

赌博和吸食烟毒都是旧中国社会长期存在的丑恶现象，台籍浪人在厦门、福州开设赌场，当地群众深受其害，很多人因此妻离子散、家破人亡。因此，福建政府屡发禁令，要禁止烟、赌等不正当行业的经营。厦门市政府于1923年设立禁赌局，一度废除赌场，但很快台籍浪人经营的赌场又死灰复燃。面对这种情况，厦门市公安局于1928年7月发布"重申禁赌文"，"除分饬各署队严密查禁拿办外"，要求"厦居民均须自重，不得再有聚赌情事，倘敢故违，一经发觉，定即拘拏，从严惩办，决不姑宽。"④ 对于烟毒的取缔，1928年10月，福建省政府下令设立禁烟委员会，厉行禁绝鸦片。同年12月，厦门市警局亦下达严查惩办鸦片烟馆的命令，要求"各署

---

① 详见日籍浪人史料征集小组《厦门日籍浪人记述》，厦门市政协文史和学习宣传委员会编《鹭江春秋》，中央文献出版社，2003年版，页12－37。

② 【日】井上庚二郎著，梁华璜译《厦门的台湾籍民问题》，《台湾风物》，第37卷第1期，1987年，页88。

③ 福建省会公安局编《福建省会公安局1934年外侨调查表》，福建省档案馆，1－9－841。

④ 《布告重申禁赌文》，厦门市公安局《厦门市公安局警务月刊》，第1期，1928年7月，页1。

所严密调查，从速缉拿解究，以绝烟毒”，如果有“署所任意纵容或有不肖员警得贿徇情延不拿办者，一经查出，定即分别撤职惩办，不稍宽假。”①在省政府屡下禁令要求“烟馆、土栈以及售卖类似鸦片如吗啡、高根洛因各商店，均应勒令闭歇”的情况下，福州市公安局亦多次接到命令，“迅即督派员警严密彻查，如有前项商店烟馆仍不遵照闭歇，或私自售卖者，立将贩卖人拘拿严办，并将该店屋标封，勿得徇延。”②

尽管福建当局三令五申禁烟禁赌，不过台湾籍民有治外法权为护身符，禁令对其毫无约束力可言。就在厦门市警局饬令各署所严查赌馆和烟馆的同时，1928 年 12 月 23 日，厦门警局第二区署即在新街仔门牌九号内，“当场拘获赌犯并赌具车马炮十二枚筹码等件”，“内有李锡禧一名，据称系台湾台北人，惟据探报，此人系在该赌场内包庇一切，殊与赌禁大有妨碍。”不到一天的时间，同月 24 日，厦门公安局在开元路七号再次查获赌场，当即逮捕赌犯 33 人以及收缴大量赌具，该赌场“系由台人张昆玉、刘树木二人与同安人吴义田共同开赌”。③ 这类由台湾籍民所开的赌场，虽经破获，执法人员除了对本地赌徒进行惩处外，籍民赌犯只能转交给日本领事馆，通过外交员和日本领事交涉来处理。而对于籍民中的大流氓，如林滚、陈春木、柯阔嘴等“十八大哥”所开的赌场，厦门当局还不敢立即取缔，须要通过交涉员，先行发函照会日本领事进行查处。④ 为了较为彻底地查禁烟馆、赌场，1929 年年初，厦门第一署署长偕同行政科员和交涉署科长，亲自前往日本领事馆进行严正交涉，报告“日籍赌馆、烟厕之调查情形”，“并将司法科所制之日籍赌馆、烟厕调查表面递日领”，希望日本方面能够将籍民所开的新旧赌场、烟馆等尽速取缔。⑤ 尽管日本领事表面上答应将尽快肃清有

---

① 《令各署转饬各分所认真查拏烟馆违即惩处文》，厦门市公安局《厦门市公安局警务月刊》，第 6 期，1928 年 12 月，页 5。

② 《令各署队迅即勒令各烟馆土栈闭歇并查明籍民所开烟馆呈报文》，福州市公安局《福州市公安局警政月刊》，第 16 期，1928 年 10。

③ 《函交涉署送赌犯籍民李锡禧一名请查收转送惩办文》、《函厦门交涉员送赌犯台人刘树木等五名文》，厦门市公安局《厦门市公安局警务月刊》，第 6 期，1928 年 12 月，页 2。

④ 《函交涉公署照会日领取缔籍民林滚等开场聚赌文》，厦门市公安局《厦门市公安局警务月刊》，第 2 期，1928 年 8 月，页 3 – 4。

⑤ 《取缔日籍赌馆烟厕案》，厦门市公安局《厦门市公安局警务月刊》，第 7 期，1929 年 1 月，页 1。

关新旧赌馆、烟厕，但实际上却不见有任何落实举措。因此，一些台籍浪人便无所顾忌，开始顶风作案，设立新馆。1929年2月10日，厦门巡警杨镇中和户口差遣员林为亮在大沟墘复查户口，发现“日本籍民陈福在大沟墘三十四号，开设顶盘鸦片营业”，“际兹烟禁森严，该籍民胆敢新设顶盘，实属意违禁”，执法人员不敢查禁，向当局呈请“应如何交涉”，可见烟禁虽“既承日本领事允为协助禁止”，但实际上是日本领事的敷衍之词，日本方面根本无心取缔。① 就算日本领事馆愿意派人参与地方当局的取缔举措，行动过程中，“日领所派人员往往任意刁难牵制，我方（中方）所有员警，均被拒绝入内，只能在土栈烟馆门外守立，事实如何，均听该馆员报告，至于真相则无从而知”②，有时日方人员甚至和日籍浪人私通声气，未经搜查，烟犯早已逃脱。

正是在日本领事馆的纵容包庇下，经营赌场、烟馆的浪人籍民便肆无忌惮，变本加厉。除了自身经营外，还和当地人合作，通过提供“籍牌”的形式提供保护伞，收取不法牟利所得，在执法警员查禁过程中，则用武力公然对抗，严重阻碍了福建当局的正常执法行动。较为典型的有厦门的“台匪廖某案”，具体案情如下：

据第三署署长王宗世呈称，曾姑娘巷门牌二十七号，居民杨顺国开设吗啡馆供人注射，有违厉禁。经饬巡官曹建德带同探目周永胜等，驰往该馆围捕，当场捕获吗啡犯八名，搜出吗啡针七支，吗啡粉十数包。正在解送间，突有台匪廖某，手持手枪，率带三十余匪，拥入该馆，抢夺犯人、证物而去。探警等见该台匪持枪喊杀，恐生重大影响，未忍与抗，似此目无法纪，扰乱公安，理合报请严重交涉等情。查开设吗啡馆，供人注射，贻害最烈，早经布告严禁并通函各国领事知照。在案华民杨顺国违禁开设吗啡馆，探警前往逮捕，该台匪廖某胆敢挺身代为包

---

① 《函交涉署请转函日领勒令籍民陈福闭歇顶盘鸦片营业文》，厦门市公安局《厦门市公安局警务月刊》，第8期，1929年2月，页6。

② 《准福建省政府咨开福州厦门籍民破坏烟禁请准予提交国际禁烟大会等因相应咨请转予提交并向日本公使切实交涉由》，禁烟委员会刊行《禁烟公报》，第12期，1930年1月，页44。

庇，持枪率众抢夺人证，实属形同化外。①

从此案中，可以看出台籍匪徒的嚣张气焰和执法人员的忍气吞声，如此重大的吗啡毒品案和持枪劫夺事件，厦门警务当局也只能是事后“严缉在场各犯解究，并将该吗啡馆标封示儆”，对台匪廖某却无能为力，哪怕这种“形同化外”的恶性案件，也只能透过外交途径，“函请日领事速将此案件肇事台匪廖某从严办惩”。类似台籍浪人公然对抗查禁烟、赌的恶性事件，在整个福建地区并不少见。例如：1928 年 11 月 13 日，福州市警察局破获眼睛池十二号烟馆，馆主李庆庆逃脱。12 月 19 日，员警又“查眼睛池四号李庆庆仍开烟馆，当获烟犯钱阿嘴一名，并烟证等”。正当公安人员解送钱阿嘴时，“突串（窜）出籍民，强抢烟枪，经极力拒绝，该籍民袖出手枪，连发二响，复有籍民六、七人，各持柳叶刀，夺去烟枪三枝。”② 12 月 21 日，李庆庆终于被捕归案，经审讯，李庆庆供称烟馆系台湾人所开，有关部门立即向日本领事馆严正交涉，但最后此案仍不了了之，抢夺烟具的籍民仍旧逍遥法外。1929 年 3 月，福州禁烟委员会和福州公安局，在南台李合春埕的三古洋行，查获原由台湾籍民李田圳、陈天美经营之烟寮，拘捕烟犯 31 人，当场缴获烟具 200 余件，在将烟犯、烟证送交法院途中，遭到台湾籍民黄江柳等多人拦途开枪、投放炸弹，殴伤调查员，当时警员不敢开枪还击，致使烟具被抢去 100 多件，后来黄柳江等被移交日本领事馆，但日本领事根本不予理会。③ 从这两个事件，可见台湾籍民的凶狠和嚣张跋扈已经到了极点。除了查禁过程中的公然对抗外，一些台湾籍民甚至事先密谋，做好了武力抗拒的准备。福州皮房里的李卢杞案即为此类案件的典型，事件大致经过如下：

查李卢杞等携枪保镖，希图抵抗一节，因皮里房一带烟馆均有籍民黄兴盛等为护符，经禁烟调查员会获后，护符信用大减，遂逞出李卢

① 《函交涉员请转函日领惩办台匪廖某文》，厦门市公安局《厦门市公安局警务月刊》，第 3 期，1928 年 9 月，页 8。

② 《函闽侯地方法院移送烟馆主李庆庆一名请讯办文》，福州市公安局《福州市公安局警政月刊》，第 19 期，1929 年 1 月，页 32。

③ 禁烟委员会刊行《禁烟公报》，第 7 期，1929 年 7 月，页 35；转引自曹大臣、朱庆葆《刺刀下的毒祸：日本侵华期间的鸦片毒化活动》，福建人民出版社，2005 版，页 235。

杞、陈天星等秘密会议，主使陈乌龟即阿姑，预备手枪五把，分给黄兴盛、曹阿水、李万土、陈朝丕等数人怀藏，散布流言，谓此后禁烟会会员，如再会队破获烟馆，定出手枪对抗。故职队据情呈报，至日领指系籍民与地痞争斗，双方紧张，有以凶器相见，流言之误解，实系错误。查当日籍民李松柏串聘华民郑大头炎、厨店妹两兄弟，开设皮房里烟馆，郑大头炎因案被教导团拿获，厨店妹向李松柏取欵与其兄使用，李松柏拒绝不付，妹遂带同数人向该烟馆索取烟枪，向去李卢杞串五六人，携带手枪到该处各烟馆，寻觅厨店妹等，并无若何争斗，旋因职队得信，派探查缉郑厨店妹等，双方遂告沉寂。日领所称，当时经职队调停，及加害者之谢罪两节毫无影响，理合覆请察（查）核等情。据此查该队呈覆各节核与日领函覆所指，显系两案，前后不相关连（联）。①

由此可见，福州皮里房一带由籍民包庇的烟馆为数不少，为了对抗禁烟调查会的查禁活动，维护所谓的庇护“信誉”和非法利益，李卢杞等台籍浪人已经准备好了手枪等武器，要对抗执法行动，并且放出风声，对禁烟会进行恐吓。对此，当局和日本领事进行交涉，日方却以另一起“籍民与地痞争斗”事件，企图“李代桃僵”，把事情蒙混过去，为李卢杞等人开脱。此后当局的系列交涉，依然没有得到具体的回应。

治外法权的存在，以及日本领事馆的有意纵容和包庇，福建司法当局在籍民经营烟、赌业的取缔上，一直是收效甚微。一些烟馆、赌场被取缔后，很快就继续营业或重新开展。1929年2月18日，福建省禁烟委员会调查员和福州公安人员在南门兜皮房里破获烟馆5间；可没几日，又有人密报这些烟馆串通台湾籍民李卢杞、陈天星、陈阿姑等人，已再行开业；禁烟人员于3月15日，再次前往该处取缔，拘捕馆主洪信康等人；可过不多久，“该烟馆白日则闭歇，晚上仍开灯招吸”。② 还有些台籍烟贩，数犯不改，这亦让执法当局头疼不已。1936年10月24日，台湾籍民杨飞力，因为贩卖毒品与人争执，被厦门市公安局第三分局捕获，后由日本领事馆李姓馆员带回

① 《呈禁烟委员会日籍李卢杞等携枪保镖皮房里烟馆情形文》，福州市公安局《福州市公安局警政月刊》，第23期，1929年5月，页7。

② 禁烟委员会刊行《禁烟公报》，第7期，1929年7月，页37，转引自曹大臣、朱庆葆《刺刀下的毒祸：日本侵华期间的鸦片毒化活动》，福建人民出版社，2005版，页236。

“惩办”。可时隔不久，1937 年 1 月 23 日，杨飞力因贩毒再次被捕，供称其所带毒品海洛因，是安定路兆祥洋行的台湾人李西瓜交他代卖。对杨飞力的“愍不畏法”，厦门警局也只能再次送交日本领事馆处理。① 不过，此事并未完结。同年 3 月 6 日，第三分局警员在卖圭巷拘获杨飞力，“并由其身上搜出海洛因一小包，吸海洛因小烟枪一枝”，这已经是第三次查获其携带与贩卖毒品，面对这样“屡犯毒案，叠经拘获引渡日领惩办”，却“复敢再行持有海洛因，实属有意违犯”的毒贩，厦门警务人员也只能是收缴毒品和烟具，人犯解送日本领事馆处理②，根本无法有实质性的解决方法。

2. 福建台湾籍民非法营业的社会危害

国民政府完成北伐后，为了整顿社会积弊，采取查禁烟、赌等举措，力图展现新社会气象，这是值得肯定的。但从 1928 年开始，直至 1937 年抗战全面爆发这近十年的时间里，福建省的烟馆、赌场并没有被禁绝，还存在大量由台湾籍民所经营或者提供“籍牌”庇护的烟馆和赌场。仅烟毒方面，据有关调查，1930 年福州、厦门两地台民所设的烟馆、土栈，总数约 400 家左右，营业总额每日在 10 万元以上。这些烟馆、土栈中，有名有姓、有门牌号可查的，福州地区共计 139 家，厦门地区则共有 203 家。③ 至于赌场的查禁上，亦是无法取缔干净，一些腐败的执法人员干脆与台籍流氓坐地分赃，例如黄焜火在 1932 年任厦门公安局侦缉队长时，每月要向林滚、谢阿发等“十八大哥”所开设的十多家赌场分别收取 2 元－3 元的“看头钱”，向曾厚坤、陈宝泉等开设的赌场每年收取 20 元。④ 由此可见，所谓禁赌的法令法规已成具文。烟、赌的危害依然存在。福建台湾籍民非法营业具有很大的社会危害和恶劣影响。主要体现在下述几点：

第一，台籍烟馆、赌场以及妓院的长期存在，造成严重的治安问题和社

① 《送贩卖毒品再犯台人杨飞力一名连同抄供一份请收讯由》，厦门市政府秘书处《厦门市政府公报》，第 22 期，1937 年 1 月，页 7－8。

② 《函送毒犯杨飞力一名请查收惩办由》，厦门市政府秘书处《厦门市政府公报》，第 24 期，1937 年 3 月，页 2。

③ 《日人在闽庇烟纵毒：台民在福州厦门遍设烟馆查得确数两埠达三百余家》，《民国日报》，1930 年 4 月 13 日。

④ 厦门市“政法志”编委会编《厦门政法史实》（晚清民国部分），鹭江出版社，1989 年版，页 46。

会问题。鸦片毒品毒害人民的身心最为严重，而且购吸者多为苦力、小贩之类的下层民众。根据厦门市政府的统计，1936年第四季度厦门市有领照的烟民数的男性是3930人，女性是353人，领照烟民是4283人，全年领照烟民共吸食毒品107208.36两，因吸毒而毙命的领照烟民亦有4人。① 由于这份登记的对象是领照的烟民，还有众多的秘密吸食者不在统计之内，因此实际的毒品吸食者和毒品消耗量远不止此。赌博对当地百姓的危害不下于烟毒，福州、厦门两地，上至富商巨贾、官员买办，下至于贩夫走卒、家庭妇孺，涉赌者大有人在。不少人迷醉于赌博，越赌越输，结果妻离子散，家破人亡。很多人穷困潦倒之际，为了筹措烟资、赌本，沦为扒手、劫犯、娼妓等，自然衍生大量的社会治安问题。厦门市公安局就曾感叹“厦市前因特殊情形，赌场林立，养奸诲盗，藏污纳垢，影响所及，市内抢劫频仍，百业废弛，妨害治安，闾阎切齿”②，由此可见赌博危害之深。此外，尤值一提的是台籍娼妓问题，娼妓也是旧社会的产物，虽不一定要强制禁绝，但福建省、市却有相关的管理条例和方案。厦门市政府就曾颁布《厦门市公安局管理娼妓暂行规则》，对娼妓的管理工作做了不少严格规定，如“不得拐诱或胁迫人家妇女为娼情事”、“不得虐待妓女”等。③ 厦门籍民开设的妓院，著名的有柯阔嘴的“四花楼”、黄仔鳖的“招宝楼”等，厦门人称台籍妓院为“台湾椆仔”。1931年全厦门的娼妓约为2150人左右，其中台妓共125家，约400余人，集中在柴桥内、待人巷、浸水埕和大井脚一带。④ 1929年间，厦门市政府命令全市妓院集中于大生里，但台籍妓院恃势不搬，当局无可奈何，只好听任其为所欲为。台湾籍民的妓院、娼馆还违反《厦门市公安局管理娼妓暂行规则》中的有关规定，常有逼良为娼、迫害妓女的罪

① 《厦门市烟民移动数目及吸量五季比较表》，厦门市政府秘书处《厦门市政府公报》，第24期，1937年3月，页7。

② 《函送赌首赌伙赌徒林温等二十三名并烟赌证据请按法从严讯办》，厦门市政府秘书处《厦门市政府公报》，第1－12期（合订本），1935年4月－1936年3月，页14。

③ 《厦门市公安局管理娼妓暂行规则》，厦门市公安局《厦门市公安局警务月刊》，第2期，1928年8月，页12－13。

④ 《厦门淫业调查》，苏警予、陈佩真等《厦门指南》，1931年版，页20－24。

行。[①] 除此之外，台湾籍民开的妓院虽占据市区繁华之地，但不讲环境卫生，周边地区往往污秽不堪，臭气熏天，妨害社会风化。据曾任教于厦门大学的陈万里先生描述：厦门“近城部分污秽不堪涉足，公娼所居小巷尤肮脏。余以往南轩（著名菜馆）应酬故，曾至其地，实一变相地狱耳！局口（地名）因有骨（古）董铺，数往游观，然为台民土娼所在，余值得掩鼻疾趋过之，不敢稍停留也。”[②] 可见“台民土娼”所处环境肮脏龌龊，给当地群众留下十分不好的印象。

第二，台湾籍民从事烟、赌等非法行业，公然违犯了国民政府禁烟、禁赌的法令法规，强硬对抗执法人员的查禁行动，削弱了国民政府的威信和执法力度。1928 年以来，中央政府和福建省、市当局颁布了系列禁烟、禁赌的法律法规。在禁烟毒方面，截止 1935 年，国民政府共发布了《禁烟实施办法》、《禁毒实施办法》、《禁烟治罪暂行条例》、《禁毒治罪暂行条例》、《检举烟民登记办法》、《禁毒总检举办法》等[③]，加上省、市地区的各种法律法规，不可谓不多。有关赌博罪罚的认定上，1928 年的《中华民国刑法》第二十章，从第 278 条至 281 条，对赌博罪的处罚做了详细的规定。[④] 可是由于福建台湾籍民所开设的烟馆、土行和赌场等一直无法取缔，而且勾结本地无赖，充当其从事不法行业的护符，使得福建的烟、赌屡禁不止，危害始终存在。尽管，国民政府在禁烟、禁赌上也取得一定的成果，但对于籍民烟、赌业的取缔上，则是一筹莫展。政府当在执法中的软弱无能，也由此暴露无遗，政府的威信受到损害。

第三，台湾籍民经营不法行业，给当地社会发展带来不小的负面影响。由于台籍烟馆、赌场屡禁不止，福建执法当局空耗大量人力与行政公帑，烟、赌所衍生的治安和社会问题，又反过来加重社会负担。即使能够暂时取缔一些不法台籍行业，后续安置工作又是沉重的财政包袱。以 1935 年厦门

① 详见日籍浪人史料征集小组《厦门日籍浪人记述》，厦门市政协文史和学习宣传委员会编《鹭江春秋》，中央文献出版社，2003 年版，页 33－34。

② 陈万里《闽南游记》，开明书店，1930 年版，页 63。

③ 《禁烟实施办法》、《禁毒实施办法》、《禁烟治罪暂行条例》等，厦门市政府秘书处《厦门市政府公报》，第 1－12 期（合订本），1935 年 4 月－1936 年 3 月，页 1、3、45、47、73、75。

④ 王宠惠属稿《中华民国刑法》，华东政法大学珍藏民国法律名著丛书（二），中国方正出版社，2006 年版，页 74。

市的“华籍赌徒安置”事件即可窥其一斑。

1935年3月，厦门市政府和外交人员，就取缔台湾籍民“烟赌”一事，“复经职迭向日领催促取缔办法”，“始准答复”，日本领事方面“以台籍赌场，决予限期一律闭歇”。这是“钧座在省屡向日当局要人交涉所得之良果”，亦是厦门当局取缔赌博的重要收获，但后续问题却让市府很头疼，“唯各赌场雇用之赌徒，为数不下六七百人，中间台籍占二百余人，华籍亦有四百余人，一旦失业，生活无资，隐患堪虞。”日本领事方面应允安置台籍赌徒，“日领署每人日给小洋七角，以三个月为限”，厦门市也想参照此法安置本地赌徒，但在财政上显然是捉襟见肘，“假定华籍以四百人计算，每人给小洋四角共须一千六百角，为期三个月，总共应为十四万四千角，折合大洋一万二千元之谱，此项巨款，若由公家开支，以职府有限之经费，实属无从拨付。”① 厦门市政府担心“万一因筹款而发生阻碍，又恐将来不无死灰复燃之一日，交涉前途，殊多抱憾”，遂“迭向地方商会磋商，力陈厉害，乃该会佥以商景萧条，百业凋敝，委系无力筹募为词，察其所言，亦属实在，且本市一切警捐，均由各商家担负，所费已属不赀，左志右想、乏术点金”。在本地筹资无门的情况下，厦门市政府以“俯念兹事关系外交重大，及体恤地方困苦实情，可否准由省库核实开支”为由，向省政府寻求财政帮助。福建省对此也十分重视，批准厦门市政府的请求，下令“准由省库核实开支，仰迅速办理，并将实用数目具报核办。”② 有了这笔款项，厦门市政府即可按照原定的安置计划，对“台籍赌徒”采取三种处理方式：自愿回籍者均予给资遣散；愿留厦者每人日给小洋四角，以三个月为限，责令速谋正当职业；不愿他去，确系不安分者，立即送交博济院，学习工艺，俾出院后得以自谋生计。③ 但无论哪种方案，都耗费了大量的财政开支。从

---

① 《呈省政府为厦门日籍赌场已准日领限期闭歇其华籍赌徒所需遣散给养各费可否准由省府核实开支抑应如何》，厦门市政府秘书处《厦门市政府公报》，第1－12期（合订本），1935年4月－1936年3月，页2。

② 《附福建省政府指令》，厦门市政府秘书处《厦门市政府公报》，第1－12期（合订本），1935年4月－1936年3月，页3。

③ 《呈省政府为厦门日籍赌场已准日领限期闭歇其华籍赌徒所需遣散给养各费可否准由省府核实开支抑应如何》，厦门市政府秘书处《厦门市政府公报》，第1－12期（合订本），1935年4月－1936年3月，页3。

这个事件可看出，台湾籍民长期经营赌场、烟馆，形成了以烟、赌为生的寄生群体，这是社会治安的重大隐患，即使取缔，也给福建省、市当局造成治理上的困难和巨大的财政负担。可见台湾籍民的非法行业给当地社会发展带来的负面效应。

二、福建台湾籍民的社会犯罪及其危害

1. 福建台湾籍民的社会犯罪情况

福建地区台湾籍民经营各类非法行业，是较为长期且集中的违法行为。除此以外，因烟毒和赌博而衍生的其他社会犯罪也为数不少。籍民中还有一些不法之徒，欺行霸市，为非作歹，滋生事端，触犯刑法，严重危害社会安定，引发当地民愤，影响极为恶劣。

在刑事案件中，抢劫杀人、聚众火拼是最为妨害社会治安的大罪，个别台湾籍民就曾制造引发社会舆论哗然的抢劫杀人案。1935 年的厦门丰南公司抢劫杀人案，就是台湾籍民勾结内地匪徒所策划的大案。根据台籍主犯洪栋荣供称，与内地匪徒谢俊秀"共同主谋白昼抢劫丰南公司，并招伙供械朋分赃款，又复开枪拒捕，伤毙探员警士"，"共同盗匪十余人抢劫丰南公司一万六千余元，各分赃款一千余元不讳。"① 当公安员警继续追查其他人犯时，发现"内地逃匪常籍（藉）东南旅社，为逋逃薮"，因此位于思明北路的东南旅社则是重点监视的场所②，这是台籍"十八大哥"之一的谢阿发开办的。由于案情重大，日本领事馆亦不敢过分包庇，在日本领事馆员的配合下，厦门警务人员集合大队围捕到数名案犯，"且搜获匪徒勒收船费、旗仔、收据、枪弹等件"。③ 由此可见，这是一个以台湾籍民为首脑、有严密

① 《呈省政府关于抢劫丰南公司匪犯谢俊秀可否先予处判请核示》，厦门市政府秘书处《厦门市政府公报》，第 1-12 期（合订本），1935 年 4 月-1936 年 3 月，页 2。

② 东南旅社，是台籍"十八大哥"中的谢阿发财所开办，内设赌场、烟馆、放日仔利，勾结内地土匪贩卖军火、鸦片。详见日籍浪人史料征集小组《厦门日籍浪人记述》，厦门市政协文史和学习宣传委员会编《鹭江春秋》，中央文献出版社，2003 年版，页 15。

③ 在东南旅社三楼九号房，搜出驳壳枪一杆，驳壳子弹七十三粒，弹套八个，长枪子弹二粒，布旗三十四面，名印三个，坏金表一个，锁一个，相片二张，账簿六本，小楷三本，船户交费收据三本，杂单一束；十号房搜出驳壳枪一杆，左轮手枪一杆，鹿角刀一支，驳壳子弹四十四粒，弹套四个，左轮子弹三粒，又一号左轮子弹六粒，名印三个，皮子弹套一个等。同注释 1。

组织和分工的犯罪团伙，这个团伙抢劫、杀人、敲诈勒索，可谓无恶不作，并且和台湾籍民“十八大哥”有千丝万缕的联系。此外，1936年的一起绑架命案，亦是台湾籍民勾结本地人所为。本地案犯梁章福供称，台籍主谋黄秋金“给付陈钞洋四元作为雇请新华队订金”，后将新华音乐队的吴星洲诱骗绑架后致死。案发后，吴星洲尸骸及乐器等物证和梁章福人证等一应俱全，黄秋金本人“业经讯供属实”，后移送日本领事要求严办。① 可见由台籍歹徒主导的抢劫、绑架等恶性案件为数不少。聚众火拼则是台籍恶棍另一种妨害社会治安的罪行。民国时期，福建地区也有地方的流氓派别组织，厦门地区最先形成草仔堎派和城内派，后来又有关隘内派、大王派、二王派、厦港派等，由于这些角头流氓组织也经营非法行业和从事违法活动，和台籍浪人存在利益冲突，双方时有殴打枪击事件发生。其中冲突最为严重的为1913年的“台纪事件”、1923年的“台吴事件”和1924年涉及厦门警探的“台探事件”。② 三次大型火拼事件，严重扰乱了社会治安和稳定。

至于诈骗、违章占地、经济纠纷、走私贩运、制售假币、假货等经济案件，也是台湾籍民较常涉及的罪行。例如“陈学陀伪币案”，1937年2月20日，被告吴志球因涉嫌伪币被捕，身上搜出售卖伪币数单一纸，据其供称：“去年废历十二月间，当我来厦约二三日，向台人陈彩良之弟陈学陀购买”等语。当夜，厦门市第一分局警员和日领馆员，在思明南路民生齿科医院内逮捕陈学陀，陈学陀承认“售卖伪币数单确系他本人受吴志球之托，用包药纸代书”。但对其余伪币去向，则称已被其弟陈西东烧毁。后来，陈学陀被转交日领，厦门当局要求日方“从严澈究，令供出共同伪造人姓名、场所，立予会拘惩办以维金融”③，可见这个制造及售卖伪币的犯罪源头依然有待继续追查，扰乱经济秩序的隐患依旧存在。制售假货亦是另一种干扰市场秩序，妨害地方企业发展的违法行为，如1935年1月，就有“厂主张

① 《函送梁章福原抄供一份请将主谋犯黄秋金迅速拘案严惩由》，厦门市政府秘书处《厦门市政府公报》，第21期，1936年12月，页3。

② 详见日籍浪人史料征集小组《厦门日籍浪人记述》，厦门市政协文史和学习宣传委员会编《鹭江春秋》，中央文献出版社，2003年版，页37－44。

③ 《据公安局案呈台人陈学陀等私造伪币售卖他人行使一案请查照从严究办由》，厦门市政府秘书处《厦门市政府公报》，第23期，1937年2月，页15。

国齐，系日属台湾人”，在厦门禾山地方开办馥泉酒厂，经调查人员“访闻该厂制造仿绍兴酒，其中原料皆掺用酒精”，“并闻该处另有台人私造酒精情事，以致数月来，厦门绍酒因有此项仿绍酒充塞市面，以致销数短拙，此亦一大原因”。该厂制售假酒“此固妨碍卫生”，“匪特不受检查，且应纳税项亦多抗匿”，不仅危害社会公众健康，而且影响民族酒业发展，妨害地方经济秩序，属恶劣的违法行为。① 此外，台湾籍民的商业团体或组织，故意违法违章而引发的经济纠纷也是为数不少，其中“台侨兽肉组合”屡犯有关行业章程，令厦门相关经济部门头疼不已。1936 年，厦门市汇隆联记猪牙行提出申述，认为“依据福建省牙税章程及省政府财政厅所赋予本行之权限，厦门只准开设本行，不得再设其他牙纪，乃本市台侨屠商擅自采用活猪，实属违我法令”，后来经过思明税务局的交涉，汇隆联记猪牙行和“台侨兽肉同业组合”签订协约，厦门“各肉铺凡每日应用宰肉猪只，均须向猪牙行采买宰用，不得任意向外水或猪贩私买宰用”，可是“为日未久该组合复萌旧态，更甚往岁，实属有违契约，连日各地华业猪贩，走私因以日炽”②。该“台侨兽肉组合”还拖欠账款不还，自 1936 年 1 月份起，“台侨兽肉组合”就“积欠账款计共国币六千零元”，而且“台侨所欠，迁延已久，屡经催索，抗不理还，殊失信用，有背契约”③。所以该牙行就通过财税部门向日领交涉，希望日本领事馆能够“转饬该组合遵守协约，放弃贩运”，还清积欠已久的账款。从这个台湾籍民所经营的商业组织，可以看出他们不仅违反相关行业组织规程，私自售卖猪只，而且拖欠账款，故意延宕债务，干扰了正常的市场秩序，给地方猪肉行业和财政部门造成了很大的困扰。

台湾籍民所犯下的刑事案件，有不少和高利贷“日仔利”有关。1935 年的农历十一月初五日，叶清溪向海记洋行借高利贷“日仔利”五元，“除

① 厦门市档案局、厦门市档案馆编：《近代厦门涉外档案史料》，厦门大学出版社，1997 年版，页 658。

② 《函以台侨兽肉组合违反协约复行私运猪只情形请查照转饬遵约办理由》，厦门市政府秘书处《厦门市政府公报》，第 19 期，1936 年 10 月，页 1。

③ 《函据财政局呈报台侨兽肉组合积欠猪行账款请查照迅饬清还由》，厦门市政府秘书处《厦门市政府公报》，第 19 期，1936 年 10 月，页 2。

利息先扣外，实收四元二角，立有红单，每三日还母款六角，经陆续还七期，尚短一元四角”，后来籍民吴添上门讨款，叶清溪的父亲请求延缓一天还款，遭吴添拒绝，并被其用“铁马鞭”毒打。第二天，吴添率十六人冲到叶家，将叶清溪抓到后营巷殴打，后私下扣押在海记洋行。接到报警后，厦门警局迅速抓获人犯，经过调查，情况属实，而且吴添本人还供称：二十元的红单借据是伪造的，“系洋东交我备到官厅时抵塞使用”。① 由此可见，这是一起因高利贷放款而引发的伤人、非法拘禁、伪造文书的案件。“日仔利”是一种利息很高的高利贷，债务人往往不堪重负，经营者又多为台籍浪人，他们对债务的追讨方式十分野蛮残酷，并且一旦需要他们敢于伪造借据红单，进一步逼债或搪塞应付执法当局。这样的案件并不少见，1936年4月4日，厦门市第三分局接到报案，称有人被台湾人拘禁。有关警员赶到晨光路晨光俱乐部内，发现确有陈福清一人被拘在内，犯罪嫌疑人“阿螺”早已不知去向。经审讯得知，陈福清欠台湾籍民高利贷“日仔利”四十余元，4月3日晚，台湾人江阿俊将其骗至晨光俱乐部门口，后“即唱令数人”，将陈福清“扭入楼上，用绳捆绑，一时拳足交加”，直到第二天才松绑。江阿俊不仅“私行捕禁绑殴”，而且“前因赌场开枪案，经日领惩办有案，此次复取再犯刑事，尤为不知后悔”②，属于籍民中的“惯犯”了，而且放高利贷、经营赌场、非法拘禁殴打他人、“前经在本市开枪击警”等，可谓罪行累累。类似这样因高利贷而引发的综合性犯罪，以“十八大哥”为首的浪人籍民团伙最为常见，早在1925年，林滚的爪牙就曾因追讨“日仔利”，将关仔内文通号老板方生的亲戚公然击毙在其店内。③ 由此可见，浪人籍民涉及高利贷的违法活动，往往衍生其他的犯罪行为，带有综合性和关联性，社会危害极大。

福建省内的台湾籍民犯罪问题，并不仅限于厦门，福州地区的台籍犯罪

① 《函送高利贷伪造私文书私捕伤害籍民吴添即吴深一名请惩办》，厦门市政府秘书处《厦门市政府公报》，第1－12期（合订本），1935年4月－1936年3月，页18。

② 《函据市公安局报台人江阿私下捕绑殴陈福清案请拘讯究办由》，厦门市政府秘书处《厦门市政府公报》，第13－15期（合订本），1936年4－6月，页1。

③ 日籍浪人史料征集小组《厦门日籍浪人记述》，厦门市政协文史和学习宣传委员会编《鹭江春秋》，中央文献出版社，2003年版，页31。

案件也为数不少。根据有关统计，福州地区1935年的台湾籍民犯罪类型，有27种55起，1936年也有24种37起①，涉及杀人、抢劫、伤害、伪币、妨害自由、窝赃、侵占、拐骗妇女、欺诈等方面。毫不夸张地说，台湾籍民中的败类分子，已经成为福建当地社会的治安毒瘤。

2. 福建台湾籍民违法犯罪的社会危害

任何犯罪行为，不仅对受害主体造成直接的身心伤害或经济上的损失，还将破坏社会秩序的正常运转，危害社会风气，这是治安犯罪行为最直接的影响，台湾籍民的犯罪自然具备上述这一特点。另外，台湾籍民的犯罪，还经常是带有黑道性质的团伙犯罪，并且跟赌博、烟毒和高利贷有一定的关系，厦门地区的“十八大哥”，就是黑帮性质的恶势力。他们占据地盘，走私贩毒，贩运军火，开设赌场妓院和烟馆，经营典当，放高利贷等，可以说是坏事做尽，天良泯灭，危害性大。福建台湾籍民违法犯罪所造成的社会影响，主要体现在以下两个方面：

首先，危害福建的社会发展和经济建设。上文所提及之“台侨兽肉组合”违反行业组织章程规定；“陈学陀伪币案”、“馥香酒厂假酒案”等造假案件，直接扰乱市场秩序，阻碍社会的有序发展。台籍浪人从事的走私贸易，亦是危害巨大。走私品包括呢绒、人造丝、味素粉、沙丁鱼、“台糖”、日用杂货、煤油、毒品，甚至军火等。曾经有人依据“厦门对台湾的汇款数额”、“台湾籍民的商家利润、投资利润、特种行业所得货币金额”来进行对比，推算从台湾走私到厦门的利润数值，发现1934年的走私利润约为1580万元，而1936年的走私利润约为1527万元之巨②，由此可见台湾籍民走私规模的庞大。在福州，福建省税务稽查处也指出，“福州台湾籍民组织之走私公会，专运私货，化整为零输入，不施检查，则积零成整，为数甚巨，影响正当商人营业关系不小，若施检查，该浪人等则出枪反抗，窒碍殊多”，走私行为“非仅妨害关税收入，实足破坏国民经济基础”③。偷盗水、

---

① 罗桂林《国民政府初期福州的台湾籍民问题》，《台湾研究集刊》，2006年第2期，页70。

② 郑林宽《福建华侨汇款》，“福建调查统计丛书之一”，福建省政府秘书处统计室印，1940年版，页60。

③ 厦门市档案局、厦门市档案馆编：《近代厦门涉外档案史料》，厦门大学出版社，1997年版，页659。

电，亦是台籍浪人破坏社会经济和民族企业发展的违法行为。1911年创办的厦门商办电灯电力股份有限公司，是厦门地区最大的公共事业之一。到了30年代初的时候，台籍流氓的窃电现象十分严重，他们不但在家里“免费”使用电冰柜、电炉等一切电器，还在经营的旅馆、赌场、妓院通宵达旦地使灯光如昼，在经营不法行业大发横财的同时却拒付电费，甚至有的浪人籍民滥引电线，私分给左邻右舍，按盏收取电费，大做无本生意。浪人明目张胆地偷电，使“厦电公司”蒙受巨大的损失。1934年至1935年之间，“厦电公司”每月发电80万度，实际抄表电数不足20万度，最少的时候只有17万度，造成严重亏损，公司股票市价一度跌至面值的40%①，可见台湾浪人的窃电行为对“厦电公司”造成了巨大的损失，也破坏了厦门市公共事业的正常发展。至于台籍流氓在福州、厦门地区犯下的抢劫、盗窃、诈骗等其他犯罪行为，造成的直接或间接损失，那就更是无法估量了，这对福、厦当地社会发展和经济建设，造成了极大的不良影响。

其次，严重扰乱社会治安，给当地人民群众的人身、财产安全带来巨大的威胁。例如抢劫绑票，这是台籍浪人对当地社会的一大祸害。尤其是在20世纪20年代，厦门台籍浪人“十八大哥”中的林滚、柯阔嘴、郑有义等，就是靠抢劫绑票起家，商行的收账人员、一些富商和归侨，都是主要的受害对象。菲律宾归侨林珠光绑架案、黄卓麦被劫一万余元案，建镒钱庄被劫二万余案等诸多案件，都是浪人籍民所为。② 至于敲诈勒索，追讨“日仔利”，非法拘禁，殴打伤害无辜群众之类的事件，就更是不胜枚举了。

第三，一些案件是由台籍浪人仗势欺人、欺行霸市、鱼肉乡民而发生的，引发社会民愤。台籍流氓往往在众目睽睽之下，公然欺压底层劳动民众，社会观感十分恶劣。例如1927年7月的孙德厚被殴打一案，即可看出台籍浪人的蛮横霸道。据孙德厚回忆案发经过：

> 本月廿五日晚约九时，有卢焕恕往瓮菜河地方，雇我拉车至大巷口，约定车价小洋一角五。占抵地后，该卢焕恕只给我小洋一角，我向

---

① 《华侨日报》，1934年11月8日；转引自林庆元主编《福建近代经济史》，福建教育出版社，2001年版，页377。

② 厦门市“政法志”编委会编《厦门政法史实》（晚清民国部分），鹭江出版社，1989年版，页36。

其要求照约给价，伊取大洋给我找。我因乏款对找，彼此争执，该卢焕恕不由分说，不知手持何物，向我胸前猛击一下，我遂登时晕倒于地，人事不省。后旁观不忍，将该卢焕恕获交警察送案。现我身上伤处痛尚未愈，不能寝食，请求究办追赔损失。①

在这个案件中，台籍卢焕恕违反预先约定，不给足车钱，遭到索要后，又故意以大洋付费，刁难车夫找不开余钱，试图赖账。发生争执后，又将车夫打晕在地，野蛮行径激起民愤，义愤填膺的围观群众即将卢焕恕扭送警局。车夫孙德厚的伤势颇为严重，25日晚被打晕倒，直到27日上午，才“伤势稍愈，自能言语”，讲述案情。由此可见台籍浪人的霸道和凶狠。类似卢焕恕这样欺行霸市，殴打百姓的违法事件，有时甚至会酿成人命案件。1936年10月的“朱阿朝命案”，即为另一典型事例，从厦门市公安局给日本领事的函件中，即可看出此案件的详细经过：

敝国人民朱阿朝年五十五岁，在厦门市思明北路通至后岸路之靠左街角挑卖面点，时有住居厦门市局口街七十七号贵国人，魏昭育及江令年约二十三岁，两人前来食面，计小银一角五仙，持给不流通之福建省银行二角纸币一张以付面（账），该朱阿朝向其要求另换该纸币，因此发生事端，被该魏昭育用拳将其左腹强殴，致晕倒陷于不省人事，该时即延本市思明东路门牌九十五号快安医院医师李墨急行调治，但在治疗间，仍未见有效，遂于十月十日午前五时半死亡，同日午后四时至四时五十三分之间，经厦门市公安局司法股长许崇狱，及贵国医师章茂林到场，在博爱会厦门医院将该被害人朱阿朝之尸体付于解剖，验明其致死原因系其左腹被强打，小肠穿孔发起腹膜炎症也，是该朱阿朝已明白被该魏昭育殴打成伤死亡，至加害者，贵国两人，业于十月十日已引渡厦门市公安局司法股长许崇狱矣，为此相应函请查照严讯处罚为荷。②

这又是一起台籍流氓欺压小摊贩而引发的伤人案件，并且被害人伤重身亡，后果严重。可见，台籍流氓经常使用不足值、不流通或者大面值的钱

① 《函交涉署附送孙德厚诊断书请转日领究办赔偿文》，厦门市公安局《厦门市公安局警务月刊》，第1期，1928年7月，页18。

② 《准驻厦日本领事函请严办魏昭育江令等二名伤害台人朱阿朝致死案请查照由》，厦门市政府秘书处《厦门市政府公报》，第19期，1936年10月，页7。

币，故意刁难小摊小贩，意图赖账，如果言语不合即刻动手伤人。这种卑劣伎俩究竟使多少人受害，我们不得而知，但应不只限于孙德厚和朱阿朝两人。或许不少下层民众慑于台籍浪人的淫威，面对如此霸道行径，只好忍气吞声，自认倒霉，吞下哑巴亏。但不管是受害者，还是其他目睹耳闻之百姓，无不心里气愤，痛恨此类欺压民众之恶行。

三、台湾籍民违法违禁问题的原因

直至抗日爆发，福建台湾籍民的非法经营和违法犯罪，始终是困扰国民政府的一大难题。究其根源，则是治外法权的存在和日本当局有意包庇的结果。自19世纪以来，西方资本主义国家通过不平等条约，将领事裁判权制度强加给中国，侵害了中国的主权。领事裁判权，又称治外法权，系指一国通过驻外领事等，对处于另一国领土内的本国国民，根据其本国法律行使司法管辖权的制度。台湾籍民因属“日本籍”，如有发生违法犯罪之事项，当地执法部门无法直接进行管理和裁决，必须通过外交途径，由外交部门的交涉员向日本领事馆提出交涉，然后通过日本方面来处理台湾籍民的相关违法行为。因此，日本领事馆的态度就成了福建执法当局能否制止台湾籍民违禁违法行为的关键。根据有关研究，日本驻华领事在1919年前对台湾黑帮籍民及其违法行为，并非一开始就刻意扶植和有意纵容。① 但在很长一段时期内，台湾籍民的非法行业和违法犯罪得到日本领事的庇护，是毋庸置疑的。以禁烟毒为例，国民政府执法人员总结出日本领事馆在协助查禁烟馆、土栈方面的消息作为和弊端：“（一）籍民烟厕须会同日本领事馆同往破获，日领又多方推辞，每周一次或数周一次，故未能一一查及，只择其最著者破获之；（二）所破获烟证均由日领馆人员带回；（三）调查籍民各烟厕须先期通知日本领事，致多被漏泄避匿；（四）调查时，由日本领馆人员入内搜查，我国员警均不得入屋，致有不实不尽之处；（五）籍民所开烟厕，朝经破获，夕即复开，日领并不认真取缔。”② 至于籍民的其他犯罪行为，一旦

① 王学新《日本对华南进政策与台湾籍民之研究（1895-1945）——兼论台湾黑帮籍民的形成与演变》，厦门大学台湾研究院博士论文，2007年（未刊），页59。

② 《调查福州市台湾籍民开设土栈烟馆姓名牌号地点一览表》，禁烟委员会刊行《禁烟公报》，第11期，1929年11月，页96。

闽省当局将台籍罪犯转交日方时，日本领事馆常以“无法举出具体之犯罪证据”为由，“以证据不足而不加以惩罚”，以“禁止居留即为唯一办法”，将台籍罪犯放回台湾，但“被禁止居留者在驱逐出境之后”，往往很快就返回大陆，继续作奸犯科，重蹈覆辙。① 而且在遣送回籍的过程，日本领事馆控制下的台湾公会还会给台籍遣返者一笔遣送费。②

因此，想要解决台湾籍民的违法违禁问题，至少要在司法层面上取消治外法权。福建禁烟委员会就曾向外交部门抱怨，涉及烟毒鸦片“各案悬而未决，即因此项裁判权未经收回，以致发生种种窒碍”③，建议“政府应立即收回治外法权，以期在租借地得厉行禁烟，又地方政府应严重取缔外人在华所设之毒品营业机关等”④。同样的道理，一旦没有治外法权作为护身符，台湾籍民触犯刑事法律，就会受国民政府司法机关的相应惩处，日本领事馆也不能再以“证据不足”无罪开释或仅以遣返回籍进行包庇，这必然会降低台湾籍民的违法犯罪率。但由于国民政府孱弱无能，自始至终都无法消灭治外法权，台湾籍民的违法违禁问题也就始终不能得到解决。

第三节　福建台湾籍民引发的社会观感及其影响

日本帝国主义对台湾籍民包庇、纵容与幕后操作，使台湾籍民的非法营业和社会犯罪成为危害福建社会安定发展的巨大毒害，这在扩张日本在华势力的同时，也造成了两岸同胞间情感上的龃龉和对立。可以说，台湾籍民的违法犯罪引起了福建社会民众的强烈不满，社会观感极为负面。社会观感实际上就是人们对特定人、事、物所形成的社会印象及其社会态度，社会印象

---

① 【日】井上庚二郎著，梁华璜译《厦门的台湾籍民问题》，《台湾风物》，第 37 卷第 1 期，1987 年，页 101。

② 日籍浪人史料征集小组《厦门日籍浪人记述》，厦门市政协文史和学习宣传委员会编《鹭江春秋》，中央文献出版社，2003 年版，页 35。

③ 《咨据福建禁烟委员会呈称各节请早日收回领事裁判权录案请查照施行由》，禁烟委员会刊行《禁烟公报》，第 8 期，1929 年 8 月，页 12。

④ 《准福建省政府咨开福州厦门籍民破坏烟禁请准予提交国际禁烟大会等因相应咨请转予提交并向日本公使切实交涉由》，禁烟委员会刊行《禁烟公报》，第 12 期，1930 年 1 月，页 43。

是"个体在社会生活过程中形成并存储认知对象的印象"①。而这种存储的"印象"随着时间的延长，就会形成较为固定的心理认知，即社会态度。社会态度是指"个体基于过去经验对人、事、物持有的比较持久而一致的心理准备状态或人格倾向"②。尽管台湾籍民的成分复杂，他们所引发的社会观感也有所不同，但总的来说是负面的。

一、福建台湾籍民引发的社会观感

1. 无恶不作的"台湾呆狗"

长期以来，福建福州、厦门地区的台籍浪人，为非作歹，危害社会，当地群众深恶痛绝。一旦沾上"台湾"二字的，往往便和"坏"和"歹"直接挂钩。在厦门，人们将台籍妓院、娼窑称为"台湾裍仔"；将每年阴历七月最后一日台湾浪人的"普渡"日子，称为"台湾普渡"；将胡作非为的台湾流氓，称为"台湾呆狗"。③ 从这些称谓中，可以看出当地百姓对台籍浪人的厌恶和愤恨。

那么怙恶不悛的"台湾呆狗"，占福建台湾籍民的比例有多大呢？1926年驻厦日本领事的统计文书中，记载台湾籍民总户数为900户，半数从事正当职业，四分之一从事烟馆、妓院特种经营，其余则无业或无固定职业，其中依赖贩毒生活的籍民户数为470户，人数达到了1931人④，约占当时登记人口的三分之一。当然这里尚未加上那些没有登记的台湾籍民，因此实际从事非法行业或无业的台湾籍民有可能更多，就有日本领事馆的署员认为，"居留厦门福州的台湾人九层（成）以上是无赖汉，好人极少，众所周知他们公然秘密贩卖支那所严禁的鸦片，开赌场，经营所有不正当职业。"⑤ 九成以上的台湾籍民均是无赖汉的说法，显然是过于夸张了，从1926年和

① 梁宁建主编《心理学导论》，上海教育出版社，2006年版，页580。

② 梁宁建主编《心理学导论》，上海教育出版社，2006年版，页574。

③ "台湾呆狗"系闽南人对台湾流氓的称呼，"呆"通"歹"字。戴国辉《日本的殖民地支配与台湾籍民》，王晓波《台湾的殖民地伤痕》，（台湾）帕米尔书店，1985年版，页240。

④ 【日】井上庚二郎著，梁华璜译《厦门的台湾籍民问题》，《台湾风物》，第37卷第1期，1987年，页86、88。

⑤ 杜聪明《对岸厦门旅行の杂感》，转引自戴国辉《日本的殖民地支配与台湾籍民》，王晓波《台湾的殖民地伤痕》，（台湾）帕米尔书店，1985年版，页260。

1937年的相关记载来看，毕竟有近一半的台湾籍民从事正当行业，例如杂货、药材、布店、谷物、医疗等。因此，涉及烟毒、赌博和色情等不法营业的台湾籍民，最多就占籍民总数的一半。而且从事非法营业，并不等于就是无恶不作的"台湾呆狗"，比如数百名的台籍妓女①，大多只是台籍老鸨的赚钱工具而已，本身并不到处为非作歹。"台湾呆狗"是指台湾籍民中无恶不作、欺压百姓、社会危害较大的黑帮分子或者流氓。例如厦门地区"十八大哥"领导的台籍黑帮势力和福州地区李卢杞为代表的台籍浪人团伙。因此，真正意义上的"台湾呆狗"，实际人数应该比一般的台籍无赖汉要来得少，可能占全部籍民人数的10%左右，判断的依据是民国初期的厦门排日事件。1919年，厦门排日运动正酣之时，时任厦门领事的藤田荣介，就曾经有预谋地利用"台湾呆狗"来对抗当地人民，他认为排日运动"非以实力威压不可"，恰好"当时厦门有四千余人的台湾籍民，其枭勇不亚于生蛮"，因此在他的刻意安排下，就在中国学生排日运动的第二天，"五百名台湾呆狗在东本原寺集合，以军乐队为先导，在厦门市隆重游行。大批的凶神恶煞的呆狗们右手持短枪，左手持刀，大白天公然在城里游行两个小时，宛如百鬼昼行，罕见奇观。见之愕然者不光是排日中国学生，全体厦门官民莫不震惊。"②"台湾呆狗"张牙舞爪的凶狠跋扈由此可见，五百名的人数也占了当时台湾籍民人口的八分之一，但实际人数可能还不止这些。到了三十年代，随着台湾籍民人数的增加，这类"台湾呆狗"应该是有增无减，其总体比例估计会维持在10%上下。

"台湾呆狗"的胡作非为，给福建当地社会留下恶劣的印象和社会观感，这在一些台湾人的游记中就有所反映。林东岗在他的《中国旅行所感》中指出，有些台湾人"忘了自己的身份、地位，只图一时的利益，狐假虎威，自以为高人一等，侮蔑中国人，鱼肉中国人，这是过去台湾人在厦门、

---

① 1934年的台籍妓女约为四百余名，苏警予、陈佩真等《厦门指南》，"厦门淫业调查"，1931年版，页20。

② 中岛真雄《继对支那回顾录》下卷，大日本教化图书株式会社，1941年版，页1011－1013；转引自陈小冲《日本殖民统治台湾五十年史》，社会科学文献出版社，2005年版，页402。

福州等地所演出的丑态”，使得“中国人对台湾人十分厌恶”①。另一位活跃于金融界人士王金海，在描述他的福州见闻时，提到“福州人只要听到台湾人三个字就咬牙切齿”，“……寻绎其根本原因，也许是过去台湾籍民对于民国的社会或人士做出了太残酷的行为。现在一千二百名籍民当中做坏事的家伙太多了。”② 曾旅居厦门的台湾文学家张我军就指出，“现居厦门的台湾同胞达七千以上，就中除银行公司职员、学校教员和极少数正当商人之外，均依赌博、鸦片、皮肉生涯（卖春）为生，甚至组织团体，持手枪、短刀进行抢劫……”，“此辈受利用横行霸道以来，受害的中国人逐渐和台湾人结下不共戴天之仇。”③ 1929年游历厦门的谢南光也听当地的台胞说起，“人们对居住在厦门的同胞的评价很不好。……厦门人民对台湾籍具有一种恐怖和厌恶之感。”④ 可见“台湾呆狗”无恶不作的凶狠形象，使当地民众感到厌恶、惊惧和怨恨，处处避之唯恐不及，一些有正义感的台湾人也感到不齿和痛心。台籍浪人已然成为台湾籍民社会形象的代表，福建多数民众对台湾人的印象是极为不好，即使是从事正当营生的台湾人，也是难以得到当地百姓的信任。

2. 特权荫护下的普通台湾籍民

台籍浪人、无赖汉是台湾籍民形象不佳的根源，但即使是普通的台湾民众，也不一定就能得到当地民众的认可。治外法权的存在，使台湾籍民享受司法上的优待和经济上的优惠，这些特权或优厚条件，意味着两岸人民在权益上的不平等地位，一旦这些特权在社会生活中被广泛运用的话，无形中会侵害到当地民众的权益，这在某种程度上会造成当地民众对台湾籍民的反感和不满。

首先，在经济方面，台籍商民仅须缴纳关税和子口税，其余苛捐杂税都

---

① 林东岗《中国旅行の杂感》，转引自戴国辉《日本的殖民地支配与台湾籍民》，王晓波《台湾的殖民地伤痕》，（台湾）帕米尔书店，1985年版，页261－262。

② 王金海《旅华第一信——福州を见る》，转引自戴国辉《日本的殖民地支配与台湾籍民》，王晓波《台湾的殖民地伤痕》，（台湾）帕米尔书店，1985年版，页262－263。

③ 张我军《南支那に于ける排日政策》，转引自戴国辉《日本的殖民地支配与台湾籍民》，王晓波《台湾的殖民地伤痕》，（台湾）帕米尔书店，1985年版，页266；张我军《排日政策在华南》，张光正编《张我军全集》，台海出版社，2000年版，页88－89。

④ 谢南光《谢南光著作选》，（台湾）海峡学术出版社，1999年版，页255。

免，相比之下，福建本地商家则是苛捐杂税繁多，厦门总商会就曾向财政部致电抱怨："且年来厦地什税繁兴，入口货物除由海关征收正税而外，又须缴纳其他各种什税，商人难以堪命"，"似此一牛数皮，一瓜数摘，不特乖背课税原则，且足陷厦埠商业于绝境。"① 因此，台籍商家或者行业组织，在免除大量杂税的情况下，自然比本地商家更具竞争力，也具备了低价打击同行的价格优势。台籍妓女由于免交数额巨大的乐户印花税，生意比本地妓女好，同样，"台民所经营的酒家，生意日隆。反之，中国酒家之生意显著衰微"②，这也就不难理解，为何有些台湾籍民"……来厦之初，多系无产阶级，或为在台无业浪人，到此之后，恃其特殊势力，因而经商致富，建置不动产"③，发家致富起来，显然这和台湾籍民利用治外法权的优势，获得商业经营的优惠待遇有密切的关系。这样一来，台湾商人和福建当地商人之间存在利益分化是在所难免，做正当生意的台湾籍民，极有可能遭到当地同行的妒恨。1930 年厦门总商会的规章里，就明确规定凡"有外国籍者"，不得充任厦门商会会员④，这实际上就把包括台湾籍民在内的所有拥有外国籍的商人，排除在厦门商会之外，标志着内地商人和籍民商人的利益对立和分化，表明厦门本地商家或行业组织对台籍商人的不满和排斥。

其次，司法层面上，如果台湾籍民和当地百姓发生民事或刑事纠纷，在治外法权的庇佑之下，内地的百姓往往要吃亏。例如福州"郑椿出租屋"一事，就是此类情形，具体情况如下：

> 氏翁（郑椿之父）遗有鼓东路一百二十七号店屋一所。于民国二十年二月间，有台籍刘某冒称泉州人，承租开张天太号杂货。未及匝月，改弦易辙，张挂洋牌，再三交涉均置诸不理，曾诉状闽侯地方法院。该台籍恃倭寇之裁判权，置我法院传票于不顾，反将租金任意积欠，以泄其愤，是以氏夫（郑椿）时到该店索租，至去年卢沟桥事变

① 《抗争常关征收内地复出口税再致财政部电》，《厦门总商会特刊》，厦门中山路焕文印书馆，1931 年版，页 44。

② 【日】井上庚二郎著，梁华璜译《厦门的台湾籍民问题》，《台湾风物》，第 37 卷第 1 期，1987 年，页 97。

③ 厦门市档案局、厦门市档案馆编《近代厦门涉外档案史料》，厦门大学出版社，1997 年版，页 159。

④ 《本会规章》，《厦门总商会特刊》，厦门中山路焕文印书馆，1931 年版，页 2。

发生，倭侨返回，始将该店收回。氏夫与夫胞弟友森将该店共同开张建华号，杂货线袜。①

本案中，台湾籍民刘某承租郑椿的房屋，是经营杂货的正当生意，他没有从事烟毒、赌博和色情业等不法经营，也不见其有其他违法犯罪行为，只是事先隐瞒籍民身份，开张后才挂上籍牌。对刘某而言，因台湾籍民声誉不佳，隐匿籍民身份，是为了方便租到房屋。日后，房子挂出日籍洋牌，即可享受税收减免等经济上的优待，这是出于趋利避害的利益考虑。至于郑椿，可能是顾及台湾籍民的恶名会使店屋招致排日运动的冲击，才多次与刘某交涉“籍牌”问题，因此发生纠纷。此后，刘某凭借治外法权，不理睬当地司法机关的传唤，并且拖欠租金，迫使当事人不得不时常上门索要，房屋也一直到抗战爆发后才退还屋主。但无论如何，刘某除了行为有些无赖外，并没有其他违禁违法或危害社会治安的重大罪行，应该有别于作恶多端的“台湾呆狗”。这一事件亦表明，台湾籍民的身份实际上意味着某种特权，即使是普通的台湾籍民，一旦和当地人发生某种利益冲突或纠纷时，都有可能利用治外法权来维护自身的利益，而此时吃亏的往往又是当地百姓，这必然又引发受害群众对台湾籍民的不满和愤恨。

此外，有些台湾籍民所从事的“正当”行业，实际上是挂羊头卖狗肉，做着极不体面的勾当。例如台湾人林某在厦门大中路开设了“林医院”，名为医院，但并不行医看病，而是家专卖色情用品的商店②；还有一些所谓台籍经营的旅社、餐厅、料理店等，多有藏匿不法之徒或经营色情业的状况，例如“丰南公司劫案”罪犯所藏匿的东南旅社，便是一个典型，然而有关当局也没有对此进行取缔，社会反映自然十分不良。即使一些原本从事正当行业，甚至积极反日的普通台民，在利益驱使下，也有可能会发生态度上转变。根据当年在厦门从医的台胞林土木回忆，“有些台湾人医生由于反日而离开台湾，但是渐渐地对中国的政情失望，对赚钱感兴趣，甚至忘了初衷，

① 《为无辜羁押病重崇安请求保外以维生计而救蚁命由》，福建省档案馆，1－1－379。

② 士钰《大中路的日本御料理》，厦门市政协文史和学习宣传委员会编《鹭江春秋》，中央文献出版社，2003年版，页658。

做出和台湾呆狗一样的坏事。"① 这种变化，也必然会左右周边群众对普通台湾籍民的看法。所以，即使是从事正当行业的台湾籍民，也有可能利用治外法权的庇护，侵害到福建本地居民的利益，造成人们的不满，这也是台湾籍民形象不佳的原因之一。

3. 台湾籍民中的进步人士与爱国分子

当然，台湾籍民中也有与人为善、造福桑梓之人，例如在厦门行医看病的台胞陈西春、翁炳南、林维馨、翁俊明等，就以精湛的医术和医德赢得当地百姓的信任；再如致力于技术创业的酿酒师柯进旺、电池技师叶秉基等，也在当地做出了斐然的业绩；还有不少台籍抗日爱国人士，如翁泽生、李伟光、张志忠等②，他们从事反日爱国活动，也得到不少赞誉。因此，不是所有的台湾籍民都是声名不佳，正如《台湾民报》所提，"近年以来在厦门幸得有一部医师银行员及商人等，和其他有相当职业的人出而和中国人交际，颇使中国的有识者得理解台人的真相，加以学生界由台湾赴厦留学的青年们，日渐隆盛，故看了那走狗的行为，是很想要矫正的，因为有这有血有泪的青年多数的出现，中国人的态度，和以前便大不相同。"③ 可见还是有一些爱国爱乡的台湾同胞，得到大陆民众的认可。不过，这类有正义感的爱国台胞，人数并不多。由于台湾总督府对渡航赴大陆的"旅券"核发十分严格，事前需要调查渡航台胞的身家、户籍、资产、言论、思想以及政治背景等，严加限制赴大陆的留学生和反日民族运动人士，尤其对台湾青年赴大陆留学，更是百般刁难予以阻碍。④ 因此，在大陆福建的台湾籍学生不多，据有关调查，从 1895 年至 1923 年，台湾学生在厦门者，不上 200 名⑤，而根据驻厦日本领事在 1926 年 9 月的调查，台籍学生（包括在漳、泉就读者）

---

① 戴国辉《日本的殖民地支配与台湾籍民》，王晓波《台湾的殖民地伤痕》，（台湾）帕米尔书店，1985 年版，页 264 – 265。

② 有关记载详见台湾民主自治同盟厦门市委员会、厦门台湾同胞联谊会等编《台湾儿女祖国情——记厦门的台湾省籍人士》，台海出版社，2000 年版。

③ 《在厦门的同胞要如何来救济》，《台湾民报》，第 76 期，1925 年 10 月 25 日。

④ 梁华璜《日据时代台民赴华之旅券制度》，《台湾风物》，第 39 卷第 3 期，1989 年，页 21 – 23。

⑤ 台湾省文献委员会主编《台湾省通志稿》，卷九革命志：抗日篇，第 25 册，（台湾）捷幼出版社，1999 年版，页 229。

人数约200多人。[①] 福建台湾籍民学生人数虽少，但活动却十分活跃，主要都集中在厦门地区。嘉义出身的李思祯，于1923年6月20日，在厦门创设了台湾尚志社；其后，台湾学生林茂鉡、郭丙辛，集合大陆与台湾学生，共同组织“厦门中国台湾同志会”；接下来，李思祯、郭丙辛、王庆勋、翁泽生等台籍进步学生，于1924年4月25日成立“闽南台湾学生联合会”，会员大概有60余名，其创设的机关报和通讯报道，深刻揭露日本帝国主义在台湾的残酷统治以及利用“台湾呆狗”离间两岸同胞的计策，极力唤醒台胞的民族意识，呼吁同胞摆脱日本殖民统治，为自由而奋斗。[②] 不过，由于缺乏坚强的领导，指导思想存在分歧，会员渐次离散，联合会最终解体。但是他们在厦门做了大量的反日、反殖民运动，得到了人们的肯定，部分改变了“台湾呆狗”所造成的恶劣印象。

二、台湾籍民负面社会观感的影响

长期以来，福建台湾籍民给予人们的印象是十分不好的，尤其“台湾呆狗”更是千夫所指，治外法权的存在也会在大陆同胞和台湾籍民间制造隔阂，虽然台湾籍民中有一些服务乡土、爱国反日的进步人士和热血青年，对改变大陆同胞对台湾人的看法起了一定的正面作用，但总体上难以扭转台湾籍民的整体负面形象。

台湾籍民负面社会观感的最大影响，就是使两岸同胞间出现了心理芥蒂。在大陆民众方面，不自觉地对台湾籍民产生了“分离性的情感”。在社会心理学里，所谓“分离性的情感”就是使人们分离的情感，在这种情感主导下，人们会感觉“对方是一个使别人不愿意与其合作的、难以容忍的，也许甚至是一个使人心灰意懒的客体。”[③] 福建地区部分浪人籍民仰仗日本人的势力作威作福，为非作歹，这在损害当地民众切身利益的同时，自然也

① 【日】井上庚二郎著，梁华璜译《厦门的台湾籍民问题》，《台湾风物》，第37卷第1期，1987年，页85。

② 台湾省文献委员会主编《台湾省通志稿》，卷九革命志：抗日篇，第25册，（台湾）捷幼出版社，1999年版，页229－236。

③ 【苏】Г. M. 安德烈耶娃著，李钊、龚亚铎等译《社会心理学》，上海翻译出版公司，1984年版，页76。

伤害了他们的感情。大陆同胞的不满情绪，会由于彼此刺激的助长作用，进一步导致原初反应的增强，并产生了“投射”倾向的认知心理。“投射”认知心理即因“个体具有某种特性而推断他人也具有与自己相同特性的社会心理现象。”① 在受到“投射”倾向影响或干扰的情况下，大陆民众对一般台湾籍民的认识、判断和看法就会从“肯定是这样的”的心理导向出发，久而久之，大陆同胞从对台籍浪人的愤恨不满，会发展到对一般的台湾同胞都敬而远之，如同张我军所说的那样，台湾人被“视同毒蛇猛兽，连有正当职业的人也无人愿与交往”②。另一方面，对多数安分守己的善良台湾籍民来说，他们也面临着尴尬的境地，即使他们能够融入所在的乡里或社区生活，也无法改变台籍浪人胡作非为的事实，更不能在短期内扭转台湾籍民在大陆民众心目中的负面形象。虽然福建民众对台湾籍民存在着一定的心理排斥，但这最多也只是在社会生活体现疏离而已，并不会对台湾籍民的日常生活造成强烈的冲击。这种状况一直到抗战爆发后，才出现较大的变化。

从抗战爆发前的近四十年时空背景来看，福建浪人籍民所造成的社会问题，早已是积重难返，无法解决。日本帝国主义刻意操纵台湾浪人，扩张侵略势力，离间两岸同胞感情的伎俩，也部分得以实现。可以说，大陆民众对台湾人的不满和不信任，为后来国民政府在厦门沦陷后采取迁移台湾籍民到闽北的举措，预埋了伏笔。这是我们在研究崇安县台湾籍民问题以及“亚细亚孤儿”意识前，必须要了解的时代背景、社会环境和社会心理。

---

① 梁宁建主编《心理学导论》，上海教育出版社，2006 年版，页 584。

② 张我军《南支那に于ける排日政策》，转引自戴国辉《日本的殖民地支配与台湾籍民》，王晓波《台湾的殖民地伤痕》，（台湾）帕米尔书店，1985 年版，页 266；张我军《排日政策在华南》，张光正编《张我军全集》，台海出版社，2000 年版，页 88。

第三章　抗战初期福建省政府的台湾籍民政策（1937－1938年）

抗战的爆发，是中华民族在国家危亡时的正义反抗，而对福建地区的台湾籍民来说，则是一次重大的命运转折。福建的日本领事馆撤走大部分的台湾籍民，余留下来的除了极少数甘当日寇间谍走狗的浪人籍民外，多数为普通的台胞。由于台籍浪人长期积累的民怨深重，加上福建厦门、金门等地的沦陷过程中，多有台籍浪人作祟，更是引起福建民众的愤慨和社会舆论的谴责，国民政府更是对国防安全焦虑万分。福建省政府最终决定集中省内的台湾籍民，迁移至崇安县进行统一管理。

第一节　抗战初期福建台湾籍民的返台情况

一、福建台湾籍民撤返台湾

1937年7月7日爆发“卢沟桥事变”，拉开了中华民族全面抗战的序幕。此后，日军一方面继续增兵华北，另一方面加紧进攻上海和南京的军事部署，全面扩大侵华战争。1937年7月下旬，日军向北平和天津发动进攻，30日北平陷落，次日天津亦沦陷。随着日军的步步紧逼，华南的局势变得十分的紧张，日本方面开始撤离福建地区的日本侨民以及台湾籍民。

1937年7月30日，即北平陷落的当天，福州的日本领事馆即开始组织撤侨，福州的第一批台湾籍民，乘坐“盛京丸”返回台湾，其余的台湾籍民亦将按日方的计划分两批返台。1937年8月20日，日本驻福州总领事内田以及馆员等日本侨民约五六百余人，乘“盛京丸”、“大球丸”两轮最后一班撤走①，这时福州“尚有台民约400人居留本地，均无护照，且多系未

① 《警保辑览》，福建省秘书处公报室《闽政与公余》，第1期，1937年9月10日，页16。

到过台湾者”①。由此可见，福州的日本侨民以及部分台湾籍民已经撤离，剩下400余人中，有不少是假冒台籍者。在厦门，日本当局撤离日侨和籍民的工作开展得较迟，1937年8月19日，厦门市给省政府发去电文，报告日本驻厦门领事打算撤退台湾籍民的情况。此后的一周内，日本方面开始派舰运台湾籍民返台，“计一周间12次，每轮约600人，计载回者为7000余人，连同提前自动返台之妇孺，总计一个月来已归去者达一万二三千人，此外逃港者不下3000人，避匿不归者千余人。日领馆员昨乃分向厦鼓密查匿避不归之台人，一经查（察）觉，即予拘禁，强押登轮。”② 上述资料说明，早在日本领事组织撤侨前，厦门就有台湾籍民先行返回台湾，人数达到五千多人。8月19日后日本领事馆组织运送的日侨和台民达到12轮，约七千多人，其中有不少台湾籍民并不愿意回台湾，而是被日本领事馆馆员强行押送上船的，还有一千多台湾籍民躲藏起来，不想返回台湾。至于福建泉州等地区的台湾籍民，除了一部分自行返台外，大多没有离开福建，如泉州石狮的部分台湾籍民，则坚决表示不返回台湾③。

二、被遣返回台湾的籍民的情况

抗战爆发，中日关系全面恶化，日本当局撤离福建的日侨和台湾籍民，这是交战国之间战时的常态行为。对不同类型的台湾籍民而言，因为特殊身份和自身的独特处境，让他们在抗战爆发和“撤侨”返台一事上，呈现出不同的态度，根据台湾籍民的不同情况，大致可以分为四类：

第一类是“旧派台民”。根据厦门市警察局的归类，“旅厦十年以上，乃至二三十年者”为“旧派台民”。这类台湾籍民来到厦门后，“恃其特殊势力，因而经商致富，建置不动产，渐与华民通婚，结为姻娅，养生送死既可无憾，则莫不视此间为乐土，而不思移家返台矣。”④ 类似这种情况的台

---

① 厦门市档案局、厦门市档案馆编《近代厦门涉外档案史料》，厦门大学出版社，1997年版，页155。

② 《台人回台一周间计七千余人留厦尚有数千四店照常开业》，《江声报》，1937年8月26日。

③ 《石狮台人表示不回台湾深愿服务祖国》，《江声报》，1937年8月6日。

④ 厦门市档案局、厦门市档案馆编《近代厦门涉外档案史料》，厦门大学出版社，1997年版，页159。

民，福州也有很多，他们住在福州，“多者二三十年，少亦一二十年”，家产“钜者已积资十余万，少者亦数万元”，且“多数皆在福州娶妻生子，广置产业，久已视为乐土”①，“此次突然撤退，极形狼狈。既恐本人被征当兵，又怕财产充作战资，故凡娶福州人为妻妾，或与福州人有亲戚者，多将现金寄存妻妾及亲戚处，仅携铺盖衣服及不值钱物件回去，临别时无不流泪，均恐此去不能再来福州，状殊可怜云。”② 显然，厦门、福州等地的“旧派台民”已经融入了福建当地社会，生活原本殷实无忧，这次日本撤侨，迫使他们别妻离子，“家具物件匪特不获随带”，孑然一身返回台湾，加上“到台后更须应征充役”，前途未卜，“故多非所愿，频行垂头丧气，状至可悯”③。经济状况的陡变，对家人的牵挂以及对未来前程的担忧，自然使这些台湾籍民极不情愿返台。

第二类，迫切期望返台的台籍浪人。在台湾籍民中，最迫切希望撤回台湾的，应该就属“台湾呆狗”了，这些“破坏安宁秩序，形成间阎心腹之患”的“痞棍”，平日里“华民畏之如虎狼，恨之刺骨”，但囿于帝国主义的治外法权，只能任其逍遥法外。抗日战争爆发后，一切中日不平等条约皆废，台籍浪人无赖顿时失去保护伞，自知在当地“怨毒之深”，极有可能受到有关司法机关的惩罚和民众的报复，因此“一闻撤退，宛如大祸临头，回台惟恐不速”④。例如1938年8月台民撤退期间，浪人籍民中除了由日本领事安排潜伏下来做日军内应的“邦人义勇团”外，大多数均逃之夭夭，但随着“台湾呆狗”中的带头人物柯阔嘴（十八大哥之一）被驻军逮捕枪毙，另一个浪人头子郑秋云亦被逮捕，台籍浪人王昌盛逃亡香港，所谓的“邦人义勇团”也随之四散奔逃。⑤

第三类，冒充台籍的本地人。一些取得台湾籍民身份的福建本地人，是“经商有年之华民，昔在军阀统治时代，每因官厅派款频繁，或横遭搜索逮

---

① 《警保辑览》，福建省秘书处公报室《闽政与公余》，第1期，1937年9月10日，页16。

② 《警保辑览》，福建省秘书处公报室《闽政与公余》，第1期，1937年9月10日，页16－17。

③ 《留省台人三百余省府指定住所派员按册点名予以保护枪决败类一名搜捕烟犯百余台湾华侨被劫献金欲归不得》，《江声报》，1937年8月21日。

④ 厦门市档案局、厦门市档案馆编《近代厦门涉外档案史料》，厦门大学出版社，1997年版，页160。

⑤ 福建省档案馆、厦门市档案馆编《闽台关系档案资料》，鹭江出版社，1992年版，页70。

捕，遂贸然加入台籍”，还有“因避免税捐，被诱入籍者”。但这些籍民实际上和台湾并没有很直接的联系，“生平未尝一履其地”，所以他们不想撤返台湾，“根本无移植异国之思”。可是因为台籍的身份，他们有“被指为汉奸暴徒之危”，因此“朝夕揣踹，而急盼我政府之宽容保障”①。

第四类，眷念乡土，不愿屈从日寇统治的广大爱国台民。这以泉州石狮台湾籍民的表现最为突出，他们表示，“台人原系中国人，清政府将台湾割让日本后，数十年台民即惨受亡国痛苦，故回中国流浪各地，因有冷血者甘为虎伥，作拍卖祖国之汉奸，致引起祖国同胞恶感，此所谓‘好人被歹人累’也。渠等亟望祖国一日强盛，则台民一日得瞻天日”，又表态“现大战迫在眉睫，如蒙祖国不弃，渠等决参加战地服务，能死于祖国者幸也。若祖国政府未敢信任，渠等恳求祖国政府将渠等另置一地，派人监视，否则祖国政府决定驱逐渠等出国，则渠等惟忍痛离去，向南洋各地逃去。”② 在这部分籍民看来，台湾人原本是中国人，被迫接受日本人的殖民统治，是种亡国之痛，因此他们回到祖籍地并且拒绝撤返，并且愿意参加祖国抗日，表现出了高度的爱国热情。他们也清楚地认识到“台湾呆狗”的恶行及其负面影响，看出问题的根源在于国家的孱弱无能，婉转地强调只有“亟望祖国一日强盛”，台胞才有“得瞻天日”的希望。为了消除祖国政府的疑虑，石狮的台湾籍民还主动提出集中管理的方案，展现配合祖国抗日运动的诚意。

这可以说是当时福建台湾籍民对于撤返台湾的大致态度和情况。

第二节　抗战初期福建省政府的台湾籍民政策

一、日本侵华战争中的台籍间谍

日本自明治维新后，走向了资本主义的发展道路，随着政治、经济、军事实力的逐步增强，对外扩张的野心也随之膨胀，逐步确立了向中国和朝鲜等东亚大陆国家进行武力扩张、称霸亚洲乃至征服世界的国策和总方针，即

① 厦门市档案局、厦门市档案馆编《近代厦门涉外档案史料》，厦门大学出版社，1997 年版，页 160。

② 《石狮台人表示不回台湾深愿服务祖国》，《江声报》，1937 年 8 月 6 日。

“大陆政策”。为了做好充分的准备，日本很早就开始了对中国的情报收集工作。早在清朝同治十年，日本政府就已派遣少校池上四郎、武市正干、彭城中介等军人为外交官，打扮成商人，赴中国东北调查地理、政治、兵备、财政、风俗，这就是日本派在中国的第一批军事侦探。在甲午战争爆发前，日本军部在华的谍报人员先后完成了“天津沿海兵要地志”、“支那地志”、“支那沿海纪要”、“远东日志”、“关上尉威海卫及荣成湾意见书”等重要的情报收集报告。① 甲午战争后，日本帝国主义强行割占了台湾，谍报工作也进一步在福建各地展开，例如早在1896年，台湾总督府就曾收买汉奸在厦门打探台湾抗日领袖刘永福的消息。② 此后，随着福建地区台湾籍民的增多，大量的台籍流氓、浪人也自然成为日本军国主义的利用对象，由于这批台籍浪人和当地百姓有相同的语言、风俗习惯，跟汉奸一样具有很高的利用价值，且更为容易控制，因此台籍特务成为日本在闽省构建间谍网的重要力量。

1931年“九一八”事件后，台湾籍民在日本的谍报活动中渐趋活跃，这引起了国民政府安全部门的高度注意。1935年7月，国民政府就曾得到密报，“……日军部计划，拟托驻沪情报专员大槻茂氏物色台籍飞行人材（才），加以特种训练后，使混考我中央航空学校，以便刺探空军实情，现大槻茂已向陆军省领得日元八千元，并已派台人林世昌物色人才云。……日大使馆，近派大批‘中国通’分赴各大都市，组织东亚文化同盟会，作扩大亲日宣传，并注意反日分子之行动，平、津、福、厦、汉为重要区”，1935年11月，国民政府有得到“日方企图暗杀我中央要人之计划”的秘密情报，其中“……派遣能通中国语言者，在京沪各地，监视汉奸行动，及中国动静……各方传递消息之人员，同特采用朝鲜人与台湾人。”③ 显然，台湾籍民亦是属于“中国通”的范围，日本军方在重要特务活动和情报收集上，是加强了对台湾人的利用。正如“日本松室少将最近对关东军的秘

① 洪桂己《近代中国外谍与内奸史料丛编：清末民初至抗战胜利时期（1871－1947）》，（台湾）“国史馆”，1986年版，页39、页47－49。

② 《台湾总督府档案中译本》第六辑，台湾省文献委员会编印，1995年版，页419。

③ 台湾“国史馆”审编处编《国民政府对日情报及意见史料》（下），台湾“国史馆”数位典藏计划出版系列：国民政府档案（二），（台湾）“国史馆”，2002年版，页637、1681。

密情报”中所说的那样，“正当日人，洞悉中日间之纠纷，顾虑其生命财产，不愿对华进出以冒危险，或进出亦限于都市，不敢作不正当之事业，浪人则不然，无家室之累，有敢干精神，充分的利用汉奸，通力合作，此种浪人，既受帝国之庇护，当然对帝国誓忠，故能迭有所命，虽死不辞”①，此语虽是针对日本浪人而言，但也衬出了台籍浪人的利用价值。

实际上，确实有一些台籍浪人和不良分子，甘当日本军国主义的间谍，渗透到福建内陆地区，进行情报收集、监视、暗杀、收买汉奸、勾结土匪等罪恶勾当。由于这类活动隐秘性强，又被精心加以伪装，不如其他违法违禁的“籍民问题”那样容易被关注，但抗战爆发后，不管是汉奸还是“台奸”，他们的间谍活动给我东南沿海的国防安全带来了重大隐患，这引起了福建省安全、监察部门以及军方的高度注意。

1935年9月，监察院闽浙监察区监察使署就向当时的福建省政府递交了一份“密报台湾人在晋江活动之概况”的机密报告，该报告洋洋洒洒五千余字，详细地揭示了晋江“台湾籍民”的活动状况，指出晋江的“台湾籍民”有“与绅士土劣之勾结”，“侵购地皮及广设农场”；暗中联合“民军领袖”②；从事“内地要塞及沿海港口之侦查测绘”和“秘密组织与活动”等隐秘活动，现将“与绅士土劣之勾结”、暗中联合“民军领袖”、“内地要塞及沿海港口之侦查测绘”的具体情况摘其部分如下：

> 二、与士绅土劣之勾结
>
> ……
>
> 丁、泉城台人活动分子为蔡马盖、曾□□、蔡芳泽、陈锡港、颜宝藏、陈世刚、蔡□□、涂筱沧等，按蔡马盖、蔡芳泽、曾□□人言，谓彼等系中国籍，否认为日籍□□等，在台日久，受化深刻，早已被其收买利用，□□□仍为日本走狗或为台人利益而奋斗，□□□台人张邦杰为刘甫元讨逆军副司令，被□□师一零六旅拘捕，蔡芳泽出九牛二虎之力运动刘师勘等，电宋希濂释放，否则□□命矣，芳泽无籍政府力量

① 台湾“国史馆”审编处编《国民政府对日情报及意见史料》（下），台湾“国史馆”数位典藏计划出版系列：国民政府档案（二），（台湾）“国史馆”，2002年版，页646。

② “民军”为20世纪20－30年代，盘踞在泉州地区的地方武装力量，介于军阀部队和土匪之间。

（因与地方□政府关系）列电欺骗民众，保护台民一□□□□□与各区豪劣有关系，对外于历任驻地长官均有来往，故无形中形成为台人唯一交际员，□□□现活动于深沪、石狮等处，于次□□□员会成立，蔡浔选为委员，如何□□□，陈世刚假籍同安籍，现任私立泉州□□□中教员，闻系高义私人由陈昌侯（□□前曾任私中校长，后任高义参谋及杜□□□□官员）介绍，为该校教员，此人于民国□□□时，曾在南安乡村师范任职，与被十九路军□□枪决之侦探台人有关系，前曾组织秘密台人团体，在南安时，台湾总督府时有信件往来，□受日政府之使命来华者，其活动方式，现□□□补习班于私中，以联络一般青年为目的。□□出身流氓，受厦门台领袖林滚指挥与□□，派流氓侦探有联络。陈锡港、颜宝藏、□□□、徐筱沧等与汉奸李双志有关系，土豪□何则尚未查出，此辈于每晚九时必在徐筱沧□□集会，其内究如何，颇难探悉。

三、与民军领袖之阴谋

甲、陈维全与戴顺等，于去年十一月间原□□留学，竟至上海，戴顺折回厦门，寄□□鼓浪屿中华旅社，行动极为秘密、客□□□不久，比之日行为相去甚远，大有差别，据□□□□卓及其爪牙，对人言：戴顺此回回厦□□□华南国军代表，向日人接洽，此乃中□□□老板忍送事（忍送为厦门日本□□□负），戴顺与人接洽时间每在深夜，日间□□生□□，再据友人蔡送云：彼当时亦在中华旅社，戴顺隔壁同住，探得戴顺与人所接洽者□□□关于军事方面事件，惟语声模糊，未能听得□详。兹将戴顺等在内地各种活动□□分述为下：

1. 去年旧历十二月间，戴顺由厦门来洪濑街，□□区长卢衍坤及各乡长蔡灿若等十余□，□□往湖尾官林宫三王府佛前，举行宣誓，以同□合力统一南安为图。

2. 本学期即将戴顺家乡之流塘小学停□□，即将该校移设于洪濑街，以黄汗忠为黄□□□，现款千余元，为闻办费以上海朝阳、□□□、戴幼志为校长，以陈铁卿之子陈文童□为教员，籍此教育机关以作种种之活动之□□□。

3. 洪濑屠宰局局长戴卓（戴顺□□□）局局长王朴（浙江人为维

全外交能手）□□□重要角色、亦即彼等之联络活动机关，□□种活动即以此二人为主脑也。

4. 戴顺派侯汉雄、刘维南（洪濑马头人）至南安、惠安一带秘密收编匪军，据侯等声称，□□□惠安、南安等处匪军三千余名，马上有把□□者一千五百余人，洪濑方面即交刘甫元（□□□部下，亦即蔡培庆之心腹人，此人与日台人关□□）负责，现正从事筹款、派款工作。

（乙）列超然于本年正月间曾派人前往晋江□□朝英（民军之一），请其华南国军准备□□□领晋北为根据地，其他各地将继续响□□□之福建自治卫国军总司令高义之，联络安海□坑之陈托（前被闽南剿匪部枪决），余部及□师蔡培庆统属下著匪之蔡乞等，与洪濑□□金部属，闻王朝英当时并未答应。

四、在内地及要塞沿海港口之侦查测绘

一、台人蔡芳泽等数台（人），在晋组织与地□□□成者，为晋江、南安、安溪县单位详图及福建省通图、泉厦交通图，去年计划集□□海渔区图，最近则从事于各县风土□□□，辑已完成者，为南安县之风土调查□□□。

二、去年沈庆藻军驻泉，吴石仙县长□□□曾在秀涂港口捕获日人二名，送县查□□人在泉任务系测绘秀涂港口为目的，一切工作□□□李双志领导，迨此二日人被拘，及李双志即多□□走运动释放。①

从中可见，晋江的一些台湾人在泉州勾结当地的士绅，组织秘密团体，甚至隐藏台湾籍民的身份，渗透到地方教育系统，从事相关的间谍活动，如陈世刚“假籍同安籍”，“在南安时，台湾总督府时有信件往来，□受日政府之使命来华者，其活动方式，现□□□补习班于私中，以联络一般青年为目的”；戴顺、侯汉雄等人在日本人的授意下，联络泉州地区的土匪力量，企图建立地方武装势力；还有些台湾人不仅自己在侦察泉州的地形，甚至还引狼入室，安排日本人测绘重要港口。因此监察院闽浙监察区监察使署认为“署查台民挽入腹地，从事业展，居心叵测，隐患滋深，应□□□□法，预

① 《密报台湾人在晋江活动之概况》，福建省档案馆，40-1-19。

防或加取缔……"①，监察院闽浙监察区监察使署提交的报告，说明泉州确实有不少"台湾籍民"在从事谍报工作，对闽省的国防安全形成重大隐患，要求省府采取措施进行处理。另外，国民政府的情报部门也侦察到台湾浪人"深入内地，经营小商业，或化装僧道入主各寺院，备作陆军之向导"，或为汽车司机者，"混入华南一带各汽车公司服务，藉以熟悉各公路情形，备为事变时驾驶铁甲车及军事运输之用"等情况，类似的还有福州的台籍流氓李少舟等人，"分头出发调查闽省公路线起止点，汽车数量及各学校抗日组织背景等"②。这些情况说明，福建确实有不少台湾籍民在为日军服务，从事情报收集和破坏国防的行动。

二、福建省政府对台湾籍民的相关措施

1. 保护台湾籍民撤返或居留

抗战爆发后，福建省根据当时中央政府的政策要求，对台湾籍民采取保护的政策，省政府在发给各个县市的密电中，明确提到："战事扩大后，沿海及内地重要城市俱有同时波及可能，应唤起人民在非常事变时应力持镇静。在未战前或战事开始后，对在华日侨仍应勿加仇视，以示大度。"③ 厦门市政府在 1937 年 7 月 30 日布告："查保护外侨为国际上应尽之责任，本市系通商口岸，外侨尤多，际此国家有事之秋，凡我市民尤应仰体时艰，对于各国侨民，务须格外敦睦维护，以副中央保侨之旨。至各国侨商，亦宜和平相处，安居乐业，幸勿自生误会，造成事态。除饬各保甲长，剀切晓谕辖内住民，一体注意协助政府保护外侨，并严密防范奸徒乘机扰乱外，合行布告，仰各遵照。"④ 由此可见，台湾籍民作为"日侨"的一部分，自然也在厦门市政府的保护之下，厦门市政府还呼吁民众积极配合政府的护侨举动，防止有人乘机扰事。福州地区则是采取集中保护的政策，将不愿意撤返回台

---

① 《密报台湾人在晋江活动之概况》，福建省档案馆，40－1－19。

② 福建省档案馆编：《日本帝国主义在闽罪行录（1931－1945 年）》，福建人民出版社，1995 年版，页 4、页 7－8。

③ 《福建省政府密令保一丁字第 2912 号》，武夷山市档案馆，2－11－100。

④ 厦门市档案局、厦门市档案馆编《近代厦门涉外档案史料》，厦门大学出版社，1997 年版，页 158。

的200余籍民，“泛船浦下北馆，派员按册点名后，指定一定住所，以便保护”。① 对于日本撤离福建日侨和台湾籍民的举动，省政府的主要态度是“希持以镇定，力维治安”，显然，保护各国侨民，维持社会治安稳定，是当时福建省政府的主要目标。国民政府军事委员会从军事安全的角度看，在8月23日发给福建省政府的电文中提出，“日台浪人留闽尚多，我方应积极准备，恐敌日内有所动作也”，要求福建省做好相应的国防准备，至于台湾籍民的返台，则表示“听其撤退外，希使台氓日侨早日离厦为要”。② 显然国民政府对于台湾籍民返回台湾，没有加以任何的干涉，听其便利行事，特别希望其中的一些台籍流氓尽快离开，以便维护当地社会的稳定。此外，福建省对外侨还实行一定的保护措施，这自然也包括台湾籍民在内。从抗战爆发至日本驻闽领事从福建撤离日侨和台民之时，可以说国民政府的外侨保护政策，对绝大多数台湾籍民来说，无异于一颗定心丸。这是因为中日关系的全面破裂，使作恶多端的“台湾呆狗”失去了特权保护，他们深怕遭受国民政府的司法惩罚；普通的台湾籍民自然因为国籍问题以及受到台籍浪人的牵连，深怕遭到当地民众报复，国民政府的保护外侨撤退和居留的政策，对他们的不安心理有较强的抚慰作用。

2. 就地监管与区分良莠

福建地处东南沿海前线，国防压力比内陆地区要大，福建各地战时防奸防谍的工作也逐步开展起来，鉴于福建地区台湾浪人劣迹斑斑，对台湾籍民也有相应的警戒措施，如一些地区规定不能私自藏匿台湾籍民，同安县就布告：“当此全面抗战开始，凡我国人皆应各尽所能，为民族争生存，倘有敌方之人或汉奸潜迹，尤当即速告发，以凭究查，迩者闽厦日台人皆宣告撤退，回其本国，间有台人潜入内地，无论有无企图，抑系避不归去，凡我人民，皆应予以严谨之注意，各保甲长，尤当切实防范，如有所觉，立即报告，联保主任及保甲长有敢供其膳宿，隐匿不报者，概以汉奸治罪，不稍宽

① 《留省台人三百余省府指定住所派员按册点名予以保护枪决败类一名搜捕烟犯百余台湾华侨被劫献金欲归不得》，《江声报》，1937年8月21日。

② 厦门市档案局、厦门市档案馆编《近代厦门涉外档案史料》，厦门大学出版社，1997年版，页155－156。

贷”，金门地区也颁布相同的律令。[①] 泉州地区较早采用把“台湾籍民”集中到安全区域进行统一管理的办法，1937年9月3日，晋江驻防部队二三九旅，要求辖区内的台湾籍民，一律集中到晋江消防总队，以便预备专车送往德化安全区。但因为“台民遵命集中消防队者，仅寥寥数人，因人数过少，遂未克送德化”[②]，晋江县集中台民进行管理的措施也因此暂时搁置。福建一些县市的抗敌后援会也曾建议省府“将留在本省全部日籍侨民，指定区域居住，并派宪警严密监视行动”。[③] 厦门市政府则根据厦门的特点，反对将台民集中到指定地区，进行监管，主张就地登记管理的办法，“寓监视管理于保护之中”。厦门市政府认为厦门的特点是“各国籍民，五方杂处，其商店住宅，最易寄匿台民，复以条约束缚，事实上不能任凭搜查，况隔岸鼓浪屿非我设警之区，一水相对，居住往返，交通极便”，提出“若一旦布告集合输送，则彼等裹足不前，远扬俞众矣”，不如做好登记工作，“彼既巢归，具有定所，即临时召集转移，届时听我强制执行，安所逃违”。显然，厦门市政府认为将籍民集中到专门地区进行监管的办法，十分不妥当，主张施行在地“登记保护”，就地管理，这不仅可以“昭示我国家宽大为怀之旨，斯不特地方治安，弭患无形；而对国际观感，亦大有利”，也可以避免留厦台民“彷徨歧路去留无依之恐慨”，被迫“遄赴返台湾，则所有财力物力，皆资敌用”[④]，即使将来要集中迁移，也有登记的名册，便于操作。这个方案得到了省政府的支持，就地登记管理成为福建省政府处理台湾籍民问题的基本方案。1937年9月3日，日军“羽风”、“若竹”等3艘驱逐舰进犯厦门被击退[⑤]，福建地区海防形势紧迫。进入9月下旬后，福建内陆交通屡屡遭人故意破坏，后方形势极不稳定。省政府训令各县市政府暨特种区署：“查现在时局紧张，公路交通，至关重要，乃据报本省各路段桥梁

① 《省闻一旬》，福建省秘书处公报室《闽政与公余》，第1期，1937年9月10日，页17。

② 厦门市档案局、厦门市档案馆编《近代厦门涉外档案史料》，厦门大学出版社，1997年版，页158－159。

③ 《福建省抗敌后援会公函秘字第688号》，福建省档案馆，1－1－380①。

④ 厦门市档案局、厦门市档案馆编《近代厦门涉外档案史料》，厦门大学出版社，1997年版，页160。

⑤ 厦门市档案局、厦门市档案馆编《厦门抗日战争档案资料》，厦门大学出版社，1997年版，页23－24。

迭被奸人焚毁，殊属不法，应着该县市区政府转饬各该辖境内沿路各区保负责严密防护，倘有缉获故意破坏是项交通器材人犯，应即解送当地军法机关，按照军法，处以极刑，以维交通，而儆奸宄"，并且"由各县责成地方团队，乡村保长，遵即分段组织通讯巡护队，每队设队长一人，队员九人，以壮丁充任之，负责巡查，如发现有企图破坏电报电话线之奸人，应即拿交地方官吏，依照危害民国紧急治罪法惩治，以维军讯云。"① 在这种形势下，国民政府对台湾籍民的管理，提出了在区分良莠基础上，对其中"不法之徒"的处理方案，按照当时外交部的意见，就是"日籍台民应随时监视其行动，犯有普通刑事案件者可强制令其离境回台，倘无船舶可暂予看管，其有间谍嫌疑者应予监禁，俟抗战完毕后再行核办"；另一方面，省政府也允许厦门地区"尚有爱国思想不忘祖国情殷复籍之台民，可择其品行端正有相当之财产及商业或艺能足以自主者，由该市政府暂准其回（恢）复我国国籍。"② 由此可见，福建省政府加强了对台湾籍民的监管，对台湾籍民中潜在的治安或国防威胁，也做了相应的处理规定，这一切举措合乎当时情势的需要，也不极端，对于爱国台湾籍民恢复国籍的要求，也给予积极的响应，是对原来台湾籍民处理原则的一个补充。

1937 年 9 月 12 日，厦门市政府开始办理"留厦台民登记保护及防范事宜"。要求在厦门的台湾籍民，于 9 月 13 日至 17 日止，"各备 2 寸半身相片 3 张，亲自向各该管警察分局申请登记"，如是冒挂台湾籍牌的华商也要向该管警察分局登记，然后再向市商会填写悔过书，并在市政府备案后方可营业。截至 9 月 20 日，台湾籍民的登记工作才完成，当时登记在案的台湾籍民一共是 1034 名，登记的个人资料包括姓名、年龄、职业、住址等。登记后，厦门市采用"5 家联保并连坐切结办法"进行管理，并建议发给台湾籍民"台民居留临时许可证"的凭证，这样"便利随时检查台民本人居留行动起见。"③ 泉州地区也没有再将台湾籍民迁移到德化，而是同厦门一样，

① 《省闻一旬》，福建省秘书处公报室《闽政与公余》，第 4 期，1937 年 10 月 10 日，页 28。

② 厦门市档案局、厦门市档案馆编《近代厦门涉外档案史料》，厦门大学出版社，1997 年版，页 164。

③ 厦门市档案局、厦门市档案馆编《近代厦门涉外档案史料》，厦门大学出版社，1997 年版，页 163。

实行在地登记管理的办法，不过执行更为严格，要求“查台湾籍民及中华民国人民加入日本台湾籍者，均限于本月（11月）15日以前登记完了”；“如15日以后再查有台湾籍民不登记，隐藏乡间者，一律捕拿，以间谍论处死刑，所属联保甲长一律以通敌连坐处死刑。”当然，泉州市政府也表明：“调查登记意义，一为我地方防患未然，二为保障籍民生命财产之安全，希勿徇纵而害己害人”，规定“凡登记籍民，本部及政府尽量加以保护”等。①

不过随着形势的变化，泉州军方一度计划将所有泉州的台湾籍民集中迁移到厦门，然后遣返台湾，这与国民政府“犯有普通刑事案件者可强制令其离境回台”的原则并不相符，主要原因还是和紧张的抗战局势有关。1937年10月26日，日军攻占金门，并且继续空袭厦门，沿海局势进一步紧张，驻扎在泉州的陆军第八十师二三九旅旅长钱东亮认为，“查台籍人民散居内地，行医作商，良莠参杂，敌人当前，汉奸遍地，此辈台人虽非确实汉奸，而我国人民总不能深信无疑。金门之失，台医作向导，此种现象难免民众不生仇视”，主张将泉州“业已清查登记”的台湾籍民，最好“全部运厦”，让厦门市政府暂时收留，候轮船转送香港再赴台湾。② 这个提议并没有得到国民政府的支持，福建省政府根据外交部的指示给泉州发去电文，明确提出，“查台民本属中国民族，于可能范围务予宽大，今骤令未曾犯法台民一律强遣回台，人道上殊有未忍，且使台湾人闻之，灰其同情祖国之心而坚其归向敌人之意，于政策上亦非得计，故此事应从缓办。”③ 很明显，对于泉州军方遣送台湾籍民返台的扩大化做法，国民政府持反对态度，肯定了广大台湾人依然有“同情祖国之心”，主张还是应该宽大、人道地处理有关台湾籍民问题。

总体而言，抗战爆发后，国民政府和福建省政府在台湾籍民的处理问题

---

① 厦门市档案局、厦门市档案馆编《近代厦门涉外档案史料》，厦门大学出版社，1997年版，页165－166。

② 厦门市档案局、厦门市档案馆编《近代厦门涉外档案史料》，厦门大学出版社，1997年版，页166－167。

③ 厦门市档案局、厦门市档案馆编《近代厦门涉外档案史料》，厦门大学出版社，1997年版，页167。

上，以维持“敦睦”、保持安居乐业为目标，并且考虑到以往台湾浪人籍民的劣迹，还采取集中居住等保护措施，避免受到无端的滋扰或报复，即使是一贯持强硬立场的泉州军方，也表示支持“凡登记籍民，本部及政府尽量加以保护”①。当然，由于客观上确实有一些台籍浪人充当日军间谍，福建内地也频繁出现敌特的破坏行动，不管是国民政府，还是福建省政府，对台湾籍民的处理政策上也面临巨大的社会舆论压力。抗战爆发时，江恒源等六位民间人士曾递交蒋介石抗日意见书，其中就明确提出处理汉奸和“台奸”问题，指出“日本之谋我也，利用汉奸造成变乱，在东北者固无论矣，大江南北知识分子，利令智昏供其利用者，亦且实繁有徒。更有恬不知耻，四出活动，自鸣得意者，余如各地之匪类与夫福建之台湾籍浪人尤为比比皆是。据闻日本拟以五千万元收买汉奸，今仅费一千万元，势力已足应付。此虽道听途说之言，然汉奸之具有相当势力已成不可讳言之事实，如一再隐忍，行见汉奸日多，纵欲抗日亦因日本之耳目遍国中，处处受制肘而终不免于屈服矣”②，尽管这些民间意见可能存在认识夸大和数据来源不精确等粗陋之处，但对当时国民政府高层抗日防谍方针，还是形成了压力。因此，国民政府在对台湾籍民的处理上，也采取了一些监管措施，比如就地登记管理和区分籍民良莠，将刑事违法籍民遣返台湾，拘禁台籍间谍等。但大体上国民政府和福建省当局依然秉持人道和保护的原则，反对将台民集中迁移其他地区以及将其无故遣返回台湾，并支持爱国台胞恢复国籍的要求。这些举措，在战争环境下算是较为周全的政策，虽然在具体操作中可能会出现一些纰漏，但基本上还是恰当和务实的。

三、厦门沦陷后福建省政府台湾籍民政策的调整

1. 厦门沦陷前的“奸谍危机”

随着战事的逼近，福建地区的敌特破坏活动依然猖獗，福建省的军、警系统不断侦测有关台湾人从事“奸谍”活动的情报，如1937年11月16日，

① 厦门市档案局、厦门市档案馆编《近代厦门涉外档案史料》，厦门大学出版社，1997年版，页166。

② 台湾“国史馆”审编处编《国民政府对日情报及意见史料》（上），台湾“国史馆”数位典藏计划出版系列：国民政府档案（二），（台湾）“国史馆”，2002年版，页681－682。

福建全省保安司令部给厦门市的一份密报，就提到：

（一）台人谢龙阔、苏潭、魏金奎等于10月28日在金门琼林学校商讨派人假冒难民，潜赴泉州、同安向各地土匪联络，准备响应日军进攻内地。（二）台军部于10月31日，命基隆水警署将此地归国华人，凡年在20岁至30岁领有中国护照者，收回200份以备应用。查台军部现训练台人200名，拟俟毕业后，即假冒旅日华侨返国之名，侵入本省内地。各等语。①

厦门警备司令部也于当年的11月23日收到相关的情报：

敌为积极发展闽南特务工作效能起见，现改变任用多量女性间谍，除由台湾运来妓女化装难妇潜入各地活动外，并秘密派员到各地收买素与台浪人有旧情之台妇台妓为间谍，以利刺探我军事秘密。等情。仰饬所属严密防范为要。②

如果情报属实，说明日军利用台籍间谍扰乱闽省后方和准备入侵工作，不仅规模庞大，而且无孔不入。由于一些敌特行为危害性大，虽不一定就是台籍间谍所为，但还引起了普通百姓的惊惧和不安。例如《江声报》于1937年12月20日报道：

本市蚶壳井，附近居民数百户，资为饮料。15日发觉被奸人投毒。经试验，白银变黑，放鱼立死，牙筷直变为弯，各情已载本报。查兹事发生后，警局已饬各分局，对辖内公井，严密防护，并着各处公井附近商户，自设井盖。又令各保甲长切实注意防范，以杜奸人毒谋……③

针对间谍活动十分猖獗的情况，福建军、警系统高度紧张和戒备，采取了一系列措施来防范。厦门警备司令部要求军政人员必须做好军情保密工作，“尤其在旅馆茶楼间谈话时，不得涉及军情为要”④；对于一些台籍间谍

① 厦门市档案局、厦门市档案馆编《厦门抗日战争档案资料》，厦门大学出版社，1997年版，页10。

② 厦门市档案局、厦门市档案馆编《厦门抗日战争档案资料》，厦门大学出版社，1997年版，页10。

③《公井设盖昨市警局通饬保甲长皆应负责蚶壳井已停汲用》，《江声报》，1937年12月20日。

④ 厦门市档案局、厦门市档案馆编《厦门抗日战争档案资料》，厦门大学出版社，1997年版，页14。

可能藏匿在鼓浪屿的情况，厦门市警备司令部要求鼓浪屿的租界机构“工部局”和“华人议事会”，必须“按户清查人口，如查有住户人口不符者，则请以扰乱治安论罪”①；驻闽军队也积极开展除奸运动，国民党的157师，曾对通敌的“台湾浪人”和汉奸进行了坚决的打击，镇压了一百余名，关押了数百名日特间谍。② 不过由于国民党当局不信任人民群众，反敌特工作仅限于侦察机关和租界机构，没有发动群众彻底肃奸，活跃在福建的敌特问题，并没有得到根本的解决。

2. 厦门沦陷后福建当局台湾籍民政策的调整

1938年5月11日，日军攻占厦门。接着，日军对福州市、东山县、海澄县等沿海县市进行轰炸和军舰袭扰③，福建的抗日局面变得十分严峻。在厦门沦陷过程中，隐藏的“台籍浪人”四出活动助纣为虐，充当了日军的向导和帮凶，例如厦门保卫战中，当国民政府的守军后路断绝，被迫退入厦门港一带抵抗，“此时最可痛心者，乃台湾浪人，到处助桀为虐，在台湾银行、台湾公会、旭瀛书院、福星旅社、新世界等升起日旗，作暴敌的内应。”④ 对于个别“台奸”在厦门沦陷过程中通敌的罪行，事后不少媒体都有所披露，如《福建与华侨》（5、6月合刊）报道：日军“于10日凌晨3时许，密派汽艇数艘，载敌兵300余名，由台籍浪人向导，在禾山泥金社偷渡登陆”，“至11日下午4时，敌军自侵入市区后，厦台浪人地痞流氓，乘时蜂起，各持日旗为护符，到处奸淫掠杀，全市遂沦为鬼畜世界”⑤；5月17日的《侨声日报》报道：“厦门壮丁昨被敌逐至鹭江道头，用机关枪射

① 厦门市档案局、厦门市档案馆编《近代厦门涉外档案史料》，厦门大学出版社，1997年版，页423。

② 厦门市档案局、厦门市档案馆编《近代厦门涉外档案史料》，厦门大学出版社，1997年版，页428。

③ 福建省档案馆编《日本帝国主义在闽罪行录（1931－1945年）》，福建人民出版社，1995年版，页441。

④ 福建省档案馆编《日本帝国主义在闽罪行录（1931－1945年）》，福建人民出版社，1995年版，页24。

⑤ 厦门市档案局、厦门市档案馆编《厦门抗日战争档案资料》，厦门大学出版社，1997年版，页257。

死，跳入江中幸免者殊少，……台湾浪人到处抢掠，稍有拦阻，即遭枪杀"①；5 月 20 日《南方日报》的社论，则直接痛斥"台湾浪人，更是亡了国，忘了祖的老鼠，他们这老鼠的一群，只配在飞机大炮后面摸索，哪个敢正面儿向着我们舍身报国的中国健儿?"② 在揭露和谴责台籍浪人倒行逆施的同时，社会媒体也把批评的矛头直接对准了厦门当局，斥责有关部门肃奸不力，5 月 23 日的《前哨报》这么提到："厦门当局对于汉奸亲日派的活动是没有坚决的肃清取缔，并且还允许□□□□□□□□□□汉奸来破坏，……造成厦门的汉奸还是或明或暗的存在，到战斗开始时，还有悬旗迎寇的可耻事实。"③ 显然，社会民众既对"台奸"恨之入骨，也对福建省政府肃奸不利十分不满。厦门沦陷后，福建省政府就开始考虑调整在留"台湾籍民"的处理政策。但要处理政策要真正做到"安良惩莠、毋枉毋纵"，对当时的国民政府而言，显然心有余而力不足，面对群众谴责和社会舆论的压力，将省内台湾籍民集中迁移至特定地区进行管理，就成了福建省政府的权宜之计，因此，厦门沦陷成为福建省政府处理台湾籍民政策的转折点，拉开了台湾籍民在崇安县聚居生活的帷幕。

---

① 厦门市档案局、厦门市档案馆编《厦门抗日战争档案资料》，厦门大学出版社，1997 年版，页 246。

② 厦门市档案局、厦门市档案馆编《厦门抗日战争档案资料》，厦门大学出版社，1997 年版，页 254。

③ 厦门市档案局、厦门市档案馆编《厦门抗日战争档案资料》，厦门大学出版社，1997 年版，页 256。

第四章　福建省台湾籍民集中迁移崇安县（1938年）

1938年5月，福建省政府在处理省内非沦陷台湾籍民的政策上，作出了重大的调整，决定将福州、晋江、石码等地的台湾籍民集中，统一送到福建北部崇安县。迁移的经费和安全保障分别得到福建省赈济委员会和省保安处的大力协助，但旅途仍然充满艰辛。由于这部分台湾籍民，多数是早年不愿意被日本殖民者统治，而从台湾返回祖国故土的，集中迁移是国民政府对他们缺乏信任的表现，这对认同祖国且不愿被日本殖民统治的台湾籍民而言，无形中造成了心理阴影，这是"亚细亚孤儿"意识形成的肇始。

第一节　福建台湾籍民集中迁移崇安县之过程

一、福州、晋江"台湾籍民"集中于崇安

日军占据厦门后，福建省内的台湾籍民主要集中在福州、晋江等非沦陷地区。1938年5月15日，福建省政府要求晋江将"留居台民集中送省处置"，从1938年5月21日福建省警察局向省政府做的汇报中，可以了解晋江县遣送"台民"的具体情况：

案准晋江县政府公函开"查本府为预防奸谍起见，曾电奉省令，将本县留居台民集中送省处置。兹将台民共二五四人（计男一二三名、女一三一口、内小孩八十六名），派本府巡官姚干护送来省，除电呈外，相应检同名册一份，函请查照，希予点收给据为荷"等由。准此并派员护送男女小孩二百五十四人名册一份到局，当经派员如数点收，妥为安置，并面陈在案，惟此项台民应转送何处安置？并由何项部队护送？其解送所需舟车应否饬令公用事业管理局预为备办，以免临事周

章？至本局此次所垫给养及解送等费，可否俟结束后，准予核实报销？除清册存局办理外，如何之处理合具文呈乞。①

可见当时晋江县的台湾籍民大致是 254 人，由县政府派专人护送至福州，交给省会警察局后，再计划送往其他地方安置。不过台民遣送的最终目的地、护送的部队和费用等其他细节问题，省警察局还没有得到具体的指示。5 月 22 日，省警察局报告了福州地区台湾籍民的集中状况，并提出了护送台民到安全区域的细节问题：

……为准晋江县政府函送台民共二百五十四人（计男一二三名，女一三一口，内小孩八六名），业经派员如数点收，妥为安置，惟此项台民应转送何处安置，并由何项部队护送，其解送所需舟车，应否饬令公用事业管理局预为备办，至本局此次所垫给养及解送等费，可否俟结束后准予核实报销，乞核示等情，又呈以奉谕所有省会遗留日台侨民，应即查明遣送闽北安全地带等因，遵经饬据各分局队，先后解送傅□细俤等男女大小一百三十三名口，连同本局收容之台民曾敬信等一十八名，统计一百五十一名口，乞准予併同晋江县政府解省之台民，遣送闽北安全地带，并恳指令遵行等情各到府均奉。钧批照准解往崇安等因，除已由府电令崇安县政府妥筹安置外，兹经职科共各关系机关接洽结果：派队护送，由保安处办理；前项日台侨民途中给养费用，由省赈济委员会核发；解送时所需船车，由省公用事业管理局于五月廿四日以后筹划揆用，至船车费用经保安处预计共需一千三百三十元，该款拟饬省会警察局先行垫付，准由该局连同此前垫给养及解送等费，俟结束后一并核实报销，当否，理合鉴请。②

从上述文件中，可以知道，省警察局已经根据省府的要求，把福州地区的“台湾籍民”集中起来，总共 151 名，加上晋江地区遣送过来的 254 人，当时省会集中的台湾籍民一共为 405 人。省警察局认为闽北是集中收容台民

① 《为准晋江县政府函送台民应送何处安置并由何项部队护送其解送所需舟车应否饬令公共事业管理局预为备办至本局此次所垫给养及解送等费可否俟结束后准予核算报销呈乞察核令遵由》，福建省档案馆，1－1－379。

② 《拟将省会遗留台民一百五十一名口并同晋江县政府解送之台民遣送闽北安全地带以维治安恳指令遵行由》，福建省档案馆，1－1－379。

的“安全地带”，省政府亦将闽北的崇安县定为安置地。至于台民集中迁移所需的护卫部队、运输费用等细节问题，省警察局也和其他省直机关达成了初步共识：省保安处负责台民的护送工作，途中的给养费用由省赈济委员会拨发，解送的运输工具由省公用事业管理局筹划调用，运输费由省警察局先行垫付，所有费用省政府均给予报销。省警局提出的这些方案都得到省政府采纳。① 从中不难看出，虽是出于“防范奸谍”的目的，但这些台湾籍民是被当作战时“难民”来看待的，省赈济委员会和省公用事业公司等救济单位在其中扮演了重要角色，一切费用也由省财政支付。把台湾籍民集中迁移闽北崇安所谓“安全地带”，则体现了福建省政府的双重目的。一方面，将台湾籍民集中遣送崇安，主要目的是为了加强国防安全，防止“奸谍”破坏，崇安县东、西、北部三面群山环抱，峰峦叠嶂，地处闽北偏僻地区，远离福建重要城市和沿海战略要地，将台民集中到这里，省政府是希望可以避免金门和厦门沦陷过程中部分台湾浪人充当日本间谍的破坏行动；另一方面，偏远的崇安一般不会成为日军侵袭的重点目标，台民集中在那里，比较有安全保障，这主要是出于对台民的安全考虑。不过将滞留福建省的台湾籍民集中迁移到闽北地区统一管理，毕竟路途遥远，省政府出于人道考虑，必须在遣送过程中尽量给予照应，台民沿途给养和代步工具，分别由省赈济委员会和省公用事业管理局负责，一切费用约 1330 元，都来自省府的拨款。同样的，省保安警察队的护送，主要是保护台民路上的安全，避免兵荒马乱时期意外事件的发生，确保台民的人身以及随身财产安全；另外由于遣送的台民人数众多，也需要军警来维持途中的秩序。

抗战期间，鉴于财力、物力的紧张，加上闽北地区交通不便，要将四百余人送往闽北崇安县，并非十分容易的事情。从事后报告所描述的情形来看，遣送过程还是出现了一些问题：

> 嗣经查明晋江县政府解省之日台籍民照册计二百五十四名口，惟点收时据晋江县押送巡官姚干声称：“其中有王宝玉一口在晋江临行逃脱，计实收到二百五十三名口。”又省会遗留之日台籍民经先后审查应行遣送者计有一百六十名口，并自愿随眷前往者一口。经饬派本局稽查

① 福建省档案馆编《台湾义勇队档案》，海峡文艺出版社，2007 年版，页 20－21。

员吴则平为押送专员，并派督察员方振纲、保安警察队队附童善初率带士兵二十名随同护送，于五月二十七日由公用事业管理局拨用汽船四艘装载，是日下午一时启碇运往延平，换车前往崇安。去后。兹据押送专员吴则平于六月四日回省报告略称：奉派押送日台侨民赴崇，遵于五月二十七日下午一时由洪山桥乘船出发，于二十八日下午三时半到达南平，适因车辆未到，延至六月二日始由建阳开来汽车五辆，由职先送一百二十名口到赤石，交由崇安县政府李科长点收后，复返建阳接送第二批到崇安。查此次遣送计晋江县政府解省台籍民二百五十三名口，除黄吴春喜一口因妊娠九月将届分娩，经医院医官验明坐车震动恐有危险，由南平折回外，实二百五十二名口。至省会运送日台籍民计一百六十名口，除陈井氏一口船泊南平时，于五月二十九日晚十时乘黑夜人静之际，突然投水自尽，以溪流湍急捞救不及外，另自愿随眷前往之蒋翠玉一口，实一百六十名口，两项合共四百一十二名口。经连同相片名册如数交由崇安县政府按名点收，并取具收据回函带省。理合随文报请察核。①

从上述资料看，台湾籍民迁移到崇安的旅途，并不连贯顺畅。首先，交通不便，行程延缓。台民最终人数为 414 人，比预计的多了 9 个，他们在保安警察队员的护送下，于 1938 年 5 月 27 日下午 1 点从福州洪山桥坐船出发，第二天下午 3 点达到南平，费时一天一夜。可是由于调拨的车辆没到，全体人员不得不在南平滞留，5 天后的 6 月 2 日才由建阳调来汽车 5 辆，接走第一批 120 人。第一批人员送到崇安县附近的赤石后，车辆返回接送第二批，估计要分四批次才能输送完所有人员。从崇安县发来的电文“……该日台侨民到县，四百十二名口，截至三日晚，始陆续由赤石输送到城”②，说明到了 6 月 3 日晚，台民才全部到达崇安，之前他们在南平待了 5 天多的时间。第二，条件艰苦，旅途颠簸。除了沿途费时以外，在南平停留期间，台民如何被安置呢？5 月 29 日晚发生了陈井氏跳水自杀的意外事件，可从

① 《报明遵令办理遣送日台籍民赴崇安情形请察核由》，福建省档案馆，1 – 1 – 379。

② 《为电告暂住孔庙之福州日台侨民刘天佑等三名逃逸情形并缉回二名应为何惩儆及在逃一名仍饬属严辑外请核示》，福建省档案馆，1 – 1 – 379。

中略见端倪。有关资料提到“除陈井氏一口船泊南平时，于五月二十九日晚十时乘黑夜人静之际，突然投水自尽，以溪流湍急捞救不及外，……”从陈井氏选择的自杀方式和“船泊南平”、“溪流湍急”、警卫人员“捞救不及”等情境来判断，她极有可能是从汽船上跳入水中的，而不是从陆地安置地点来到河边寻求短见的，因此在南平滞留的台湾籍民，可能仅被安置在汽船上而已，条件是比较艰苦的。此外闽北多山，道路崎岖颠簸势所难免，孕妇黄吴春喜由于怀孕九个月，“坐车震动恐有危险”，从南平被送回，这一方面是当时运送队伍为了照顾老弱妇孺以及孕妇的身体状况，怕出意外所采取的措施；另一方面也说明沿途路况极不理想。

台民迁移崇安的过程较为艰辛，主要原因是当时客观环境的限制。一方面，闽北的自然环境是山岭居多，加上民国时期的水、陆交通建设也比较落后，公路“除沿海各线外，多半山路崎岖，人力兽力推挽之车，必须求其用力省而搬运力大者……”，至于河道方面，“本省于闽江、晋江、九龙江、汀江、而外，还有细小河流，数目颇为不少，……惟壅塞之处，仍有不少河道之间，亦少联络”①；另一方面，战时的物力、人力紧张，福建省内的运输工具实行严格管制，即使是军队对汽车轮船的调用，“无论长期征发，或临时调遣，应当由最高军事机关，规定征调手续，和恤偿办法，通令各部队，依照办理”②，这样一来，汽车等交通工具的调配经常无法及时到位。当时福建省第二区行政督察专署早在台民出发的前一天，即5月26日就发电文给崇安县政府，“希速备车辆，到即送往”，由于督察专署的车子“只能开抵赤石”，所以要求崇安必须“扣计程期备车到该处候接”。③ 显然当时福建省有关部门对这次遣送十分的重视，希望崇安县政府能够提早准备车辆，做好交接工作，台民一到赤石就能立刻送往崇安，减少旅途时间。不过事与愿违，当时崇安县的所有汽车均因有任务被派往建阳④，再从建阳折返

① 曾克熙《福建省战时经济政策管见》，福建省秘书处公报室《闽政与公余》，第13期，1938年1月10日，页12。

② 萧国祚《非常时期之交通管制》，福建省秘书处公报室《闽政与公余》，第5期，1937年10月20日，页16。

③《奉省令将台民送往崇安希备车到赤石候接由》，武夷山市档案馆，2-11-90。

④《奉省令将台民送往崇安希备车到赤石候接由》，武夷山市档案馆，2-11-90。

回来，延误了整个行程，增加了意外的麻烦，这也是当时客观情况所限而造成的问题。

二、石码地区台湾籍民集中崇安的过程

除了福州、晋江外，石码地区的台湾籍民也为数不少，他们先是被集中安置在连城县，然后才被转移到崇安。那为何不一开始就将这些台民迁移到崇安呢？这实际上也由当时的客观条件所决定，因为崇安县已经收容了来自福州、泉州的台籍人口 414 名，当时省政府觉得“彼时当以崇安人数已多，难于收容，故于上年六月间，予以分遣连城”①，这是石码籍民不得不先集中到连城的主要原因。1938 年 5 月 28 日，福建省政府发电连城县，“台湾籍民男女 59 名将由石码移送连城，仰速筹划妥为安置、监视并具报省府。”② 移送过程由石码派警员护送，并由福建省赈济会拨款协助连城县政府安置台湾籍民生活。从连城县 1939 年 2 月回复福建省赈济会的电文内容，可以大致看出当时台民的遣送和安置情况。

> 遵查本县于去年六月六日由龙岩递送来台民 31 名，同月七日续到 28 名，两共 59 名。除 11 名可以业医、经商外，余均妇孺，无法自活，方收容之始，由省核准每名日发口粮 1 角，小口 5 分，以 3 个月为期。共用去省款 300 余元，详数容另案报核。旋于去年八月间，为节省公帑起见，经分别编户令自行谋生并列册报查在案。现在各该民等均系交由该管保甲督管，除极少数有职业外，余多系妇孺，生活异常困难。前汇省款虽尚有余数，但本府未经奉令不敢动用一文，而县地方款奇绌，又属无可拨济。至该民等总数原系 59 名，因许其巧一名在来连途次患病甚剧，不堪长行，当由王素香一名顶替，嗣许病愈来连，该王素香经准编户，故总数应为 60 名。内张雨霖、吴鼻狮、吴连根等 3 名奉令保释返里，杨拓渊一名患恶性疟疾亡故，汪彩莲、吴爱莲两名奉准发配。故今后在管台民总数应为 54 名。③

---

① 福建省档案馆编《台湾义勇队档案》，海峡文艺出版社，2007 年版，页 43。

② 福建省档案馆编《台湾义勇队档案》，海峡文艺出版社，2007 年版，页 41。

③ 福建省档案馆编《台湾义勇队档案》，海峡文艺出版社，2007 年版，页 42。

石码的台湾籍民在1938年6月6日至7日，分两批先后到达连城。为了将台民真正全数集中监管，省政府在遣送时采取了严密措施，即使有特殊情况无法启程的“籍民”，也必须要有人代为前往，例如台民许其巧身患重病，不能长途跋涉，便由王素香代替他赴连城，待许其巧病好后来连城报到，方允许顶替之人返回。在日常生活的安置上，集中于连城的台民分别编入当地保甲，受保甲长的督管；生活方面以自行谋生为基础，省政府拨了一笔生活补助款，要求县政府在前三个月给予台民生活补助，“每名日发口粮1角，小口5分”。三个月后，由于这些台湾籍民除12名可以业医、经商和打杂工外①，大多为妇孺，谋生不易，生活十分困难。省里拨下的补助款虽有余额，估计为数不多，即使连城县得到省府继续发放救济补助的命令，囿于“地方款奇绌，又属无可救济”，恐怕也维持不久，可见当时连城台湾籍民接受的补助极为有限，生活难免陷入困顿。

1939年5月，福建省政府决定将留在连城县的54名台民移送到崇安县。由于在崇安的不少台湾籍民参加了李友邦的台湾义勇队，前往浙江金华受训，加上一些保释回乡的人员，“计约70余名口”，崇安县“则对于收容一节当无困难”，加上此时的连城已成为福建的交通孔道，交通问题得到解决，所以将连城的台湾籍民转移到崇安县就被提上了日程。1939年7月22日，原在连城的54名台民均被转移到了崇安县②，福建崇安县便成了当时福建省内非沦陷区台湾籍民最主要的聚居地。

第二节　台湾籍民迁移中的问题及其心态分析

将台湾籍民集中迁移至崇安县，是抗战爆发后福建省政府处理台湾籍民问题的重大决策，是战争期间的一项应急举措，但有关当局在执行迁移政策的过程中，存在着方法简单粗暴和过程草率仓促的问题，这对被迁移的台湾籍民而言，不仅造成了日后生活的不便，也带来了一定的心理伤害。被集中

---

① “连城县督管台民姓名册”，武夷山市档案馆，6-4-6。

② 福建省档案馆编《台湾义勇队档案》，海峡文艺出版社，2007年版，页43。

迁移的台湾籍民，不少人有过被日本殖民统治的惨痛往事，如今因“日籍”不被祖国政府所信任，被集中迁往崇安县，自然会有着复杂的心理情绪，在个人命运未卜、国家民族危亡之际，如何应对困难的境地，对大多数台湾籍民而言，都是一道难以逾越的坎。

一、台湾籍民集中迁移政策执行中的问题

1. 被集中迁移台湾籍民的身份

福建省政府集中迁移省内非沦陷区的台湾籍民，是迫于当时抗战形势的日益严峻，主要的目的也是“预防奸谍”。那么这批留在福州、晋江、石码等地的台湾籍民，是否真的就是“台籍浪人”或者日军“奸谍”呢？这需要对被集中的台湾籍民，略举几个例子进行分析和甄别。

晋江县的王者令、王添寿父子，早年前往台湾经营医药业，后来因生意惨淡，“乃于民国廿五年四月间整装返家（沙塘），同时亦向我国住（驻）台领事馆领取回国护照”，返回大陆后，父子两人在晋江石狮市开设药店，1938 年被集中迁移崇安后，王者令表示其本人“素以国族观念，虽在台多年，处心亦以爱国为怀，一班亲友所共知矣。此次返国亦有我国住（驻）台领事馆之护照，由此足资证实确系本国籍民”。[①] 从有关呈请文件的内容上看，王者令、王添寿父子于 1936 年从台湾返回大陆，然后在晋江故乡谋生，从返回大陆的时间和所从事的职业来看，应该不是那种在福建为非作歹多年的台籍浪人，并且有国民政府驻台北中华会馆发给的证照，经过了一定的身份鉴别，父子两人也不至于真的就是日军的间谍，并且国民政府军情部门也没有掌握确凿的证据证明此二人为日军服务。类似这样早年在台湾谋生，后来因为各种原因返回故土的台湾籍民还有不少，其中不少人已经很好地融入乡土社会，造福当地百姓，应该不至于是日籍特务。再如叶逢春，从台湾返回晋江安海后，“研究医学，行医济世，开院疗诊，阅历多年，医愈者众人，皆咸称以良医活人”，为人方面“向忠诚孝道恪守范围，未敢有丝

① 《为因王者令等确系本国籍民恳请转呈层峰准予释放回家由》，武夷山市档案馆，2－11－71。

毫越轨”。① 虽然上述情况，是叶逢春的父亲为其子递交呈请保释书时所提供的信息，但是否是实情是可以被国民政府所调查的，应该不是胡编乱造。当一些台湾籍民被集中迁移时，还有不少地方人士，愿意为台湾籍民提供担保，说明不少台民与当地民众关系良好，应不属台籍浪人之流，如晋江县第三区沪北镇联保主任吴宣峣、保长黄东传等共10个保保长联名为台民陈光复夫妇担保，认为陈光复“自幼随乃父往台谋生，并未落籍，渠幼年时即回祖国，开设深沪号齿科医院于深沪东垵，迄今八载有奇，且其平日为人诚实，并无丝毫轨外行为，至对爱国事业莫不热心捐助，素为本镇人士所深知，……是以本镇人士所敢保证者。”②

还有开办惠仁医院的周燕福，崇安县的台民管理员张英对其考察后，曾向崇安县长刘超然递交一份调查签呈，指出“该民系因幼时随父渡台谋生，遂在彰化基督教医院习医毕业，至民国十一年归国，则在国内原籍晋江操行西医，安分守己，并未有与台人来往，亦未稍有非法妄行。去岁‘七七’事变以后，其恐昔时去过台湾，有失国籍，尚于本年二月间呈请晋江县府，准其恢复国籍在案。至其个人品行，则来崇迄今，素守本分，诚实过人，毫无狡刁不端等现象。”③ 这种经过台民管理员调查的情况，应该说是比较客观真实的，足可证明有些台籍医生确实不是浪人或者日籍间谍。实际上，仅仅在晋江地区，1935年“全县台人开设西医院共有二百余人”，各类医院如锦惠女医院、寿星齿科医院、光济医院、中山医院、光源医院等约有36所。④ 虽然不排除其中个别医院可能与台籍浪人有关，譬如台湾人蔡炳辉主持的光源医院，但总体上这些台籍医院对晋江当地的医疗事业多少起到了推动作用，也算为造福地方百姓作出了贡献，是值得肯定的。

除此以外，集中迁移的台湾籍民中，诸如林秧氏、魏氏顺等年老体弱的台民多达25人，经崇安县管理员调查品行均为“良善”⑤，而且这些台籍老

---

① 《呈请察核怜恤施恩□释叶逢春在外安业由》，武夷山市档案馆，2-11-69。

② 《呈为陈光复夫妇因台籍关系集中崇安恳乞将情转呈层峰准予保释以维生活事由》，武夷山市档案馆，2-11-65。

③ 《签呈》，武夷山市档案馆，2-11-70。

④ 《密报台湾人在晋江活动之概况》，福建省档案馆，40-1-19。

⑤ 《老弱台民调查表》，武夷山市档案馆，2-11-70。

幼妇孺，本身也不具备从事“奸谍”活动的条件，譬如从石码集中到崇安的吴阿杉一家五口，其本人七十七岁，其妻黄氏六十四岁，媳妇陈氏三十八岁，三个孙儿分别为九岁、六岁和三岁，吴阿杉提到“伏思民妻等，均系老弱妇稚，能否非为，一□□而知”，显然以他们的年龄和精力，要从事所谓的“奸宄”行为，可能性是极低的。所以，初步判断，被集中迁移到崇安县的各地台湾籍民，大多有自己的职业，其中不少人从事医学工作，基本不是日军间谍或是台籍浪人，更多的是安分守己，且能够融入地方乡土社会的普通台湾人。当然，有关这批台湾籍民的真实身份，还可以从集中遣送中的其他问题以及后续章节的分析中，再进行甄别和判断。

2. 集中遣送过程中的简单粗暴和仓促草率

福建省政府在集中遣送台湾籍民的过程中，存在方式简单粗暴的情况。根据有关记载，1938 年 5 月 15 日晚，驻扎泉州的二三九旅，会同晋江县政府，命令县内各区署将居留晋江的台湾籍民集中遣送。当夜石狮区警便以集训医生救护的名义，连夜将台湾籍民柯水治、曾子炉、陈振义、王仲甫等多户带到石狮礼拜堂对面集中，“第二天早上，两人一对，手腕对手腕用绳捆绑，并在背后编号，押送县城城隍庙。”① 台民刘荣春回忆当日集中情形时，指出：“当时惟联保办事员暨保甲长带壮丁队到各侨民家宅，推促甚力，命立刻要集中区署而不准其收拾一切耽搁时间。”② 由此可见，当时集中遣送工作的执行是在夜间集中，然后第二天早上再行遣送，过程较为粗暴仓促。集中的过程甚至连相关的询问程序也没有，居住晋江的台民廖荣华回忆“当时集中之初，敝乡联保处通知荣华，据云‘晋江县第三区区长要询问你系何处人？’荣华不敢违命，立即赴第三区署受询，及至署内并无询问，翌日就将荣华等送晋江县政府，而晋江县政府仍是不问，即转送省政府，在福州耽搁数日，一直而送至崇安县，是以家乡之联保处亦莫名其妙。”③ 同在晋江县第三区的台民蔡英，亦是“当出发时，区长不容分诉，不分皂白，

---

① 林双法《晋江县台湾籍医生遣送崇安概况》，中国人民政治协商会议、福建省晋江市委员会文史资料委员会编《晋江文史资料选辑》，第十四辑，1993 年版，页 71－72。

② 《呈请准予施行派选代表者往晋江县各区搬取冬天衣褥及药品器具等事》，武夷山市档案馆，2－11－90。

③ 《呈请转送福建省政府仰祈准予恩释事由》，武夷山市档案馆，2－11－70。

连同蔡英亦集来□□□”。①

集中遣送过程的简单、仓促和粗暴，使得个别遣送对象出错，一些不是台湾籍民的民众，也被错当成台民集中起来。福建省政府要遣送的对象是日本侨民和台湾籍民，但是一些县市基层对台民的登记工作不完整，加上集中过程仓促，把不少当地百姓或外地难民误当成台湾籍民，一起遣送到崇安。例如原住厦门鼓浪屿的陈福礼，到晋江县第三区探亲，“事窃当特晋江县政府登记之时，因口音关系及人众甚多，致以误会”②，该区保长以“其来自厦门，职业为西医”，将他误当成台籍上报，因此陈福礼一家三人均被遣送到崇安，类似陈福礼这种情况的，还有张仙河、黄宝钻等人③。原籍海澄县的难民张碧丰，原“住厦门谋生，迨厦门失陷，逃至福州，适逢当局集中台民，亦被配来崇安”。④ 家住漳州海澄县浦西城外社的黄臭青世代务农，“以家素贫寒，生活而外不能余积，耕余辄往厦岛为苦力工作”，厦门沦陷后，黄臭青“忽迫而逃，随难民奔至省会，甫经定神，方知忙不择地，适逢我政府下命集中台民”，黄臭青之妻描绘当时集中场面，“省会兵警见氏夫噪南音，误认为台民，不容分诉，皂白不别，将氏夫押入台民收容所，后同台民解送到崇安。”⑤ 而一些曾在台籍商店工作的闽南人，也容易被误作台湾籍民，如翁吓文祖籍晋江，因为生意失败，不得已在福州“就佣台侨商店为伙计，民国二十年即自经营小贩为生”，在台民集中过程中，福州“当地警士以民操泉州语，误认为台侨”，被迁送到崇安⑥；原住晋江县第三区复兴镇十七保的蔡英，据其陈述确属中国国籍，实“为口腹所迫，即到石狮街，入佣回光医院洗衣”（回光医院为台湾籍民陈振义所开），“佣经五

① 《□请转呈省府查明国籍释放回籍由》，武夷山市档案馆，2-11-68。

② 《为请求准予解释事》，武夷山市档案馆，2-11-65。

③ 《据民妇陈林氏呈以氏媳张仙河孙陈福礼孙媳黄宝钻因被保长误认为台籍解送崇安请准予保释等情兹令据晋江县长呈复属实应准保释仰迅遵办具报由》，武夷山市档案馆，2-11-65。

④ 《据海澄县第三区汤溪联保主任江焕章等呈以张碧丰确系本保保民请予释放等情仰详查报夺由》，武夷山市档案馆，2-11-65。

⑤ 《呈为发夫确系国籍被误作台民捕送台民收容所解送到崇安因家贫苦少妇幼孩无法长坚持活将成饿殍恳祈恩超法外俯赐怜悯准予保释回籍庶免妻离子散而安民命事由》，武夷山市档案馆，2-11-68。

⑥ 《呈为恳祈体恤民艰俯赐准许开释回籍以安家庭以免流离失散事》，武夷山市档案馆，2-11-68。

日”时，不巧晋江县开始集中台民到崇安，“当出发时，区长不容分诉，不分皂白，连同蔡英亦集中来崇。”① 此外，还有个别人因私人恩怨，被人告发为台湾籍民而被遣送来崇安，例如兴化人李金我就是这种情况，根据后来崇安台民管理员的有关报告，“李金我确系中国籍民，原梓兴化，嗣迁居福州，开设烟店，因与当地人以债务失感。后该人充当侦探即报其作台民被当局遣送来崇。至其品性行动，尚属端正诚实，所操口音系福州话杂带兴化腔。”②

由此可见，福建地方有关部门在集中台湾籍民的过程中，押送方式简单粗暴，采用了捆绑等暴力手段；此外，一些负责调查的区保长和当地警员，鉴于命令紧迫，在没有细致甄别或考察清楚的情况下，将一些非台籍的普通百姓误当成台民加以遣送，让不少人无端受到牵连。这反映了福建省政府有关部门在集中遣送台民时，简单粗暴和草率行事，使得集中遣送过程中广大台湾籍民，遭受了不少伤害，对他们而言，无异于祸从天降。

3. 集中过程仓促导致籍民生活出现问题

在台湾籍民的集中过程中，由于事出仓促，很多台湾籍民来不及收拾细软，没有携带充足的衣物和财物，即被匆匆集中迁移，这就导致后来台湾籍民在崇安的种种生活困难以及省府当局的善后赈济问题。

1938 年 5 月 15 日，福建省政府要求晋江将“留居台民集中送省处置”，据台民刘荣春描述当日情形：“自五月十五日，各区侨民奉政府之命令，限日集中，当时惟联保办事员暨保甲长，带壮丁队到各侨民家宅推促甚力，命立刻要集中区署，而不准其收拾一切耽搁时间，致使各侨民草率治装或有仅一身衣服而到此者，不乏其人也。所有其他动产大都乱七八糟弃于宅中。”③ 1938 年 8 月 27 日，以林曹氏、杨王氏为主的七户人家，联合向崇安县政府递交呈请，也提到集中遣送时，因过于仓促没有携带衣物等生活用品的问题，文中写到“回想集中当时，为警察局员暨行严令立刻登程，应集（急）

① 《请转呈省府查明国籍释放回籍由》，武夷山市档案馆，2－11－68。

② 《签呈》，武夷山市档案馆，2－11－70。

③ 《呈请准予施行派选代表者往晋江县各区搬取冬天衣褥及药品器具等事》，武夷山市档案馆，2－11－90。

不准收拾整装，催行过急，故日常用品多未带来，抵崇后十用九缺。”① 邱温、江素一家亦是“今番集中到崇，夜半仓惶出门，因催行过急，未尝带及衣裳等物，单身茔茔，一无所有。”② 可见，在集中匆忙的情况下，大多数台民携带的衣服、财物有限，必然使他们在崇安期间的生活，存在产生衣食短缺的困难和不便，例如籍民王吉六在 1939 年 1 月的呈请书中就提到：“□府为避免内患计，乃下令将晋江县各区台湾籍民集中移送崇安，时被联保误会，将吉六妻女一并三人送羁贵县，迄今经已八越月。……吉六被集至今，生活无着，衣服不备，饥寒不堪”等情③，台籍妇女施阿宝也在呈请书中提到：“到崇年余，弗得晋江有寄分文前来接济，虽幸不致饥饿，然而衣裳穿破难缝，褴褛不堪”④，郑卢氏的情况亦是“集中到崇已经年余，所有衣裳破碎难缝”⑤，在台民当中，类似这样衣物不全、日常用品十有九缺的窘况还有不少，由此可见，集中仓促对台湾籍民未来的生活造成了不小的负面影响。这也使赈济棉衣棉被后来成为福建省赈济委员会和崇安县政府赈济台湾籍民的主要工作之一。

二、迁移崇安初期台湾籍民的心态解析

如果说心态是指一定社会环境下，人类群体、民族、团体及个人在意识行为上的反映和表现的话，这种反映还会通过一定的情绪得以表现。广义的情绪包括情感，指的是“人对客观事物与自身需要之间关系的态度体验，是人脑对客观现实的主观反映形式”⑥，当然情绪“不是对客观现实本身的反映而是人对客观现实与人本身之间关系的反映，是对客观事物能否满足人的需要而产生的主观体验”。⑦ 因此，笔者认为，在对群体心态进行剖析时，必须先了解人们对“客观现实”的反映情况，其次分析人们对“客观现实

① 《呈请施恩续赈食费恳请放归多病残疾者及准予保释由》，武夷山市档案馆，2-11-72。

② 《呈为陈清确系本国籍民请准予保释或释放理由事由》，武夷山市档案馆，2-11-70。

③ 《呈为无辜受累恳请代转省政府准予保释以安生业由》，武夷山市档案馆，2-11-68。

④ 《呈为恳祈恩准退出垦荒自营小经纪而谋生活事由》，武夷山市档案馆，2-11-81。

⑤ 《呈为因病无法维持生活恳祈恩予转呈省政府俯赐怜悯准许保释回归原籍由》，武夷山市档案馆，2-11-68。

⑥ 梁宁建主编《心理学导论》，上海教育出版社，2006 年版，页 352。

⑦ 胡德辉、叶奕乾、杨治良主编《现代心理学》，河南教育出版社，1989 年版，页 317。

与人本身之间关系的反映”，即情绪体验。

1938 年 5 月底至 6 月初，福建省政府将省内台湾籍民集中于崇安县的政策，主要出于国防安全的考虑，目的是防范少数台籍浪人或日本特务在后方搞破坏活动。而作为被迁移对象的台湾籍民，他们对于被集中迁移的原因也是有所了解的，晋江县县长何震声于集中台湾籍民的当夜，就告知他们被集中迁移的目的，“盖因厦门沦陷，台民竟作内应，致丧国土，忘我同胞，而给国人以不良之印象，诚恐我国人激于一时义愤，对台民有不利之报复，同时晋江地处海滨，战争时可发生，台民中难保无不肖之徒，效厦门台民之故智，作敌人之内应，于我军有不利之企图。为台民本身之安全，与我抗战之前途计，乃奉令将全县台民集中遣送安全地带，……”① 由此可知，多数台湾籍民都清楚地知道被迁移的原因是由于“日谍”嫌疑。那么他们对被迁移聚居崇安这个“现实情况”是如何看待的呢？基于这个现实，他们又有什么样的心理情绪呢？这是在考察他们具体心态时必须作的分析，而研究的材料依据主要是当时台湾籍民递交给有关当局的一些呈请文件，从中可以大致看出他们对此事的基本认知。

呈请书一，台湾籍民王吉六呈称：“窃吉六原籍世居安溪县□□□□□□□□□，匪祸难以谋生，不得已渡台，谋在台□□□□□□□屏东郡屏东街，贩卖我国文具书籍及孙总理三民主义革命书籍，不料被倭奴察觉，派日警搜查，将书籍搬抢一空，即将吉六带送日警署，百般毒打，殴打遍体鳞伤，即驱逐出境，不准再涉台地谋生，回国后因生活关系，随即携眷至晋江县第二区永宁镇制造肥皂业度活，迄今五年矣。祸缘本年旧□□□□□□厦门发生事变，政府为避免内患计，乃下令将晋江县各区台湾籍民集中移送崇安，时被联保误会，将吉六妻女并三人送羁贵县，迄今经已八越月，未蒙准许保释，□吉六被集中至今，生活无着，衣服不备，饥寒不堪，艰苦倍（备）尝，……”②

呈请书二，朱杨氏在呈称中提到：“窃氏原籍晋江，□□□□□□年随夫

① 林双法《晋江县台湾籍医生遣送崇安概况》，中国人民政治协商会议、福建省晋江市委员会文史资料委员会编《晋江文史资料选辑》，第十四辑，1993 年版，页 72。

② 《呈为无辜受累恳请代转省政府准予保释以安生业由》，武夷山市档案馆，2-11-68。

渡台谋生，在台添一子朱腾晖，长成之后，□故□□习西医为活，自台湾被敌强占之后，以百般手腕，压迫台胞，无所不用其极，致以中国旅台人民，弃去谋生之地，全春（村）移回祖国，另觅生活，因留居□□无有西医□业，所以迁移第三区仕林镇林宫保十四甲十户，开张西医院渡生。祸因中日战事发生，敌机多在三区沿海侦察，我政府为预防内患起见，将台人或在台生长者，一暨移送后方崇安，可怜氏全家七口，子腾晖与大二两孙，三人移送。剩下九十龄迈妇，及中年媳妇，幼稚男女二孙，一家尚有四口，……”①

呈请书三，蔡尤炎代其台籍亲戚蔡尤职、蔡长细等人写下的呈请书提到：“蔡尤职、长细、长帆、长经等，原籍晋江县第二区东石镇，缘其先世渡台谋生，置有产业于台地因遂家，焉讵倭寇领台以后，强迫台民隶入日籍，否则不得享受产业承继权。尤职、长细等随父在台，以财产关系不得已转隶台籍，是所谓身居矮屋下，怎敢不低头，嗣以不堪倭寇之虐待压迫，乃变卖其所有产业，于十余年前携眷归里，从事农商，平素奉公守法，从未见有越轨行为，而长帆、长经两昆季则均系华产业，曾未一履台地，不过亦以承继权所关由，乃父为其挂名台籍，至于台湾之位置何方状况，奚若均未之知，孰料去年野心倭寇实行侵略政策，战祸陡发，时局日形紧张，我政府为领土人民安全计，防患于未然，乃将内地各处所有台籍民众留置钧府辖境，以资防范，法至良而意至善。尤职等及其眷属计十余人既系台籍，自不能例外，惟近浔其来书，谓本县第一区及福州等处之流崇籍民曾经保释数人，且彼等自抵崇之后，大都因水土不服，疾病迭生，垦荒无力，以故（致）贫病相连，困苦殊甚，……”②

呈请书四，台民邱温在他的呈中写道：“窃民平生守已安分，昔年因家计贫苦沦落台湾谋生，年逾而立，家室尚虚，适有漳州角尾社妇人江素前嫁海澄县梧屿乡陈妈九为室，其夫病殁，文君新寡同寓在台，即由伊夫兄陈薯叶主持改嫁，民即央媒说合成议，当时所经手续存有卖身字为证，并向我中

---

① 《晋江三区林宫保迈妇朱杨氏恳请释回独子朱腾晖终养由》，武夷山市档案馆，2－11－69。

② 《为籍贯关系徒流闽北贫病相连殊深痛苦恳予转呈省府恩准保释还乡以纾穷困而恤艰辛由》，武夷山市档案馆，2－11－70。

华领事馆登记在案。嗣年流寓多年，生有子女。终非久计，故于民国二十年率同妻子回归故土，以奉仙（先）人烟祀。自回国后，兹民妻江素治理家政，养育子女未越雷地一步。民亦息影家园，躬耕度日。不意暴日纵狂陷我金厦，我政府为严密预防奸宄活动，计即将所有台籍迁移内地，以防万一。因误会民妻江素为台籍，突于农历四月十六日夜，一并遭受迁移，因念民妻原籍系漳属角尾社，经蒙省府派员到调查分别真伪，准予保释。闻命之下不胜感戴涕零……”①

呈请书五，晋江县第三区协和镇联保卢姓主任，替台籍吴联取夫妇递交呈请时，提到：“窃以本联第一三五保保民吴联取之妻林圆娘，虽云生长台湾，然当其及笄时，即适吴联取为配，同时在台退弃日籍，皈依夫籍，阅经将近廿载，生有子女，向曾全眷归住本国，历有数年，一切与吾国妇女无异。嗣因口腹累重，生活无方，是以复偕其夫渡台谋生，不料前岁，倭奴启祸，全家被其逐归，沿途惨境，笔难形容，此诚因该妇经入本国籍，则属吾国国民，以致被如斯之压迫。幸全家克庆抵国，无填沟壑于中途之怨。但是甫脱虎口，讵期席尚未暖，复陷火坑，实有冤屈。盖数月前，吾政府颁押送各处台籍于安全地带时，地方人士不知其入吾国籍，业将廿年，竟误认其仍为日籍，遂亦被押送在内，……”②

类似上述情况的呈请书还有很多，从当时的档案资料中，粗略统计③，就有陈福礼、陈光复、谢发俤、王屈和纪出夫妇、欧黄氏、李金我、陈旭村、许炳南、林祥良、林椿庭、黄金针、陈德泉、杨淑英、林谢氏、黄素莲、叶逢春、潘严氏、林金妹、郭氏谦、张阿明、刘细磨、陈方氏、杨柳叶、林有才、胡玉燕、项依品、王者令、王添筹、涂其源、柯水治、郑卢氏、卢德祥、郭汝侯等数十份，他们在台湾和大陆的经历和具体情况大同小异。从大量的呈请书中可以看出，这些台湾籍民具有两个共同特点：首先，他们曾在台湾处于日本帝国主义的殖民统治之下，并且深受迫害，最后选择返回祖国作为自己的归宿。例如王吉六在售卖进步书籍时，被日本警察查收

---

① 《呈为恳求恩准释放由》，武夷山市档案馆，2－11－70。

② 《为证明吴联取之妻林圆娘确属本国籍份子请求详查准予保外事》，武夷山市档案馆，2－11－66。

③ 上述递交呈请书台民姓名统计，武夷山市档案馆，2－11－65、2－11－66、2－11－67。

书籍并毒打，最后遣送出境，反映了日本殖民统治者在台湾实行严酷的思想钳制。蔡尤职兄弟、朱杨氏、邱温等人的经历，说明了台湾人在日本殖民统治下，经济受压榨以及财产被控制的情形。对于放弃台籍，回归祖国的台湾人，如吴联取和林圆娘夫妇，则在日本发动侵华战争后，被全家驱赶，“沿途惨境，笔难形容”。可见“倭寇之虐待压迫”，使广大台胞对日本殖民者十分不满和愤恨，这使得不少台湾籍民返回祖国故土。其次，他们是在国民政府防范日军敌特活动时，因“台籍”身份而被集中迁移到崇安县，进行统一监管。

因此，崇安县台湾籍民对于集中迁移政策的第一个基本认知就是：谴责日寇侵略祖国的罪恶行径，对国民政府集中迁移台湾籍民的政策，表示一定程度的理解。他们都认识到，省府当局把台民集中迁移到崇安，原因是“野心倭寇实行侵略政策，战祸陡发”，“暴日纵狂陷我金厦”，集中迁移的目的在于“严密预防奸宄活动”、“预防内患起见”、“我政府为领土人民安全计，防范于未然”，“押送各处台籍于安全地带”，能从抗战全局的角度加以理解，认为“将内地各处所有台籍民众留置钧府辖境，以资防范，法至良而意至善”。一些台民甚至表达了愿积极配合直到抗战胜利的意愿，如台民项依品认为“……客岁战事发生，厦岛失陷，政府为防范未然，将民等积遣来崇。诸蒙优容指导善后，感激莫忘。为国家大计，遂安份（分）留崇，守待最后胜利。”① 当然，必须指出的是这种理解和支持是十分有限的，甚至只是上交呈请文件时的客套用语而已，毕竟台湾籍民是集中遣送的对象，受到这个政策的直接影响和冲击，还是会有负面心理的产生，这从他们第二个基本认知即可看出。

台湾籍民对集中迁移政策的第二个基本认知是：自身是无辜的，集中迁移不仅限制了人身自由，并且对自己的生活造成了直接影响。在大多数的呈请文中，很多台湾籍民都强调自己在祖国大陆生活期间，“奉公守法”、“守己安分”，“未见有越轨行为”，声明自己并非“奸宄”，而是守己本分的普通百姓。在这种情况下，台民对集中遣送政策表达出一定程度的不满，虽然

---

①《为双目失明家乡被炸亲属走避接济无人恳恩释放回籍就医以免盲瞎事由》，武夷山市档案馆，2－11－68。

多数人在呈请书中不敢公然抱怨，但类似“复陷火坑，实有冤屈”的字句，却足以表明台民心中的委屈与愤懑。此外，上述迁移到崇安的台湾籍民，有不少人原籍家中还有老小，他们千里迢迢迁移到崇安，生活方面也遇到诸多困难，多数处于“生活无着，衣服不备，饥寒不堪，艰苦倍尝”，“贫病相连，困苦殊甚”的状况。对家庭以及自身命运的牵挂和担忧，也是台民们客观存在的心理。

综合上述台湾籍民对现实情况的心理认知，不难发现他们内心世界的矛盾状态。对日本殖民者和军国主义的愤恨和厌恶，对祖国故土的眷念，是他们返回中国大陆的直接原因，也是他们内心民族情感的一种体现。对日军侵华暴行的谴责以及国民政府迁移政策的适度理解，也说明不少台胞愿从民族大义和抗日大局出发，做出部分的自我牺牲。但另一方面，集中迁移对所有台湾籍民而言，实际上意味着他们成为“防范内患”、“预防奸宄活动”的对象，加上远离原籍家庭与身处外地的艰苦条件，无疑让他们内心深处对集中迁移政策有所不满和抵触。

对“客观现实”认知的矛盾，会使迁移崇安的台湾籍民产生什么样的心理情绪呢？从上述基本情况看，痛苦和伤感是台湾籍民无可避免的心理情绪。一般而言，分离是引起痛苦最为普遍的原因，但因“社会－人际”关系的干预而产生的心理上的分离，则是引起人们深层痛苦的最大因素，例如不被祖国政府所信任，远比与亲人的分离更能造成心理上的痛苦。从心理分析的角度看，“如由于某种原因不能向他人倾诉自身的感受，或得不到对方的理解和同情”，“尤其在感到被抛弃、被拒绝，不被亲人、家庭、群体接纳时，所感受的痛苦是最沉重的。”① 可以说，被集中迁移到崇安县的台湾籍民，就是遭遇了人生经历上最大的“心理分离”。这批台民原本从事的职业和各自人生阅历有所差异，但身处的境地，在某种程度上类似于小说《亚细亚的孤儿》中的胡太明。他们同样在台湾经受日本殖民者的严苛统治，回到祖国后因抗战爆发，被国民政府怀疑身份，有着无法辩解的“日谍”嫌疑，这种被“怀疑”、“拒绝”，不被国民政府所“接纳”的体验，必然使他们内心感到痛苦。这类“心理上的隔离引起的痛苦是个体依恋或

① 孟昭兰《情绪心理学》，北京大学出版社，2005年版，页156。

依赖的心理需要得不到满足的反应。"① 当然，痛苦的发展和延伸就是悲哀，痛苦和悲哀是同一种情绪的两种表现形式，悲哀是"个体失去某种他盼望或追求的事物时产生的主观体验。"② 失去的事物越是珍贵，价值越大，就越是感到悲伤。对多数台湾籍民而言，失去人身自由虽然令人感到难过，但失去祖国政府的信任以及受到同胞的怀疑，则是更令人伤心的。特别是在"遭遇歧视、被人误解或受到不公平待遇，因此产生的愤怒无可疏导时，深深的痛苦是不可避免的。"③ 从深层次的心理结构来看，当失去亲人、重要资源或价值时，在心理上会产生"丢失感"。心理的"丢失感"即"人们生活中长期承担的角色在自我中充斥着感情，当角色的实际价值失去时，意味着实际的角色与渗透的感情被割裂，也就是实际的角色与心理上的角色被割裂。"④ 崇安的多数台湾籍民都是认同祖国，反对日本殖民统治，将自己在生活中长期承担的角色定位为中国人，并在其中充斥感情的，例如上述台籍妇女林圆娘回到祖国大陆，"历有数年，一切与吾国妇女无异"，说明早将自己当成了中国人；还有台籍女子沈来香嫁给陈旭村后，"既脱台籍，又早经作华族之登记，其为华民已无疑义"等；而曾随父渡台谋生并在台湾学医多年的涂其源，更是伤感地认为，"伏思民一介国籍商人，无辜惨遭误会，既负异籍之羞，复蒙流离之痛，……羞愤填胸，良用浩叹。"等⑤所以当台湾籍民背负"日谍"嫌疑被集中监管时，实际的角色和原本心里认同的"华族"角色自然就产生了分裂，"丢失感"就随之而生了。这种"丢失感"就如同《亚细亚的孤儿》中所描绘的"孤儿"意识，从这个角度而言，文学作品中的"亚细亚孤儿"意识，在真实的历史情境中找到了相似的原型，在崇安县台湾籍民群体身上得到了体现。

"悲伤或悲痛典型地代表着失去亲人或失去重要资源时的情绪状态。当人必须忍受这种分离或丢失时，痛苦和悲痛就转化为忧愁或忧郁。"⑥ 福建

---

① 孟昭兰《情绪心理学》，北京大学出版社，2005 年版，页 156。

② 梁宁建主编《心理学导论》，上海教育出版社，2006 年版，页 358。

③ 孟昭兰《情绪心理学》，北京大学出版社，2005 年版，页 156。

④ 孟昭兰《情绪心理学》，北京大学出版社，2005 年版，页 157。

⑤《呈为身体□弱多病不能工作恳祈俯赐怜悯恩准保出回籍由》，武夷山市档案馆，2－11－69。

⑥ 孟昭兰《情绪心理学》，北京大学出版社，2005 年版，页 157。

省政府采取非常态的集中管制措施，是严峻的抗战形势所迫。广大台湾籍民也清楚地知道，此种艰难的时局和现状不是短期内可以改变的，因此一些台民提出“为国家大计，遂安（分）留崇，守待最后胜利”①，也是对现实无奈的表现。在这种情况下，他们所要忍受的痛苦和哀伤，最终会转化为忧郁、忧愁和失落，并将长期存在。

“亚细亚孤儿”意识是一种失去“认同”的失落感，是“自我角色的迷失”，它包含痛苦、哀伤的情绪，并转化为忧愁和忧郁。不过集中到崇安县的台湾籍民，个人境况不同，人生经历迥异，完全等同于胡太明经历的历史原型，恐怕难以找到，加上性格、气质等心理因素的差异，每个人具有的痛苦哀伤和郁闷失落的情绪，程度不尽相同。具有这种感触的个体，情感的表现强弱也是大相径庭。“亚细亚孤儿”意识是不是崇安县台湾籍民的主流心态呢？这需要做更进一步的考察，才能客观地得出结论。为此，有必要再从其他台民的呈请文件中去做分析。

呈请书六，这是一份由林金妹、郭氏谦、张阿明、刘细磨、陈方氏、杨柳叶、林有才等十三位台民联合递交的呈请书，里面提到：“窃金妹等祖贯闽侯籍，寓榕城于前清时，或祖上往台经商或父母渡台营业，迨日寇割据台湾，处势力之下，不得不逆来顺受，被迫入籍。嗣各返故乡自谋生业，讵暴日欲遂其侵略之野心，酿成七八事变，噩耗传来，愤慨莫名，妹等既属中华国民，当与祖国抱巢卵相依，耿耿此心可矢天日，今幸祖国御侮抗战，岂有□□顺逆者乎，是以纷向省抗敌后援会各罄所有，缴充抗敌经费，聊表爱国之忱，荷蒙略迹原心，准予取具妥保，恢复国籍并闽侯县政府登记，此皆有据可凭（晰列于下方），庆从兹拨雾见天于清（青天）白日旗帜之下，享国民之自□□□，此次政府为杜渐防微，计将妹等传案移送崇安县，安全□点优容给养，感激□□□□□□，突逾两月，当宜静候解决，其□奚□□□生长闽城，一旦移往闽北，□□□□□病者十常八九，医药弗调，困苦无□，□□□□□□□民复籍□□□，况妹等既经允许自新，归化程序完全，无辜陷

① 《为双目失明家乡被炸亲属走避接济无人恳恩释放回籍就医以免盲瞎事由》，武夷山市档案馆，2-11-68。

此惨状，不已沥情恳乞□□□□鉴体恤下情。”①

由于年代久远，这份呈请书残破不堪，标题和内容多有缺损，但仍可以看出林金妹等人具有较强的民族意识，加入台籍是“日寇割据台湾，处势力之下，不得不逆来顺受”，此后他们不愿受日寇殖民统治而返回祖国大陆，抗战爆发后积极支持祖国抗日，并且顺利恢复了中国国籍。至于国民政府的集中迁移政策，虽然林金妹等人呈中也提到是“为杜渐防微”，表示一定的理解。但由于自身为抗战捐款献力，“向省抗敌后援会各罄所有”，恢复国籍的“归化程序完全”，却又不被国民政府所信任，集中迁移至崇安后，“病者十常八九，医药弗调，困苦无□”，“无辜陷此惨状”，自然产生不满和委屈的情绪，痛苦、迷惘和失落的内心感触，也要比王吉六、蔡尤职、邱温等其他人要强烈得多。就林金妹等人当时当地的心态而言，基本上等同于“亚细亚孤儿”意识。当然这个意识并非静态的，它会随着时间的流淌和环境的变化而变动，或是向下沉沦，变为消极消沉，或是向上升华，更为积极振作。

台湾籍民郭汝侯的情况恰好可以从另一个角度做参考，他在呈请书中描述了自己在抗战爆发后的系列情况：

呈请书七：“窃思汝侯自集中登程及今三月有余，于中途一家六口无一宁日，轮流患疟或感染风寒，想因水土气候未惯关系，故虽携带百余元，不特费尽，且再欠友人数十元矣。回想厦门日领自卢沟桥事变，命日台民退出之时，汝侯不特决心不退出且立对泉州日报声明不愿回台，甘为祖国效劳，特为表示爱国精神起见，呈寄国防献金（金钻石手指壹个，真（珍）珠金环壹个）价值二百左右元，并买救国公债十五元或捐棉背心、布鞋及前方战士之慰劳金等（各有收据），且亦久已提出回复国籍，现待批示。集中而到此，受尽贫病，辛苦无奈，具此详情沥陈底蕴，伏望钧府体察下情，特赐鸿恩将弱妻林淑惠与幼子共五名放归乡里，自养病躯自谋生活，仰或对汝侯本人放出外洋自觅生涯，以为救济家眷。盖汝侯晋江县第三区台湾同胞抗日复土同盟会主席，自觉今后与日本为不共戴天之仇敌，断无作回台自寻死路

① 《□□□□□□□□□由》，武夷山市档案馆，2-11-66。

之理，倘蒙允准一二，至感德便。”①

从郭汝侯的呈请书中，可以看出他对祖国的认同，不仅“对泉州日报声明不愿回台，甘为祖国效劳”，并且通过捐款捐物表达对抗日运动的积极支持，集中到崇安后的不佳境况，让其觉得“辛苦无奈”，产生一定的受挫感。但这种痛苦无奈的情绪，并没有影响到郭汝侯的国家认同和民族意识，其“久已提出回复国籍，现待批示”，以及“自觉今后与日本为不共戴天之仇敌”的表态，足可以说明他在民族大义上的坚定态度，郭汝侯虽然对崇安生活的种种困境忧心忡忡，提出保释外出等请求，但在呈请书中，他并没有流露出强烈的“孤儿感”，也没有失去对华夏民族的坚定认同，这不仅体现在呈请书里，也体现在郭汝侯个人的行动上。时隔不到四个月，1939 年 1 月 20 日，为了组建台胞抗日队伍，台湾义勇队筹备委员会正式成立，郭汝侯成为五个筹备委员之一，和李友邦、张一之、林心平、张应璋等一道筹划台湾义勇队的组建工作②，继续为反抗日本军国主义侵略献策献力，在参加台湾义勇队的岁月里，郭汝侯一直战斗到 1945 年抗战胜利台湾光复。从这点而言，郭汝侯在一定程度上克服了痛苦哀伤和忧愁失落的情绪，坚定了原有的民族情感和国家认同，把原先的爱国精神进一步升华和发扬，也确实为国家民族做出了自己的贡献。

像郭汝侯这样具有浓厚民族意识，能将消极心理向积极心态转化，为祖国抗战做出贡献的台湾籍民为数不少，也有始终抱着平常淡定心态，为中国抗战出力的爱国台湾籍民，周燕福就是其中一个例子。

呈情书八：“窃福祖籍晋江祥芝乡，自幼随先父赴台谋生，在彰化基督教医院习医，于民国十一年毕业回国，任泉州基督教长老会惠世医院，就职医师两载，后继任彰化基督教医院协理三年，至民国十六年开设惠仁医院于晋江县第三区石狮街建兴街，兼任石狮育龄、培元两学校校董兼校医，石狮泉安、泉围两汽车路公司常川医师等职，又任石狮中华基督教会长老之职十年。自去年日寇发动侵略战争之后，民抱定爱护祖国，决心参加反日团体，誓与诸同胞共赴国难。于本年二月间，由晋江县第三区署转呈回复国籍，已

① 《陈情为谋生计请准予保释或准予出洋由》，武夷山市档案馆，2-11-66。

② 福建省档案馆、厦门市档案馆编《闽台关系档案资料》，鹭江出版社，1992 年版，页 236。

蒙政府核准。对于各种爱国捐款，莫不尽国民之义务，尽量捐献及志愿服务后方医院工作。故于本年五月上旬应泉州基督教长老会惠世医院院长罗励仁先生之聘，委派为南安九都该院附设后方医院第二分所医务主任，然突被集中送置崇安，致不能赴职，迨本年七月下旬，该院院长罗励仁先生经已呈请省政府恩准请释在案，以便就职，但至今未蒙照准。民等在崇水土不服，言语不通，人地两疏，生活困难，合再恳请钧长转呈省政府怜恤下情，恩准如请施行准予保释，民等一家五口俾便赴职服务，实感公德两便。"①

显然，周燕福自从回到祖国大陆后，一直投身于家乡的教育、医学和宗教事业，为当地的社会文教发展做了大量工作，抗战爆发后积极捐款和服务后方，支持祖国抗战事业。被遣送到崇安后，生活方面遇到了一些困难，但周燕福对此并没有太多抱怨，呈请书中没有流露出过多的悲伤痛苦或失落感，还希望能继续到南安九都，服务后方医院，心态平和且积极。根据周燕福的呈请，崇安县当局对其进行考察后，向省府部门报告时评价道，"日台侨民周燕福到崇以来，品性纯厚行动端正，系属忠实基督教徒"②，这也说明周燕福在呈请书中所描述的情况并无虚假。那么为何周燕福能够保持平和的心态，没有流露出悲情失落的心理情绪呢？应该说，周燕福是崇安县台湾籍民中的一个特例，笃信基督教的周燕福，在对待坎坷时，更倾向遵循基督教义中的"凡事谢恩"，心态平和恬淡也是情有可原。

相比郭汝侯与周燕福而言，有些台湾籍民的受挫感和痛苦悲伤情绪就较为强烈，例如上文有关台民林圆娘的呈请书中，就提到集中迁移到崇安县："脱虎口，讵期席尚未暖，复陷火坑，实有冤屈。"③ 显然，从"虎口"和"火坑"这两个极端比喻以及对因日寇压迫回国的惨况描述，可以大致判断林氏的悲伤委屈情绪十分强烈，其"失去感"的体现比一般人要明显些。再譬如台民郭秀，自幼随父母渡台，后"偕其母回归祖国时，秀年在幼熙，自回祖国后已以台湾往来断绝"，对于集中崇安，郭秀丈夫陈培珑认为"窃思人民有冤必伸，有罪必罚"，"恳钧长矜议无辜，大发恻隐之心，体上天

---

① 《呈为恳请转呈准予保释俾赴南安九都服务后方医院事》，武夷山市档案馆，2-11-70。

② 《呈复遣置本县日台侨民周燕福安分闲居尚无工作请察核由》，福建省档案馆，1-9-781。

③ 《据晋江县第三区保长邱仲透等呈为证明吴联取之妻林圆娘确属本国籍请求详查准予保外等情特呈核示遵由》，武夷山市档案馆，2-11-66。

好生之德，为秀分明黑白”。[①] 从“有冤必伸，有罪必罚”、“恻隐之心”和“上天好生之德”等词句，也可以看出郭氏及其家人的伤感与委屈的心情。当然，类似这样的呈请还有不少。

通过上述的系列分析，可以初步得出这样的结论：集中到崇安县的台湾籍民，一般而言都会觉得无助和不满，有着痛苦、委屈和悲伤的心理情绪，但受制于客观条件，他们无法克服并且只能忍受这些痛苦，这时就会产生忧愁、忧郁与失落，这些情绪中蕴含的“失去感”，导致了他们孤独与无助意识的产生，这就接近吴浊流作品中所隐喻的“亚细亚孤儿”意识。但需要注意的是，“亚细亚孤儿”意识并非静态的心理定势，它会因为个体心理差异和经历的差别而有不同的强弱反映，而且会随时间的推移和外在环境的变化而变化。不少具有爱国意识的台湾籍民在经历短暂的情绪低潮后，又能够坚定对祖国和中华民族的认同，将消极情绪转化为积极的精神动力，投入中国的抗日洪流中。其次，情绪状态会随着具体事件和情境的影响而发生变化，台湾籍民从集中到崇安生活，直到抗战胜利返回原籍，在这段时间内，随着各类内外环境变化，他们心路历程也是十分复杂，会产生各种不同的情绪和心态，这有待我们结合他们在崇安的生活经历，在后续章节中做进一步的考察。

① 《为无辜受累恳求准予伸雪以分黑白由》，武夷山市档案馆，2－11－71。

第五章　迁居崇安县台湾籍民的初步安置（1938 年）

自 1938 年 5 月底，福建台湾籍民陆续被迁移到崇安县后，一直到 1947 年初大部分人返回原籍，这个闽北县城成为福建台湾籍民的主要寄居地之一。在战火纷飞的抗战年代，这个山水秀丽的山区县城，其自然环境和社会状况如何？福建省政府和崇安县政府在早期如何安置和管理台湾籍民？台湾籍民初到崇安县后的生活状况以及心态如何呢？这将是本章主要研究的内容。

第一节　崇安：台湾籍民生活区域的背景描述

一、崇安县的自然地理环境

崇安县，今武夷山市，位于福建省北部，在东经 117°37′22″－118°19′44″，北纬 27°27′31″－28°04′49″之间。崇安东连浦城，南接建阳，西临光泽，北与江西省铅山县毗邻。全境东西宽 70 公里，南北长 72. 5 公里，总面积为 2798 平方公里。地势为东、西、北部三面群山环抱，峰峦叠嶂，中南部较为平坦，为山地丘陵区。地势由西北向东南倾斜。最高处是海拔 2158 米的黄岗山，是东南大陆最高峰，被称为华东大陆的屋脊；最低处为兴田镇海拔 165 米。最高处和最低点相差 1993 米，地势高低差，为福建省之冠。平原面积仅占全境的 9. 4%，而丘陵、山地和山间盆地面积则占 89. 6%。流域面积 50 平方公里以上的河流有 17 条，河流总长度 820 公里，流域总面积 2861. 4 平方公里。① 崇安地处中亚热带季风湿润气候区，四季分明，雨量充

① 武夷山市志编纂委员会编《武夷山市志》，中国统计出版社，1994 年版，页 1。

沛，境内气候温差大。①

二、民国时期的崇安社会经济概况

崇安县历史悠久，有关崇安的记载，最早见之于《汉书·郊祀志》，汉武帝祀“武夷君用干鱼”。② 县治则建于宋代淳化五年（公元 994 年），元、明、清时期均属建宁路或建宁府，民国时期属第三行政区。在第二次国内革命战争时期，崇安县地区活跃着工农红军，从 1930 年起，这里建立了苏维埃政权，并延续了五年之久。因此，崇安也是当时反动军阀混战和国民党当局“围剿”红军的重要地区，长年战乱，破坏了原本就落后的地方经济，严重影响了崇安县的社会安定和发展。战乱带来的另一个直接结果就是人口的锐减，1930 年崇安县人口达 14.6 万，但 1935 年国民党军队重新攻占崇安时，全县人口锐减，仅剩 47576 人。③

民国时期，崇安县的经济仍然是自给自足的小农经济，社会生产较为落后。经济结构以农业为主，农业又以种植粮食为主。根据有关统计，1940 年全县从事耕作之农民达 14440 户，占全县人口十分之八。林业较发达，由于“西北多山，茂林栉比”，林产以杉木为大宗，每年出口三万余枝，其次是竹丝，每年出产六千担。④ 农、林、垦殖是崇安的主要产业。工商业则极不发达，1940 年才刚创办一家织造厂，但“因资本不多，设备简陋，仅能织造毛巾布疋”，除此以外，就只有寥寥两三家砖瓦厂和锅炉厂而已。⑤ 至于手工业和个体商贩，也是十分稀少，具体原因，《崇安县新志》认为：“本县民智未开，生产落后，揆其故皆不知注重职业所至也”，本地人只“粜米、刨烟、做饼、卖面及贩运杂货而已”，在木匠、石匠、铁匠、制茶、铸锅等手工业方面，当地人“几无一业于此者”，“小学教职员多来自外地，

---

① 武夷山市志编纂委员会编《武夷山市志》，中国统计出版社，1994 年版，页 110。

② 班固《汉书》，第 4 册，第 25 卷“郊祀志”，中华书局，1963 年版，页 1218。

③ 《福建省崇安县历年户口调查表》，武夷山市档案馆，2-8-70。

④ 刘超然修，郑丰稔纂《崇安县新志》卷十四，1941 年铅印本，中国方志丛书，第二三八号，成文出版社有限公司印行，页 297。

⑤ 刘超然修，郑丰稔纂《崇安县新志》卷十四，1941 年铅印本，中国方志丛书，第二三八号，成文出版社有限公司印行，页 298。

律师只一人，西医师亦只数人，此社会经济不能发展之主因也。”① 交通方面，亦是十分落后，陆地运输主要靠肩挑和独轮手推车，1934 年和 1939 年，虽然先后修筑建阳至崇安和崇安至分水关公路，但由于路况极差，只通少量汽车，且时通时断。内河航运，因只有木船和竹筏，加上山溪河道落差大，水位涨落迅速，不利于航运。② 因此，崇安虽然有林木、矿藏等丰富的自然资源，但由于水、陆交通的限制，商品经济难以得到发展。

因此，民国时期崇安县的自然环境十分原始，自然资源尚未开发，人口较少，交通落后，社会生产和商品经济极不发达。在抗战时期，虽是较为安全的后方城市，但自然条件原始和社会经济基础较为薄弱。上述情况意味着，迁居到此的台湾籍民，面临着较为艰苦的生产、生活条件。

第二节　台湾籍民初期的安置与管理

一、崇安县对台湾籍民安置与管理的筹划

在台湾籍民迁移到崇安县之前，福建省政府就给当地县政府发去电报，要求对台民的安置工作“迅速筹划具报毋误”。为此，崇安县政府于 1938 年的 5 月 23 日，制订了安置台湾籍民的初步意见，主要内容是：第一，暂时将台湾籍民安置在孔庙、三山会馆；第二，责成联保办事人员置备稻草；第三，召集地方绅商各界开会，置备伙食费用；第四，查明城区、赤石、星村、黄柏四处的空屋情况；第五，向垦务所查明可以容纳的垦荒人数；第六，印刷“台民调查表”；第七，针对台湾籍民编组独立保甲，制订管理规则。③ 从具体筹划的内容而言，重点是为台湾籍民来到崇安后，提供初步的伙食和住宿，从县政府动员当地绅商的情况看，要安置初来乍到的众多台民，对这个闽北山区县城的财政而言，并不是一件轻松的事情。

① 刘超然修，郑丰稔纂《崇安县新志》卷六，1941 年铅印本，中国方志丛书，第二三八号，成文出版社有限公司印行，页 162。

② 武夷山市志编纂委员会编《武夷山市志》，中国统计出版社，1994 年版，页 160－161。

③ 《省府养号二电以台民四零五人莅崇应先妥筹安置及监视办法》，武夷山市档案馆，2－11－90。

此外，管理台湾籍民也是一个难题。将台民集中迁移到崇安，是福建省政府在抗战期间，从国防安全考虑而采取的战时政策，不过采取集中迁移的方式，说明福建省政府虽然怀疑他们的身份，但并不将他们当成真正意义上的囚犯，因此在管理上也必须采取相应特殊的形式。在这种情况下，福建省政府在给崇安县的电文中，对台湾籍民的监管提出了总体要求："查际此非常时期，该项台民虽准独立自由，但仍须严密注意，切实防范，以杜意外。"① 很明显，管理的指导思想就是要达到"外松内紧"的效果，管理的目的就是既要妥善安排好台湾籍民的生活，给予他们一定的自由空间；又要严密地监督，预防有碍国防的"意外"发生。在具体的管理举措上，省政府还要求必须让"区长主任知照，并转饬所属保甲长一体知照，嗣后对于台民户口异动，应切实注意造册具报备查。倘有轨外行动，应随时先予制止，一面报告候办，勿浔玩忽为要！"② 从具体管理的要求上来看，可知管理的重点是将台湾籍民的生活与自由活动的范围控制在崇安县内，并且预防可能产生的"奸宄"行为。

正是在省政府"应先妥筹安置及监视办法"指令的要求下，崇安县政府必须抓紧规划对台湾籍民的相关监管工作。因此，崇安有关部门提出了一个有关"长久住宿和监管"的具体管理办法：

一、永久住宿问题——台民之中，过去均有相当职业，此次来崇，亦当稍有资金，兹分发调查表使志愿承认修理房屋费用若干，合并计算如有三四百元之款者，由县政府代办，将坑头巷（在北门）一带空房，代为简单修理，上可蔽雨，下可添置门户，如呈当可容其大半人数，设或警官训练所迁移来崇，城区无法安容时，可发往星村、赤石二处容纳。

二、管理办法——台民过去环境不良，素质甚差，欲加管理，甚难收效，况一方面须表示大国宽宏态度，一方面又欲暗中监视，措置尤属不易。据职愚见，对于台民，在积极方面须加组织训练，消极方面则加监视注意。兹略举：

① 《府衔训令》，武夷山市档案馆，2-11-90。
② 《府衔训令》，武夷山市档案馆，2-11-90。

(1) 组织——纵的方面，将台民430人，以户为单位编为独立保，推选保长一人，甲长十人，负责全部台民一切民政及日常事项；横的方面，将台民编为若干队A少年队十六岁以下；B壮丁队——十七岁至四十五岁；C妇女队，推定队长。

(2) 训练——A少年队一律送入武夷小学或南山□小读书；B壮丁队由□训练实施社会军事训练及精神训练；C妇女队受护士训练，由卫生院负责。

(3) 监视——A各负责训练人员负责监视其思想；B县府与邮电局拟具妥善办法监视台民往来邮电；C推定保甲长负责报告台民异动；D调查台民之中有不正当□人时，由县府派特务工作人员故意与此辈接近探听消息。

(4) 预防——A密令所属机关职员及队伍官长，对台民绝对保守公务秘密，如违以汉奸严惩；B预防井水投毒由联保办公处负责；C预防敌机来时指示目标。①

从这些具体的管理办法来看，崇安县政府首先提出了解决台湾籍民住宿问题的初步预想；其次提出管理上的详细办法。尤其值得注意的是，崇安县政府并不是被动的遵循省府“防范、监视”的训令，甚至认为“监视注意”是消极的管理方法，提出将台湾籍民进行相应的“组织、训练”，主张通过这种“改造”，来达到积极的管理效果。保甲是民国时期国家控制社会基层和维持治安的一个手段，把台湾籍民编入保甲同样是为加强对他们的有序组织；编队是方便针对不同群体进行教育或训练；让台湾籍民组成壮丁队，接受“军事训练和精神训练”，以及妇女队接受“护士训练”的建议，可以看出县政府力图将台湾籍民纳入本国国民的一分子来进行战时辅导，希望通过这些举措来达到“改造”的效果。当然崇安县政府也不敢放松警惕，对省府要求的“监视和预防”，还是制定了较为详细的方案，一些举措还是很有针对性的，例如让联保办公处负责守护水井，这是根据厦门沦陷时出现水井被投毒的敌特破坏情况，而制订的相关办法。可见崇安县政府还是遵照省政府的有关规定，作了相应细致的规划与准备。总体而言，这个台湾籍民管理

① 《签呈》，武夷山市档案馆，2-11-90。

方案，基本上体现了省政府要求的管理原则。当然，崇安县有关部门制定的这些管理方案，尚不能对台湾籍民造成直接的心理影响，只有在进一步细化的规则中才能产生作用，这在崇安县政府安置台湾籍民生活的“日台侨民生活起居规则”中体现了出来。

二、台湾籍民初期的生活安置与具体管理

在台民全数抵达崇安后的第二天，即 1938 年的 6 月 4 日，崇安县有关部门召开了专门会议，商讨“台民招待所”的设立、管理、宿舍分配、台民伙食等相关事项。根据先前的安置意见，最终确定方案为：台湾籍民编独立保甲进行管理，“设立临时管理所二所，第一所假现已停办之贞光学校校舍，住二百五十二名口，暂编六甲；第二所在文庙，住一百六十名口，暂编五甲”①；其中贞光学校校舍居住的是来自晋江的台湾籍民，而文庙则是安置福州迁移来的台民。管理员分两组，第一组驻孔庙的是汪其达、黄慰农、关绍宽、丘怀 4 人，第二组驻贞光学校，人员为林庆树、李怀民、张保成、张英 4 人。至于具体的管理办法，“由县政府负责起草”；在台民卧室的分配方面，大致定为“有家属及女人独身者住楼上，男独身者，在楼下集住一房间，并分贴户口单于门上”；关于台民的伙食，“（一）以发给伙食费由台民自理为原则，以 30 人为单位，每单位置饭鑊一只，水桶两个，扁担一支；（二）灶砖由城区区署办事处负责采集，饭锅水桶由招待所会同商会办理。”②

从有关住宿的情况看，台湾籍民是在贞光学校校舍和文庙分两批集中居住，房间按照“有家属”“男独身者”和“女独身者”进行归类，每个房间都有户口单贴于门上，便于区分与管理；生活用品方面，由崇安县县城区区署办事处、县商会等帮助添置饭鑊、水桶、扁担等物，但都显得略为简单。至于居住环境，由于台湾籍民人数众多，空间必然显得狭小局促，以文庙为例，台民刘荣春曾为其怀孕待产妻子“生产便利计”，于 1938 年 7 月 24 日申请暂时住在文庙外面，其妻生育完后，同年 9 月刘荣春再次呈请县

---

① 《为呈送日台侨民四百十二名花名清册等各一份请察查由》，福建省档案馆，1-1-379。

② 《崇安县各界台民招待第一次会议录》，武夷山市档案馆，2-11-90。

政府，希望能够让其妻子和初生儿继续住“外间”，原因是“盖现时文庙里不特狭隘，无位可以迁入，即婴儿住此缺壁多风之室，朝晚严冷，茅难堪受。”① 由此可见，当住入较多的台民以后，文庙的居住空间就显得十分狭隘，而“缺壁多风之室”说明文庙已经年久失修，房屋存在破漏的情况。可见，崇安县政府安置台湾籍民的住所，总体来说也并不理想。

贞光学校和文庙两个台民居住地，分别设了临时管理所，并设两保十一甲，保长分别为台民刘荣春和杨熊。② 至于台湾籍民的日常生活起居管理，崇安县政府把省政府提出的监管意见，转化成了可以实际操作的严格规定，其主要内容如下：

1. 日台侨民起居悉依本规则管理之；

2. 侨民起居时间另表规定之；

3. 各甲长应于临睡前及起床后，各点名一次，检查各该甲内有无人数缺少，倘有发现，应即报告管理员查缉；

4. 各甲每日推定值日三人，负出外买菜挑水洗扫清洁之责；

5. 值日人应由甲长发给臂章，出外采买及挑水□□应限定时间回所，向管理员报告登记；

6. 侨民有必要事故须请假外出，此项先于下午二时至五时，向各该甲长报告，由各该所甲长□□负责盖章，送请管理员批准制发外出证，时间以周日下午四时至五时为正；

7. 妇女外出洗衣时间，定上午九时至十时，下午三时至四时，须在就近处所不准走远；

8. 侨民投寄邮件应先投入县政府所设木箱内，经管理员代封代寄；

9. 侨民非经管理员许可，不准与外界宾客会议；

10. 侨民违犯本规则，经管理员查明呈报县政府，予以严重处分。③

这个起居规则对台湾籍民的活动范围、活动内容和活动时间做了较为严格的限制和规定，贯彻了省政府提出的“严密注意，切实防范”的管理要

① 《据台民刘荣春呈请准予续住外间应否照准祈核示由》，武夷山市档案馆，2－11－66。

② 《日台侨民暂编临时保甲人数册》，武夷山市档案馆，2－11－90。

③ 《日台侨民生活起居规则》，武夷山市档案馆，2－11－90。

求，也执行了县政府提出的“长久住宿和监管”方案中的具体举措，主要目的是加强对台湾籍民的控制和管理。这种严格控制管理的规章，例如早晚点名、活动时间及地点的限定、对外联系的控制等，将国民政府对他们的怀疑与不信任，明显地体现了出来，尤其是台民的对外联系上，崇安县政府实行严密关注与防范。台民李金我的“信函事件”，是实行这个“日台侨民生活起居规则”后，台民“违犯本规则”的一个具体事例。

事情的缘由是，1938 年 9 月 6 日，李金我收到福州家中发来的信函，信中“寄下国币拾元”，但“来函经邮递垦务所查验，讵信内有缮僟（如有把握，回来福州无妨）数字，蒙检阅后，谓为質涉图脱嫌疑，将我传问拘留”，从中可以得知，李金我因家信中有怂恿其回福州的字眼而被拘禁。对此，李金我认为是个重大的误会，提出是“家中妇孺目不识丁或因托人代写函信，执笔糊涂，文字错讹；或因接我家言，云已迁出自由谋生，女流无知，悟为行动自由，可得回省，别易会难，出此愚昧之语，望念之殷，情有可原”；另外，李金我也提出自己身体羸弱，“弱丝一息”，即使能够回乡，“亦无能千里长途，舟车跋涉，安有想入非非，妄动潜逃之念乎”；然后他又提出，“昨又接家属，云由邮寄来包裹，冬令衣服九件，足证志在久居，无图脱之意。”① 从李金我陈述的情况来看，所说应该都是实情，可能的情况应该是李金我的家属会错意所导致的误会。反过来，即使其家属来信确有鼓动李金我离开崇安的意图，也不代表李金我就真的敢擅离台民管理所。垦务所之所以紧张，缘于 1938 年 6 月 4 日早上，李金我曾经私自离开崇安县，计划返回福州，在兴田车站被崇安县政府派人拦回②，因此台民管理所对李金我的动向极为关注。不过，崇安县政府对李金我还是宽大处理，在李金我递交保释呈请后，县政府“拟准交保释放”，解除了拘禁。李金我信函事件，说明崇安县台民管理所对台湾籍民的管理十分严密，台民往来邮件都要经过管理员进行内容审查，一旦信件内容涉及擅自离开崇安县的意图或者有其他“通牒不轨”嫌疑时，就会被另行拘禁审查，即“予以严重处分”。

---

① 《为涉嫌被禁抱病垂危恳念无辜恩准保释事》，武夷山市档案馆，2－11－66。

② 《为电告暂住孔庙之福州日台侨民刘天佑等三名逃逸情形并缉回二名应为何惩儆及在逃一名仍饬属严辑外请核示》，福建省档案馆，1－1－379。

台湾籍民在严密的监管中，可以深刻地体会到国民政府对他们的“防范”，这必然对他们造成一定的心理冲击。因为“对一定对象的怀疑是对该对象的某些方面的认知评价与对自身评价相比较的复杂认知与情绪相结合的结果。”① 反过来，当被怀疑者无法满足对方认知评价的要求时，也自然无法进行准确的自我认知和评价，就会对自我角色的价值认同有所迷惘，心理上的“丢失感”就会随之产生或者强化。严苛的限制与监管，有形地把台湾籍民与祖国同胞做了“类”的区隔，从日常生活方面，不断给予台湾籍民“嫌疑者”的身份暗示，加深了广大台湾籍民的苦闷感与“分离感”，这也是刺激“亚细亚孤儿”意识逐步形成并且长久存在的外部条件。

不过，由于这些日常起居管理规定存在众多不合理的地方，对安置台湾籍民的生活没有带来便利，在实施过程中也没有得到相关管理人员的认可。当时“台民第二管理所”的管理员张英就指出了其中的弊端，例如张英针对第四条规定中有关外出买菜挑水的人数限制和时间限定，提出：“惟查本所台民共有五甲，内如一、二两甲均达四、五十人之多，采买物件各杂不一，菜米柴水，日需浩繁，此对第四条中所限每日仅二小时之出发时间，而每甲值日又仅三人，诚恐力量有限，司务不及，终于无法支配也”，建议“加发证章一个”，在限定时间内“由各甲长向管理员领去交通轮流以用，时间届满又由甲长负责送交管理员收管”。② 显然，起居规则中的有些规定并不符合实际情况，给台民生活带来诸多不便，是需要进行调整的。所幸的是这个起居规则并没有实行多久，很多台湾籍民就被允许独立谋生而迁出居住，另一些台湾籍民被编入垦荒所，台民居住地点分散，这个起居规则的大部分内容也没有被完全施行。

不管是“长久住宿和监管”的方案，还是“日台侨民生活起居规则”，都是崇安县为管理台湾籍民而提出的初步构想和举措。但随着台民安置工作的深入，如何安排台湾籍民的工作、生活以及进行赈济，逐步成为县政府安置工作的重心，一些管理章程因不合时宜而没有得到持续的执行，例如上述“日台侨民生活起居规则”中有关外出采买、洗衣的人数和时间限定，监管

---

① 孟昭兰《情绪心理学》，北京大学出版社，2005 年版，页 196。

② 《报告于文庙日台侨民管理所》，武夷山市档案馆，2－11－90。

工作相比之下并没有显得那么突出和重要。虽然崇安县政府对台湾籍民还是保持严密的监管，但在形式上没有先前的严苛，尽管这还是会给台湾籍民带来一定的心理负担。

第三节　崇安县台湾籍民初期的生活状况

一、国民政府对崇安县台湾籍民的生活赈济

1. 崇安县政府对台湾籍民的初步赈济

1938 年6月2日，第一批台民约120 人到达崇安后，当地已事先安排了“乐安”、“隆顺”、“林兴”、“顺泰”、“信泉”、“兴和”、“新茂”、“炳记”、“隆升”、“荣利”、“万成”、“祥茂”、“发顺”、“春和”、“仁义”、“万盛”、“茂发”等，共十七家客栈代办台湾籍民伙食，“洪兴”、“章聚”、“聚□”三家客栈提供茶水接待。① 这是在县政府指示下，由县商会主席周钟祥主持的台民伙食赈济工作，从6月2日晚至7日，在台湾籍民还没正式安顿妥当之前，均由上述客栈解决他们的伙食问题。至于台民安置工作中的伙食费以及购置饭锅、水桶、竹筷、菜刀等器具的经费，均由崇安县商会和城区联保办公处财务委员会，共同筹措。这笔经费开销的具体情况如下：

表格五：台湾籍民短期伙食费及购置器具费用表　　单位：元

项目	伙食（1938.6.2-6.7）			购置生活用品项目										
	白米	菜	饭店柴火	饭碗	竹筷	铁锅	菜刀	锅盖	饭桶	大号木水桯	水桶	菜砧	扫把	雇工
单项费用（元）	78.693	56	21	10.65	0.6	24	3.67	5.6	14	18.9	4	1.3	0.25	1.5
共计（元）	155.693			84.47										
	240.163													

资料来源：“谨将台民自本月二日晚至七日早止计十四餐伙食及购置器具开单呈请鉴核”，武夷山市档案馆，2-19-65。

① 《各客栈代办台民伙食单》，武夷山市档案馆，2-19-65。

从上述经费开支情况来看，崇安县当局对台湾籍民的初期生活安置做了细致周到的工作，锅碗瓢盆等各类生活厨具基本齐全。不过，在所有开销中，伙食费为155.693元，占总开销的64.83%，成为当时安置经费的主要支出项目。由于台民人数众多，初步的安置工作虽只进行了几天，但还是给崇安县政府和当地商会带来了不小的经济压力。崇安县商会主席周钟祥、城区联保主任翁绍章、财务首席委员王朝桢以及当地其他绅商，联名向县政府诉苦："佥谓本县劫后残余，民穷如洗，对于地方应有负担，民间已云疾苦，加之土匪四乡骚扰，办理善后，图救莫及。此项给养，实属无处可筹。恳请迅电省府拨款救济，在未奉到赈款之前，所需目前给养，恳乞在米捐项下，（国民教育捐）拨用，以维现状。"① 县政府也意识到台湾籍民救济工作所带来的财政压力，便于1938年6月8日向省政府发去电报，在报告台湾籍民"参照保甲办法妥为编组管理"的同时，也提出"地方穷困，给养无力"，希望省府尽快指示下步赈济工作。②

2. 台湾籍民的经济情况与福建省政府的赈济

省政府接到电文后，根据原先提供台湾籍民三个月给养的计划，指示福建省难民赈济委员会先给崇安县政府汇去国币千元，崇安县府利用这笔赈济款项，给予台湾籍民"每日每人发给米菜0.10元，孩童0.06元"，"柴火暨锅灶以及一切必要用具等由公家撙节支付。"与此同时，崇安县当局对台湾籍民的生活状况进行了调查，以便掌握台湾籍民经济能力，结果显示："台民中虽有财产，因此次集中仓卒，未能带来，以致生活发生极大困难，目前能独立自营生活者，为数极少。"③ 台民的财产方面，带有500元以上动产的只有一户，500元以下的有66户，全无财产的则有88户。④ 从实际情况看，由于台湾籍民集中迁移过程较为仓促，他们携带的财物和日常用品有限，也确实需要持续性的救济，台湾籍民推选代表刘荣春向县府呈请救助时，就提到："回忆集中当时地方联保处，于午夜暨行严命，立刻登程应

① 《呈以台民供给无法设筹恳电省府拨款赈济目前所需给养乞在米捐项下拨用由》，武夷山市档案馆，2-19-64。

② 《密电永安省主席》，武夷山市档案馆，2-11-90。

③ 《为拟具解决日台侨民生活解决办法请鉴核施行由》，武夷山市档案馆，2-11-90。

④ 《台民职业财产统计表》，武夷山市档案馆，2-11-90。

集，不准收拾整装，催行过急，是故无论高贵药品、珍重细软，均作弃置，多未带行。故抵崇后，十用九缺”①，此外台民“内中妇孺居多，甚至一户将近十口之人数者，其家族单独倚靠其户长一人以度生活者，不亦鲜矣”，生活情况紧张的情况确实存在。② 因此，当省府提供的首期千元汇款告罄时，崇安县政府即向省政府提出了“日台侨民生活办法刍议”的长远方案，以便在三个月赈济结束后，台湾籍民还能够维持生活。其具体内容如下：

（一）设法使日台侨民得携带或变卖其原住地所有财产及其固有职业上所备必要工具来崇——据查日台侨民有一部在各该原住地置有相当财产，因此次集中到崇，为期匆促，未能悉数带来，以致生活发生重大困难。其解决办法不外二点，谨呈管见，以供采择。

1. 晋江送来日台籍侨民准推派代表6人至9人（按原住地为标准，每区3人），福州侨民准推派代表3人至6人，返原住地将各该全部侨民在原住地所有财产及必要谋生器具悉数带崇，以资生活。但此项代表须以有家眷留崇，可靠不致逃亡者为合。其运费以各自负责为原则，但确有困难时政府得补助之。

2. 请省府令饬晋江县政府及省会警察局转饬各该辖内送崇日台侨民全部遗留财产，限期集中，派员转送崇安转发领用，以资谋生。惟台民财产散处，非本人难能明悉，故本项办法似较为难。

（二）分配职业——据查台民中以医生为最多，农工次之，欲使各能自给，必须先为设法解决职业问题，使其在政府严密监督之下得以谋生。

1. 医生——俟该其原有器具药品等搬运到崇后，即由政府斟量地方形情，分配各区或各联保，由各该区署或联保主任监督营业。

2. 农工——由省府电饬本县垦务所尽量收容监视开垦，以利生产。

3. 妇女——准从事缝洗衣服及佣工。

4. 其他——准开设商店或其他正当职业。

（三）分期停止给养——原奉令限月给养转瞬即届，必要时得请准

① 《呈请施恩续济食费或放归及准予保释由》，武夷山市档案馆，2-19-64。

② 《呈请续济伙食费仰或准予保释归里复业事由》，武夷山市档案馆，2-19-64。

延长。兹为极力节省财力计，拟具分期停止办法如左：

第一期——凡自愿独立生活迁出居住者，准予到省府令准后停止给养。

第二期——派代表回籍携带财产或器具之台民，其给养俟该项财产或器具到崇停止。

第三期——其他老弱贫穷台民纵施3个月严格训练，其生活恐仍无法解决，崇邑地方又极困穷，应请钧府赐示办理。①

对于崇安县提出的解决台民生活问题的建议，省政府基本上都采纳了，但对其中的一些实施细节做了调整：首先，“台民有财产者准派代表返福州、晋江携取，惟代表人数至多不得超过3人，尤以有眷属留崇为原则，并取具保结，另由县选派干员监护同行，以免经过各地发生事端。至原住地后，应由当地警察局及县政府严加监察，不得任其自由接洽”；其次，对于台湾籍民工作分配的四点建议，省府均认为“尚属可行，惟工作所在地点以该县辖内为限，未便分遣邻县”；第三，对于“凡自愿独立生活迁出居住者，奉准后停止给养一节似属欠妥，因台民生计固须顾及其行动，仍未便放任”；最后，省府还要求查明老弱贫穷台民的具体人数。②

从崇安县针对台湾籍民提出的各种生活解决方案，以及省府的相关指示来看，他们对处理台湾籍民后续生活问题上，是十分重视的。不过在提供各种方便的同时，国民政府也没有放松监管，台湾籍民的生活范围基本上限于崇安县境内，返乡台籍人员也须“干员监护同行”，并由原住地有关部门配合监察。

关于福建省政府拨发给崇安县的台民救济款，从1938年6月初至8月中旬，福建省赈济委员会先后拨款3000元，8月13日后再拨汇款1000元，前后共4000元，按照崇安县政府对台民的伙食赈济内容，“成人每日0.10元，孩童0.06元”，以最早的人数412人计算，最多需要3708元（将孩童伙食赈济也按成人的每天0.10元来算），福建省赈济委员会汇去的4000元，基本上保证了台民三个月的伙食赈济，此外，省赈济委员会还很重视崇安县

① 《日台侨民生活办法刍议》，武夷山市档案馆，2-11-90。

② 《电复为拟具解决日台侨民生活解决办法请鉴核施行由》，武夷山市档案馆，2-11-90。

府"日台侨民生活办法刍议"的实施情况，敦促其"仍照原案将该台民等迅速妥筹安置"。①

二、崇安县台湾籍民初期的生活状况

1. 赈济中止后台湾籍民的生活困境

到了 1938 年 8 月下旬，三个月期满，省府的伙食"奉令截止发给"②，崇安县政府只得按照"日台侨民生活办法刍议"中的既定方案，来安置台湾籍民的后期生活。不过，台民代表返乡取财物和生活用品的结果，却是十分不尽如人意。台民代表刘荣春描述回乡后的情形，"南归之时，目睹各店药品多半狼藉，如家具衣裳，则闻该管公务员擅自取去者，甚至亦有不翼而飞杳如黄鹤者，以致未得取来应用，能无伤心也哉。"各地台湾籍民集中迁移崇安时，地方政府采取了保护台民财产的措施，例如刘荣春等人的财物，"晋江何县长谕告，当时店内物药，须令各该联保处负责妥管，免致介怀"，而且"事载泉报"，给予郑重的承诺和保证。③ 但从刘荣春等人的情况来看，可能是保管台民财产的联保人员看管不力或者是私自占用，例如台民陈振义就属于财产被保甲长侵占的情况。根据陈振义本人的呈称："窃振义前在晋江石狮街开设回光眼科医院，二十七年奉令集中崇安，当时石狮第一联保主任王显仾、第七保保长吴为秤，奉命后黄夜将振义全家押往区署集中，振义欲将院中一切药品及器具点交亲友代为保管，未蒙获准后，由保长吴为秤、副保长吴海代为保管，讵意保长存心不良，振义去后，即将院中药品及器具变卖一空，……"④ 可见，当时确有一些心怀不轨的地方保甲长，违背国民政府保护台湾籍民财产的政策，私下侵占台民财物，这和国民政府时期吏治不清明，基层公务人员素质良莠不齐有极大的关系。这样一来，多数台湾籍民通过返乡代表取回财物、生活用品和谋生工具就十分的有限，诸如刘荣春、程德生、陈振义等台籍医生，就无法利用原先的医疗工具和药品来工作。台湾籍民在崇安县独立生活的困难也大大增加了。这也意味着崇安县政

---

① 《福建省赈济委员会快邮代电》，武夷山市档案馆，2－19－65。

② 《台民收容经过及现在处理之概况》，武夷山市档案馆，2－11－90。

③ 《呈请施恩续济食费或放归及准予保释由》，武夷山市档案馆，2－19－64。

④ 《为函转台民陈振义呈请追还物产由》，福建省档案馆，1－5－1825。

府所谓“日台侨民生活办法刍议”的第一项措施，没能起到实质性的效果。

实际上，当省政府三个月伙食赈济结束后，多数台湾籍民的生活都陷入不同程度的困顿之中。1938 年 8 月底，第二台民管理所保长杨熊，代表住文庙的 157 名台民向崇安县县长刘超然递交了呈请书，指出“自客岁抗战以来，省景日趋十室九空，经济恐慌”，目前台民在崇安县“仰事乏资或妻孥少小，俯蓄无从，陷于生机断绝之境，一人患难，举家倾覆，其痛苦情形非所能罄述”，一旦“政府不施给养”，台民“势必坐毙”，请求“施以救济相当援助，俾哺啜有资，庶不成饿殍而全蚁命”。① 同时，林曹氏、杨王氏、陈方氏、林王氏等七户人家也联名呈请，“集中到崇，历此以来多因未惯水土气候”，“如果停赈食费，出门后定必徘徊路上，彷徨街面，终必难免流为饿殍，日暮穷途将横目前，其凄惨想无过于此者”，请求县政府“特施鸿恩继行续赈或恳请放归及准予保释”。② 考虑到多数台民带来的钱财和生活用品不多，不少人回乡后又取不到谋生工具，生活困顿在所难免。一些台民在原居住地有职业和经济基础的，也因集中崇安而面临难以支撑的局面，如台民陈培珯和郭秀夫妇，集中迁移前，在晋江“主管经商，维持一家生计，得赖过日，乃自集中以来，营业乏人主持，因之自然停止，以致家计困苦，自不待言，郭秀家中，上有六旬余老母，下有四幼子”，现在“置老母幼儿于家中，家计乏人主持之穷苦”③；再如林祥良“全家妇孺均靠祥良维持生活”，集中崇安后，“现妻儿无处糊口，均暂住佛教斋堂度活”④；郭汝傧一家六口集中崇安后，“虽携带百余元，不特费尽，且再欠友人数十元矣”，“集中而到此，受尽贫病辛苦”⑤；刘德炳也哀叹，“民近囊俱罄，函汇据系景况莫策，筹及处址，人面生疏，告贷无门”⑥；由此可见，省政

① 《为颠沛流离困苦无告群众穷黎哀号请命签恳俯恤救济庶可苟延残喘事》，武夷山市档案馆，2－11－72。

② 《呈请施恩续赈食费恳请放归多病残疾者及准予保释由》，武夷山市档案馆，2－11－72。

③ 《呈为陈情确系中国籍民请准予释放或保释由》，武夷山市档案馆，2－11－72。

④ 《呈为恳请恩准彻查事》，武夷山市档案馆，2－11－66。

⑤ 《陈情为谋生计请准予保释或准予出洋由》，武夷山市档案馆，2－11－66。

⑥ 《呈为民年高久病并有四月尚无一息小儿疟血交流幸经挽生均染之恙未愈缺资待诊贫病交加难堪不已恳准转请由省调查后交妥保暂行释外以维赴诊俾全蚁命由》，武夷山市档案馆，2－11－72。

府停止赈济后，几乎所有的台湾籍民都缺乏稳定的经济来源，生活陷入困顿之中。

此外，一些台民也对独立谋生和分配垦荒工作表达了种种担忧，台湾籍民代表刘荣春就求诉道，“命各自谋独立生活，恭听之余，虽云至理。奈处此凄惨苦景，人地两疏，黑幕中怆迫之间，何能容易实行独立生活？如果出门必多徘徊路上，彷徨市面，流为饿殍，人生末路已横目前，宁不可叹也夫”①；另一位台民代表杨熊也指出，“命各出谋生或从事垦荒，恭听之余，虽云至理。奈我等多是自幼读书后就经商、习技学艺，任案牍之劳，何曾荷锄挟犁，虽欲从其，奈资力其柰未惯，何且寒冬在即，闻须停耕数月，想南人北来，其难过此严冬，正当痛感无法，何以度此冰天雪地之冬日，突竟受出谋生活之严命，三思之下能不痛心疾首耶。”② 具体到不同的台民，对独立谋生也是心怀焦虑，如吴百福认为，“民在崇安，人地两疏，语言不通，谋生匪易，长兹以往，坐食山空，七口之家难免变成饿殍”③；林椿庭、黄金针、李庆钟等人也担忧，“钧府命令迁出自营生活，因人地生疏，言语不通，营商又乏资金，情实难为”④；从台湾籍民代表以及其他个人呈请中，可以看出不管是独立谋生，还是垦荒工作，对广大台民而言，确实存在不少的困难，客观上“人地生疏，言语不通，营商又乏资金”，而且多数人不曾“荷锄挟犁”，确实“谋生匪易”。从“黑幕中怆迫之间”和“人生末路已横目前”等用语，可以看出台湾籍民对将来的生活十分担忧，甚至陷入了恐惧之中。恐惧是一种“企图摆脱、逃避某种危险情境的情绪状态”。⑤ 引起恐惧体验的关键因素是缺乏处理或摆脱可怕情境（事物）的力量或能力。⑥ 由于台湾籍民经济基础薄弱，多数人没有从事垦荒或其他职业的经验，妇孺人数又多，加上陌生艰苦的环境，多数台民对从事垦荒或独立谋生是没有信心的，在缺乏摆脱困境能力的情况下，台民难免有“虽欲从其，

① 《呈请施恩续济食费或放归及准予保释由》，武夷山市档案馆，2－19－64。

② 《呈请施恩续赈食费或放归及准予保释由》，武夷山市档案馆，2－19－64。

③ 《为据情转呈查该吴百福确系国籍素且并无轨外行动伏乞转呈省府体恤难民困苦开释保外由》，武夷山市档案馆，2－11－72。

④ 《呈为恳请准予陈情彻查以伸冤抑而分皂白由》，武夷山市档案馆，2－11－66。

⑤ 胡德辉、叶奕乾、杨治良主编《现代心理学》，河南教育出版社，1989 年版，页 345。

⑥ 胡德辉、叶奕乾、杨治良主编《现代心理学》，河南教育出版社，1989 年版，页 345。

奈资力其柰未惯”的哀叹。另一方面，省政府三个月的伙食救济即将结束，“近将停止救济食费”无疑断绝了台湾籍民主要的救济来源，进一步降低了他们解决困难的心理预期，只有政府继续“施以救济相当援助，俾哺啜有资”，才能“庶不成饿殍而全蚁命”，可见，国民政府停止赈济是导致他们担忧乃至于恐惧的最大因素。

对广大台湾籍民而言，他们对于省、县政府的赈济，在一定程度上是心存感激的，在众多的呈请书可以看到例如“恩赐贷借伙食费得以生活无忧，受德高厚，铭志五中”①，“荷蒙政府优待保护，恩养数月后”等字句②，虽然这些字句可能只是出于呈请目的的客套话，但考虑到赈济确实对台民的生活起到了扶持作用，广大台湾籍民是有从中受惠的，这些感激的话应该是肺腑之言。赈济停止后，崇安县政府在安置台民的生活上，需要对原先的“日台侨民生活办法刍议”做一定的调整，面临的挑战也极为严峻，而大多数台民不得不面对独立谋生和垦荒中存在的困难。但在没有其他可供选择的情况下，多数台湾籍民最终还是接受县政府分配工作，这其中大部分人选择了加入崇安县的垦荒工作。

---

① 《呈为恳祈俯赐体恤恩予赦免缴还伙食费事由》，武夷山市档案馆，2-11-81。

② 《据许莆氏李唐氏呈因经济困难，请准予免缴还垦务所伙食等情函请查照办理见复由》，武夷山市档案馆，2-11-82。

第六章　崇安县台湾籍民的生产活动（1938－1947年）

自1938年9月起，福建省政府提供的三个月伙食赈济时间届满，台湾籍民该如何求职谋生，成了迫切要解决的问题。按照崇安县政府事前拟订的《日台侨民生活办法刍议》，台湾籍民可以选择加入崇安县垦务所，进行农业垦荒，或者是迁出台民临时管理所独立谋生，从事工商业、医业或佣工杂役等职业。

第一节　崇安县台湾籍民的垦荒工作

一、崇安县垦务所及其垦务概况

福建历来都是缺粮的省份，据当时统计，“每年生产稻谷，仅有四千万担左右”，即使加上甘薯和小麦等杂粮，对闽省而言每年“仅够八九个月的食粮”。① 抗战爆发后，福建的粮食更为紧张，福建省建设厅为了加强战时农业建设，特地在崇安、建宁、泰宁三个县设立垦务所。崇安县垦务所成立于1937年10月，当时的县长蒋伯雄就曾动员浙江诸暨、龙泉、遂昌、庆元等县无地、少地农民到崇安从事耕种，首批移入400余人。② 后来，崇安还前往闽侯，长乐，福清等县，招垦失业人员，③ 截至1938年2月，崇安县

① 徐学禹《非常时期中本省建设方针》，福建省秘书处公报室《闽政与公余》，第19期，1938年3月10日，页4。

② 武夷山市志编纂委员会编《武夷山市志》，卷3“人口”，中国统计出版社，1994年版，页137。

③ 陈为铫《抗战中本省建设工作》，福建省秘书处公报室《闽政与公余》，第5期，1937年10月20日，页22。

从长乐、福清、闽清三县共招徕117户，648人来崇安从事垦荒，① 可以说崇安县的垦务工作具有一定的基础和规模。

福建省为了在抗战时期推进垦荒工作，也对移民垦荒给予政策上的鼓励。崇安作为当时的移垦区之一，对垦荒移民的政策为："垦民以户为单位，移垦总数目自一万至二万人，垦户由政府给予三个月伙食，及农具种子，并豁免第一年地租。"② 由此可见，这个鼓励移民垦荒的政策，还具有一定的赈济作用。崇安县政府在"日台侨民生活办法刍议"中，亦有提出让县垦务所尽量收容台湾籍民建议。③ 在省府对台湾籍民三个月救济期满后，对于一些无法独立谋生的台民，崇安县政府计划将其纳入垦务所，意图解决部分台湾籍民的生计问题。

二、崇安县台湾籍民的垦荒

1. 崇安县垦务所对"台民"垦荒工作的安排

1938年8月27日，崇安县政府在省政府的授意下，向垦务所发去训令，定于9月1日前向该所转交参加垦荒的台湾籍民。④ 崇安县垦务所根据相关指示，在点收台湾籍民编入垦荒工作的同时，分别向崇安县政府和福建省农业改进处递交了"台民垦荒计划"以及"台民垦荒计划预算书"，对台湾籍民的垦荒和管理，做了一个较为详细的计划。⑤

崇安县垦务所认为："台民份子复杂，良莠不齐，农事经验，又极浅薄，绝对未可依照移民办法配给荒地，分散开垦，必需集中一处，施予严密管理，指导共同劳作"。⑥ 显然，参与垦荒台湾籍民的一个特点，在于"农事经验浅薄"，而且从垦务所点收的愿意参加垦荒台民名册看，人数有224

---

① 《省政中心事项》，福建省秘书处公报室《闽政与公余》，第18期，1938年2月10日，页53。

② 《省政中心事项》，福建省秘书处公报室《闽政与公余》，第10期，1937年12月10日，页33。

③ 《日台侨民生活办法刍议》，武夷山市档案馆，2-11-90。

④ 《崇安县政府训令第三四二七号》，武夷山市档案馆，2-11-80。

⑤ 《垦荒台民一百九十八人业已点收送呈开垦计划及经费预算请鉴核示遵由》，武夷山市档案馆，2-11-78。

⑥ 《台民垦荒计划》，武夷山市档案馆，2-11-78。

人，占了崇安县全部台湾籍民的一半以上，这要求垦务所必须针对台民的特点，做细致的规划，“台民垦荒计划”基本上对台民垦荒工作考虑得较为周到，具体安排如下：

一、管理 依照保甲制度，严密编组，并采用连坐法，责具联（连）环保结选派妥员常川驻扎，负责管理。

二、垦地 为防意外，垦地以附近为佳，经觅定鸭姆洲、晒谷洲荒地，面积约四百市亩，不足之数，下年度再行拨充。

三、住屋 附近垦地民房，修理暂用，并搭盖草屋凑足之。

四、垦作 采合作式，共同劳作，将来收成，视其劳力，平均分配，详细办法另定之。

五、作物 今年冬耕，先种麦豆等作物，明春扩地增种水稻、花生及甘薯等。

六、预算 由九月起至明年四月止八个月，须借给伙食，并贷与农具、种、畜与其他管理费用，共计需九千元。①

从上述“台民垦荒计划”中，垦务所对台湾籍民开垦的土地范围、耕作方式、作物种植以及收成分配等方面，做了全面的安排。在住宿方面，垦荒的台湾籍民将迁出两个临时台民管理所，搬往鸭姆洲、晒谷洲两个垦地附近的民房居住，从“修理民房”和“搭盖草屋”的情况看，居住条件略微简陋，不过垦务所最后还是另选了住宅区，“判定城内东峯街（该处住民稀少）为台民住宅区，在未迁入新住宅区以前，仍暂住文庙”②，经过努力，台民宿舍区在1939年2月建成，并于当月18日举行“垦荒台民宿舍落成、北门战时民校开学典礼”的仪式③，解决了垦荒台湾籍民的住宿问题。当然，对垦荒台民的管理依然采取了保甲的方式，垦地也是在县城附近，并且有专门的管理员负责管理。

至于垦荒的经费预算，福建省有关部门给予垦荒台民的九千元贷款，基本上涵盖了垦荒所需的一切项目，其具体内容如下：

① 《台民垦荒计划》，武夷山市档案馆，2－11－78。

② 《办理台民编垦经过情形呈复察核由》，武夷山市档案馆，2－11－80。

③ 《谨订二月十八日上午九时举行垦荒台民宿舍落成北门战时民校开学典礼》，武夷山市档案馆，2－11－80。

表格六：台湾籍民垦荒经费预算简表　　单位：元

科目		预算数	说明
台民垦荒经费预算		9000.00	五十四户，二百一十四人计
伙食费		5136.00	每人每月三元，八个月（由九月一日起至四月冬耕收成）
农具	犁	55.00	每五户一具，共十一具，每把五元
	耙	55.00	每五户一把，共十一把，每把五元
	谷桶	55.00	每五户一只，共十一只，每只五元
	谷节	108.00	每户一只，共五十四只，每把二元
	谷箩	54.00	每户一担，共五十四担，每担一元
	镰刀	14.60	壮丁七十三人，每人一把，每把二角
	锄头	73.00	壮丁七十三人，每人一把，每把一元
	中耕器	36.50	
	粪桶	43.20	每户一担，共五十四担，每担八角
	粪箕	21.90	每壮丁一担，七十三担，每担三角
	蓑衣	73.00	每壮丁一件，七十三件，每件一元
耕牛		660.00	每五户一头，共十一头，每头六十元
种子		200.00	每壮丁垦地十亩，冬耕共可开辟四百亩，每亩种子十斤，共四千斤，每百斤五元
肥料		200.00	每亩五角，共四百亩
住屋		540.00	查垦地附近空屋破损甚重，简单修理，每户约十元
家具	铺板	129.60	每户二付，每付一元二角
	方桌	81.00	每户一张，每张一元五角
	椅	54.00	每户五张，每张二角
	水桶	43.20	每户一担，每担八角
器皿	饭锅	54.00	每户一口，每口一元
	碗	16.20	每户一付，每付三角
管理费		690.00	台民管理必须周密，农事工作尤须时刻指导，管理员一人，月支三十六元，农夫二人，月支十四元，什支五元
准备费		606.00	呈准动支

资料来源：《台民垦荒计划预算书》，武夷山市档案馆，2－11－78。

从这个经费预算表来看，垦务所为垦荒的台湾籍民提供了较为齐全的生产工具和原料，如农具、耕牛、肥料、种子等，而且垦务所提出“查报垦民，均属赤贫，一切用具，必需供给”①，在垦荒预算中特地拨出一笔经费，为台湾籍民购置锅、碗、桌、椅等生活用具和修葺屋舍，可见这个垦荒预算还包含了对台民的生活赈济费用，体现了国民政府对垦荒台民生活的照顾。此外，针对台湾籍民耕垦能力薄弱的问题，垦务所还计划任用管理员和有经验的农夫进行指导，这也说明了垦务所对台民垦荒工作极为重视且做了详细的安排。

对于崇安县垦务所拟订的“台民垦荒计划”以及“台民垦荒计划预算书”，省政府没有表示异议，福建省农业改进处于九月份就先期汇去垦务费五千元，以便垦务所开展工作。这样一来，台湾籍民的垦荒费用就将按照“台民垦荒计划预算书”来进行，而且享受比普通垦荒移民更为优惠的条件。对于一般的垦民，福建省规定“垦户由政府给予三个月伙食，及农具种子，并豁免第一年地租”②，而参加垦荒的台湾籍民可以享受的伙食补助长达八个月③，并且在农作物的收成上，没有规定缴纳地租，只是收获物台民需要进行平均分配。④ 至于农具、种子等其他方面的借贷资助，垦荒台民和其他垦荒移民一样享有，并且还有锅、碗、桌、椅等生活用具的发放。所以，台湾籍民从事垦荒要比一般的垦荒移民，享有更多优惠和照顾。应该说，崇安县政府希望通过垦荒的形式，给予台湾籍民生活补助，帮助台民最终解决生活问题。此外，垦荒台湾籍民区别于其他垦荒民众的另一个特点，是开垦土地的享有权益受到限制，福建省政府对台湾籍民垦荒做了规定，“凡非中华国籍者，应特组垦区，由政府雇佃作为佃农，不得给予所有权及永佃权。”⑤ 由于抗战仍在进行，尚未恢复国籍的台湾籍民仍是监管的对象，国民政府出于各方面的考虑，对籍民开垦土地的权益给予限制，是完全可以理解的，而且对福建省政府来说，通过垦荒来解决台湾籍民的生活问题，使他们能够生活自给，才是重中之重，而土地权益并非是台民垦荒的主要目

① 《台民垦荒计划预算书》，武夷山市档案馆，2－11－78。

② 《省政中心事项》，福建省秘书处公报室《闽政与公余》，第10期，1937年12月10日，页33。

③ 《台民垦荒计划预算书》，武夷山市档案馆，2－11－78。

④ 《台民垦荒计划》，武夷山市档案馆，2－11－78。

⑤ 《福建省农业改进处指令第229号》，武夷山市档案馆，2－11－86。

的。这是垦荒台湾籍民和普通垦荒移民之间的另一个不同点。此外，福建省政府和崇安县政府亦将垦荒看成是民族意识教育的一次绝佳机会，崇安县垦务所在对台湾籍民进行编垦时，强调“此批垦民，情形特殊，份子复杂，农作能力又非常薄弱，顾全事实必需，除雇用农夫尽力协助指导员督率耕垦外，并注意启迪其归向祖国之思想，教导其子弟，栽植革命种子。俾心田业地，同时开辟”。① 由此可见，福建省政府和崇安县政府及垦务所对于台湾籍民的垦荒是出于多方面考虑的。

2. 台湾籍民的补垦情况以及政府借贷预算的追加

台湾籍民加入崇安县垦务所后，在垦荒上享有优惠的生产借贷和伙食赈济，这对其他独立谋生的台湾籍民而言，是很具有吸引力的。尤其是那些谋生较为困难的台民，也会向县政府申请加入垦务所。例如，台民郭汝侯原本由县政府分配工作，“荐入星村卫生院效劳”，但由于该“卫生院尚未创设，因此生吃山崩，告贷无门”，境地十分困难，在得到垦务所所长何祖炘“面许列入垦户”后，县政府经过调查，发现“该户生活困难，确系实情”，因此在1938年12月13日发出指令，同意垦务所将其编入垦荒。② 同样情况的，尚有叶逢春等二十七人，提出“因坐食客地，无法生产”，要求补入垦荒，县政府在接到申请后，即让垦务所所长“查照设法收容，续编垦荒，以资救济”。③ 还有原本独立谋生后来失业的台民也申请加入垦荒，例如陈约翰之妻张赤白，来崇安县后给“黄太太”帮带小孩，陈约翰“加入垦户之际，不晓一并将家妇列入，兹因黄太太另雇一妇，而家妇仍归附约翰”，维持生活出现困难，因此申请将其妻张氏补充编入垦荒。④ 截止1938年9月27日，管理员张英就“叠据独立生活日台侨民报请补入垦荒”，“查声请补垦名额，业达五十余人之多”。⑤ 由此可见，垦荒台民继续享有生活上的相关赈济以及垦荒费用的优惠借贷，对于谋生有困难的其他台湾籍民而言，无疑是解决生活问题的一大出路，具有很强的吸引力。

---

① 《办理台民编垦经过情形呈复察核由》，武夷山市档案馆，2-11-80。

② 《崇安县政府训令民字第五五六七号》，武夷山市档案馆，2-11-87。

③ 《崇安县政府训令民字第五八一四号》，武夷山市档案馆，2-11-87。

④ 《呈请体恤恩准补充加入垦户以资救济事》，武夷山市档案馆，2-11-87。

⑤ 《报告》，武夷山市档案馆，2-11-78。

那么申请补入垦荒的台湾籍民是否都能如愿呢？从郭汝侯的例子来看，只要经过调查，“生活困难，确系实情”，就能被批准补入垦荒。当然，对于一些具备独立生活能力的台湾籍民，补入垦荒的申请就不一定能通过。管理员张英就对1938年9月底报请补入垦荒五十余人的情况有不同看法，“按挨报请各户详细调查，予各方面考虑，其间确因生活困难而请求者，固有几户，而见异思迁，诡诈妄求者，实居多数，良以此辈□□日事赌吃，虚光滥费，不自生计，今见垦荒部分之台民，尚在修养□□，则迁思异图，狡狯至此，殊有未合”，张英报告或许略带偏见，但从其附带的调查表和询问记录来看，反映的情况是可能存在的。县政府对此情况批示：“如生活确系困难之台民，准改为垦荒户”，但对“如确有垦荒能力之独立生活台民”，则是“未便率准冒报”①。显然，在县政府和垦务所看来，“生活困难”才是补入垦荒的条件，至于是否具备“垦荒耕作的能力”则是其次，不能轻率批准。这也说明了，当时把台湾籍民编入垦务所，主要目的是使台民能够自立生活，至于垦荒本身倒在其次。后来，由于台湾籍民的垦荒效果不佳，福建省政府对于申请垦荒台民的身体状况和垦荒能力开始有了规定，例如1939年6月，申请垦荒的台湾籍民涂其源等四人，就经过了一定的体检，其中三人身染肺结核或者有脱肛疾病者，就不被允许编入垦荒，福建省赈济会难民生产管理处就此，曾明确指示崇安县垦务所，“如无耕垦能力，概不准收容，嗣后于处理此类同类侍，勿作两可之词为要。”② 包括1939年5月从连城县转送过来的54名台湾籍民，省赈济会难民生产事业管理处亦指示，“须切实调查其有耕作能力者，准由该所予以编垦，其无耕作能力者概不准收容，仰即遵照此令。”③ 显然，省政府对后来的垦荒申请，就更多地考虑到了申请者的身体健康情况和劳动能力，而不是简单的凭生活困难就能加入垦务所。

由于补充编入垦荒台民的增加，截止1938年12月中旬，编入垦荒的户数92户，总人数达到252人，远远超出原先的54户214人④，这也意味着

① 《报告》，武夷山市档案馆，2－11－78。
② 《福建省赈济会难民生产事业管理处指令处垦字第706号》，武夷山市档案馆，2－11－86。
③ 《福建省赈济会难民生产事业管理处指令处垦字第742号》，武夷山市档案馆，2－11－86。
④ 《崇安县垦务所二十八年度垦荒台民贷款预算书》，武夷山市档案馆，2－11－86。

崇安县垦务所必须追加部分垦荒预算。以伙食费而言，按照最早的台民垦荒预算，每人每月3元伙食，1939年的伙食费预算原需要2568元①，垦荒台民的增加，这笔伙食费变成4872元，其中成年人共192人，每人每月3元，未成年人60人，每人每月2元，有关当局还延长了伙食借贷的月数，增加了三个月，伙食费的借贷，是从1938年9月延长到1939年的7月。② 这样一来，垦荒台民贷款预算中的项目也有所增加，主要内容包括副业贷款和特别贷款，内容如下：

表格七：1939年台湾籍民垦荒贷款预算增列项目简表 单位：元

项目	副业贷款				特别贷款	
	猪	羊	饲料	畜舍	分娩费	丧葬费
预算数	250.00	500.00	850.00	250.00	30.00	30.00
说明	猪每头20斤，约值5元，50头计如上数	羊每头20斤，约值5元，100头计如上数	猪每头10个月饲料约15元，羊饲料及食盐等每头约1元。两共合计约如上数		垦民有生产者贷与分娩费每人10元	垦民有死亡者贷与丧葬费每人10元

资料来源：《崇安县垦务所二十八年度垦荒台民贷款预算书》，武夷山市档案馆，2-11-86。

从增加的贷款项目看，主要还是集中在生产与生活方面，增加了猪、羊家畜的饲养贷款，着力于增加籍民副食品来源，至于分娩和丧葬费用的借贷，亦是崇安县当局对垦荒籍民生活救济的持续体现。由于台湾籍民编入垦荒的人数一直在增加，根据1940年4月30日的统计，编入垦荒的台湾籍民曾达到108户，人数为302人③，占了在崇安台湾籍民总人口的近80%。鉴于人数的增多和借贷项目的庞杂，崇安垦务所给予台民的各项垦荒贷款的数额不断攀升，赈济贷款的时间也一再延长，正如垦务所所说的那样，“自去岁九月编垦，迄今年余，计贷予伙食费十六个月，此外尚有房屋、家具、肥料、种籽各费，共贷发一万余元之巨，所予优待数倍于其他垦民。”④

---

① 《台民垦荒计划预算书》，武夷山市档案馆，2-11-78。
② 《崇安县垦务所二十八年度垦荒台民贷款预算书》，武夷山市档案馆，2-11-86。
③ 《崇安县垦务所垦荒台民人口统计表》，武夷山市档案馆，2-11-98。
④ 《崇安县垦务所公函总字第70□号》，武夷山市档案馆，2-11-79。

客观地说，崇安县政府和垦务所对于台湾籍民的垦荒工作极为重视，也得到了福建省政府、福建省赈济会难民生产事业管理处以及福建省农业改进处等省直机关的大力支持和协助，投入的经费预算和提供的优惠政策，相较其他垦民来说，是十分优厚的。接下来，我们需要考察的就是台湾籍民的垦荒情况和效果究竟如何？垦荒能否解决他们的后续生活问题？

3. 台湾籍民的垦荒情况

有关台湾籍民垦荒的情况和实际效果，可从崇安垦务所递交给福建省赈济会难民生产事业管理处的呈请文件中，窥其一斑：

> 奉此，查垦荒台民300余人，自二十七年九月编垦，至二十八年七月，计贷发各项费用10686.30元，所垦荒地仅54亩，收获作物大麦1100市斤，小麦1332市斤，花生1049市斤（花生前或有估计可收万余斤，价值数千元，后经收采，大半空壳无实，品质至劣），总值300余元。此11个月内，每人生产平均1元，欲冀其自耕自食，实不可能。过去所以能维持生活，全赖伙食贷款救济，迨至八月伙食贷款期满，费用无着，问题遂生。①

由此可知，在近一年的垦荒岁月里，300余名台湾籍民总共开垦的荒地和收获情况，并不如预计的那么理想。如果对比崇安垦务所内其他的垦荒移民，则体现出了巨大的差距。在1939年12月崇安垦务所做的一份勤劳垦民调查中，可以看到有个别垦区的其他垦荒移民，他们的耕作能力和收获情况是较为惊人的，列举其中三个典型例子如下：

表格八：崇安县垦务所部分勤劳垦民调查表　　单位：亩/担

姓名	籍贯	参与耕作人口（人）	耕作成绩（亩）	本年收获数量（担）
梅王与	浙江龙泉	3	在垦区一年7个月，已开垦田地32亩	稻谷87担
林孝德	福建福清	2	在垦区一年9个月，已开垦田地20亩	稻22担，花生7担，什粮15担
李福春	福建闽清	2	在垦区一年9个月，已开垦田地34亩	稻8担，什粮10担

资料来源：《崇安县垦务所勤劳垦民调查表》，武夷山市档案馆，6－4－12。

① 《遵命查填台妇谋生名册及改编台童教养所开办需预算请核示由》，武夷山市档案馆，2－11－82。

如将林孝德和李福春这两户4人在过去一年九个月中开垦的田地相加，正好是54亩，这和垦荒籍民302人在过去11个月开垦的田亩数量刚好相等。虽然林孝德和李福春是当时崇安垦务所评定的勤劳模范，开垦的时间也比台湾籍民长，但这和台湾籍民的开垦效率和效果对比起来，两者之间还是体现出了惊人的差距。对此，福建省赈济会难民生产管理处亦十分困惑，“据报垦荒台民所种农作物计达七十亩，何以收获物估价仅三百五十元?”① 总的说来，参加垦荒的台湾籍民，在开垦的田亩数和收获作物的质和量上，都是不尽如人意的。这也是上文中，垦务所对补入垦荒台民的资格认定，不再只是生活困难，而要参考耕作能力的主要原因。

台民籍民耕作效果不佳，是跟台湾籍民自身的情况和客观的自然环境有莫大关系的：

首先，从职业结构来看，大多数台湾籍民不擅长农业生产。崇安县政府所做的台民职业结构调查中，从事医业的有52人，从事工、商业的合计有62人，从事农业的仅19人，具有其他职业技能的1人，有劳动能力但无职业技能的有17人，其余均为老幼等无工作能力者②，曾经从事过农业的台湾籍民仅占全部垦民的6.5%左右，这难免有台民发出“垦荒初达周年，农作常识方有头绪”的感慨③，可见多数台湾籍民缺乏农业生产的经验，要真正掌握农垦的技能需要较长的时间，垦荒生产又比普通的耕作要求更高，短期内的开垦效果自然不理想。

其次，台湾籍民中老、弱、妇、孺人数众多，整体劳动力薄弱。在302名垦荒台民中，妇女130人④，未成年人60人⑤，年老体衰、患病或残疾而未能劳动者有17人（垦荒台民292人时的统计）。⑥ 根据垦务所的观察，台籍妇女“自集中垦荒以来，亦仅有垦荒之名，而无垦种之实，此非昔日督

---

① 《据称垦荒台民白泉等贷款由垦台收获拨给等情仰遵令指详晰具复由》，武夷山市档案馆，2-11-83。

② 《台民职业财产统计表》，武夷山市档案馆，2-11-90。

③ 《奉命以台民蔡尤职等呈恳俯施恻隐恩予救济一案转请查照见复由》，武夷山市档案馆，2-11-81。

④ 《崇安县垦务所垦荒台民人口统计表》，武夷山市档案馆，2-11-98。

⑤ 《崇安县垦务所二十八年度垦荒台民贷款预算书》，武夷山市档案馆，2-11-86。

⑥ 《崇安县垦务所垦荒台民名册》，武夷山市档案馆，2-11-86。

垦者之疏懈，确系毫无耕作能力，无可勉强”。还有如潘金水“一家六口，妇弱居多，生产无力，生活均须赖民维持”，“不料水土未合，疾病时生，日来身体益见衰弱，难堪操重，对于垦荒，实感无法经营”的家庭例子；至于老弱病残的情况，有如丁玉兴“素患肺痨之症，时常发剧”，“身罹肺病，不能垦荒工作”①，也有像王诗褶“夙患疝气疯之症”，“剧痊无定，痛苦难言，自加入垦荒以来，对于工作实际上不能担任”的情况②；即使是壮年劳力，也有因水土不服，染上疾病而无法继续垦荒的，如刘依俤、傅大椿、林细俤等七人就曾因“……入夏以来，均染疟病数月，无力医治，身体衰弱，不堪劳动”③，提出退出垦荒的要求。

第三，自然环境较为艰苦，对台湾籍民们的身体健康和垦荒工作带来严峻的考验。崇安地处偏远山区，气候和自然条件比较恶劣，很多台民都有水土不服，或患有疟疾的情况，崇安县垦务所就曾指出：“查垦荒台民二百余人，自到崇安以来，多数水土不服，现屈（趋）春令，气候寒暖无常，疾病渐多，且多系赤贫，无力购药，殊堪悯恻。”④ 自然环境恶劣还体现在一些野兽破坏作物上，譬如其他垦区的垦民，就有“白日所种农物，夜间均被野兽糟蹋，实是无法居耕”的感慨，要求另选垦区的情况⑤，台民所在的垦区自然免不了面对同样的困扰。艰苦的环境，加上多数台民均为老弱妇孺，健康状况频受威胁，在这种情况下从事比一般耕作更费精力的垦荒，效果自然不佳。

在崇安县从事垦荒，不仅对台湾籍民是件艰苦的开拓事业，对来自其他省县的垦民来说，也不是一件容易的事情，能够取得丰硕成果的毕竟是小部分人。崇安县台湾籍民在从事垦荒中所面临的困难，对其他垦民来说，也是

---

① 《呈为身罹肺病不能垦荒工作恳祈俯赐体恤恩予保释回籍调治苟延残喘并陈情民妻陈木耳非受命集中而来崇安理由事》，武夷山市档案馆，2－11－81。

② 《呈为恳祈俯赐体恤老迈怜悯病躯无能工作伏乞恩予退出垦荒自谋生活以便调治夙疾事由》，武夷山市档案馆，2－11－81。

③ 《为无力工作请求迁出自谋生路》，武夷山市档案馆，2－11－81。

④ 《据本所垦荒台民程德生请准在晋江药品器械运崇为垦荒台民病房应用转请核示由》，武夷山市档案馆，6－4－6。

⑤ 《为呈请因选州地点不宜垦耕拟改迁兴文镇城村渡头州居垦请核准示遵由》，武夷山市档案馆，2－28－34。

同样存在的。即使到了1946年，垦务所的管理员在向县政府汇报垦民垦荒情况时，也提到“据报近日各区垦民诸多随意移动或逃亡返籍，不听垦耕分队长官管理，究其原因：（一）为时常多病耕作荒废生活困难；（二）为避免交纳垦租。”① 可见，时隔六、七年后，在崇安从事垦荒的其他垦民，也依然面临艰苦环境对身体健康的威胁和窘困的生活境况。所以，当年台湾籍民在崇安从事垦荒，可谓是困难重重。

4. 台湾籍民的退垦情况

正因为上述的种种情况，决定了垦荒台民在开垦田地和作物收成上，难以取得突出的成绩，一旦政府提供的伙食费赈济贷款时限一到，而大多数台湾籍民又无法从垦荒中获取必要的生活收入，生活压力必然增大，因此有些台湾籍民在有了其他谋生机会的前提下，就会申请退出垦荒。例如籍民卢德祥，就提出：“自编为垦荒以来，因老迈无力未能工作，只负钧长养育之恩而已，此次卫生院雇用清道夫，久未得人，祥因年老余生未能作垦荒工作，况此又同是为国家尽义务，为公众之卫生而贡献，谅亦是钧长所赞成而俯准”②；类似的还有苏婉容也是因“今有崇安县卫生院欲雇一女医服务，小妇人素曾学习医术，颇明治法，……恳祈恩予退出垦荒，服务卫生院女医生活”③；籍民曾炳达则因“前曾当测夫数年”，具有测绘方面的技能，提出“苟若勉强开垦，亦无多大贡献，此次崇安县土地陈报编查队雇佣测立”，打算退出垦荒而“各尽其能”。④ 此外，因为体弱或者染病而请求退垦的也有不少，突出的例子是叶逢春，其申请加入垦荒是在1938年12月25日，不久即以“历来身体薄弱，尚无疾病，自编垦以来经过两旬耕垦工作，感因体力不支”，请求迁出垦荒以便休养。⑤ 从其申请加入垦荒到要求退垦，前后仅两个月。再如陈依清，提到“自编入垦荒，本欲努力工作，借资生产，殊料水土不服，每多抱病，致难如愿”，请求退出垦荒，“迁出自谋生

---

① 《签呈》，武夷山市档案馆，2－28－34。

② 《为拟迁外自谋生活由》，武夷山市档案馆，2－11－82。

③ 《呈为恳祈恩予退出垦荒服务卫生院女医生活事由》，武夷山市档案馆，2－11－81。

④ 《为请求迁出自谋生活》，武夷山市档案馆，2－11－81。

⑤ 《为据垦荒台民叶逢春陈光复蔡英郭炎炎等呈以身体软弱无能耕垦请迁外疗养等情已准予所请查照由》，武夷山市档案馆，2－11－86。

活”。[1] 其余请求退出垦荒，外出谋生或养病休息的呈请还有很多，仅1939年4月，在台民垦荒计划实施七个月后，就有6户12口台民要求退出垦荒，迁出垦区独立谋生。[2]

崇安县垦务所对这类退垦呈请，会先让垦务所督垦员查明事实真相，如情况属实则准予退垦。如王诗折于1939年6月5日向垦务所提出呈请，认为自己“年近半百，对于垦荒工作实难胜任，不过勉尽职责，以达勿惰而已。窃愧不殊南郭齐门吹芋，混以求食，私心惭甚”，庆幸卫生院需要一名厨师，王诗折希望能退出垦荒，“就佣该院司庖之责”。[3] 对于王诗折的呈请，垦务所指示“交管理员查明该诗折究竟有无垦荒能力签复核夺”，同年6月20日，王诗折再次递交退垦呈请，其呈请书内容如下：

> 具呈垦荒台民王诗折，现年四十九岁，夙患疝气疯之症，只以经济困苦，乏力调治，加之此地水土寒冷，以致剧痊无定，痛苦难言。自加入垦荒以来，对于工作实际上不能担任。无如数口嗷嗷家中，又无寄来接济，不能自立谋生，是以加入垦荒得沾政府救济恩泽，幸而数口生活得以无忧，五中感佩良深。今因卫生院司庖之人回南，临行推荐诗折瓜代。窃思司庖任务较轻，日度三餐且可就近医师，利便调治夙疾，故特具呈恳祈恩准诗折个人退出垦荒。[4]

在呈请书中，王诗折强调了自己体弱有病，实在无法胜任垦荒，并且卫生院恰好有厨师的工作可以接替，“任务较轻”，加上厨师三餐有保障，对王诗折来讲自然比垦荒来的理想，因此希望能够退垦。垦务所对此次申请同样批示：“交赵督垦员查明，如果确系无力耕作，应准退出并分别函呈查核。”经过调查，督垦员认为“查该垦荒台民王诗折确无耕垦能力，拟准于迁出”。[5] 崇安县垦务所根据督垦员的调查，同意了王诗折的呈请，并向福建省赈济会难民生产事业管理处报告，福建省赈济会难民生产事业管理处于

---

① 《为无力垦荒恳请迁出自谋生活承贷食款限期清还事由》，武夷山市档案馆，2－11－81。

② 《为垦荒台民迁出自谋生活予照准仰转知照由》，武夷山市档案馆，2－11－81。

③ 《呈为恳祈恩准退出垦荒自谋生活事》，武夷山市档案馆，2－11－81。

④ 《呈为恳祈俯赐体恤老迈怜悯病躯无能工作伏乞恩予退出垦荒自谋生活以便调治夙疾事由》，武夷山市档案馆，2－11－81。

⑤ 《呈为恳祈俯赐体恤老迈怜悯病躯无能工作伏乞恩予退出垦荒自谋生活以便调治夙疾事由》，武夷山市档案馆，2－11－81。

同年7月10日作出批示："呈悉该台民既无耕垦能力，应准全家退垦"①，王诗折终于退垦成功。类似这样要求退垦的情况，还有台民潘曲蹄，潘曲蹄于1939年10月在南大街傅以财菜馆任差役后，要求退出垦荒，垦务所督垦员陈开诚调查情况后递交报告，"查该垦台潘曲蹄无耕种能力，兹既另觅菜馆职业，应准予退垦"②，崇安县垦务所根据督垦员陈开诚的报告，批准了潘曲蹄的退垦请求。当然，垦务所有时要对申请退垦详细的核查，如果没有合适的理由，退垦的请求并不一定会被批准，台民施阿宝母女的退垦申请便是较为典型的例子。施阿宝于1939年7月2日递交呈请书，请求迁出垦区独立谋生，其具体情况如下：

具呈垦荒台民小妇人现年五十一岁，同女儿王石金自去年集中到崇安以来，迄今年余，荷蒙政府优待，后又加入垦荒得以生活无忧，五中感德良深，但氏命实情伤伯道，又无至亲看顾，到崇年余，弗得晋江有寄分文前来接济，虽幸不致饥饿，然而衣裳穿破难缝，褴褛不堪，既不能恩释回晋，须当寻求生活。幸有同集中来崇友人数个，肯集资援助与氏经营小生意，冀得蝇头之利，母女二人苟糊口而外倘能盈余，可以作衣裳蔽体，庶免无衣之叹，捉襟肘见之惨，为此谨具实情进呈 钧长恳祈恩予准许退出垦荒，自寻生活以副衣食住行之要旨，实为感便。③

对于施阿宝的退垦呈请，垦务所让督垦员进行了调查，调查情况证实"垦荒台民施阿宝系女性，只有母女二人，并无亲属共同居住"，在垦荒方面"借贷款计国币陆拾陆元，其他各项贷款非职经贷，请□向前何所长查明"，此外"又查施阿宝染有烟疾，母女二人据呈以迁出经营小生意，据多方调查迁出非正当经营，拟不准迁出自谋生活诸乞"。④ 根据督垦员的调查，垦务所于7月12日做出批示："呈悉，查该民母子均系女性，出外谋何职业，未据叙明，碍难允准，仰知照。"⑤ 垦务所没有批准施阿宝的退垦申请，

---

① 《福建省赈济会难民生产事业管理处指令处垦字第1309号》，武夷山市档案馆，2-11-81。

② 《为据督垦员陈开诚报告以垦台潘曲蹄业已另谋生活等情应予退垦函请查照由》，武夷山市档案馆，2-11-74。

③ 《呈为恳祈恩准退出垦荒自营小经纪而谋生活事由》，武夷山市档案馆，2-11-81。

④ 《呈为恳祈恩准退出垦荒自营小经纪而谋生活事由》，武夷山市档案馆，2-11-81。

⑤ 《据计迁出谋生未据叙明谋何职业未便允准》，武夷山市档案馆，2-11-81。

原因在于施氏没有说明要经营何种小生意，鉴于其本人“染有烟疾”，并且“均系女性”，显然垦务所担心施氏母女从事不正当的行业。1939 年 9 月 23 日，在时隔两个多月后，施阿宝再次递交退垦独立谋生的呈请，内容为：

> 具呈垦荒台民小妇人施阿宝，前曾进呈钧长，恳祈恩予退出，自营什货小生理以度生活。蒙批示作何生理，住居何处，合应呈报明白，今确定欲租中山路门牌第七号，贩卖香烟、酒类、糕饼食物、什货等品，现已租定以上住址，为此谨具实情再呈钧长，恳祈俯赐予退出，方好实行营业以度生活。至于小妇人虽系女流，然而对于此种小生理，自先夫去世以后，既已做过十余年，养育小女，实为热识。设若生理出息，不敷伙食等费，小女又能收洗衣裳以助生计，千祈赐准实感公便。①

从第二份呈请书中，可以看出施阿宝为退垦后的独立谋生做了略为充分的准备，讲明将要从事小杂货生意以及店面所在位置，也强调了自己具备从事小杂货生意的经验和能力，让其女儿收洗衣裳来补贴家用，力图突出一家人均有能力独立谋生。除此以外，施氏还找了另一个台民高算当具保人，以打消垦务所的疑虑。1939 年 9 月 30 日，崇安县垦务所批准了施阿宝的第二次呈请，垦务所所长批示：“准予退垦”，但提出“该民之女石金年壮力强，仍应继续垦殖，不准迁出”，没有同意其女儿的退垦要求。② 垦务所之所以没有批准施阿宝女儿的退垦，考虑到施氏女儿王石金“年壮力强”，还可以从事垦荒，而施阿宝确实年老体衰，继续垦荒意义不大，且已为小杂货生意做了准备，应该可以独立谋生；另一个可能的原因，还是为了防范施氏的女儿从事不正当的行业。

从上述退垦的情况看，崇安县政府与垦务所对于台湾籍民的退垦请求，大体上还是采取了务实的态度，如确实无垦荒能力，且有其他谋生途经的台民，他们的退垦请求，基本上都会通过，虽然个别过程略显复杂。当然，太多的台民退垦，对于崇安县政府以及垦务所来说，着实是件头疼的事情，这意味着“台民垦荒计划”遭受着重大的挫折，退垦台民的善后工作也要进

① 《呈为确定已赁定中山路门牌第七号欲经营什货食物小生理祈乞俯赐恩予退出垦荒自谋生活事由》，武夷山市档案馆，2－11－81。

② 《据清退垦应予照准由》，武夷山市档案馆，2－11－81。

行新的规划安排，这显然是摆在崇安县政府面前的新难题。

台湾籍民退垦后，崇安县垦务所要将垦荒台民的退垦情况，包括清点退垦台湾籍民所贷伙食费以及其他费用贷款，向福建省赈济会难民生产事业管理处报告，福建省赈济会难民生产事业管理处在认可台民退垦申请的同时，也要求退垦的台民清还垦荒的各项贷款。一般而言，只有少数退垦的台民，会在递交的退垦呈请中，承诺还清国民政府提供的垦荒贷款。如上文提到的陈依清在请求退垦时，就许诺独立谋生后，“所贷之款，在未离崇之前分期清还，以重公弊。”① 与陈依清同时申请退垦的陈细俤、曾敬信、邱荣辉等人也是主动提出“所有贷款，在未奉准离崇之前，分期摊还”。② 不过，多数退垦的台民经济困苦，偿还垦荒贷款无疑是个沉重的负担，他们在呈请退垦时，有意无意间会回避偿还贷款的问题。当然，一旦崇安县垦务所和福建省赈济会难民生产事业管理处批准了申请台民的退垦呈请，福建省赈济会难民生产事业管理处则要求有关台民偿还各项垦荒贷款。如果是个人退垦，家属仍在垦荒的，其伙食费以及其他贷款费用，由其仍在垦荒的家属或者是其所在垦户的户主具保负责清偿。③ 如果是全家或者整个垦户都退垦，那么这些借贷就必须由这家人或者垦户“分期摊还”。④

退垦的台湾籍民在正常情况下都必须清偿垦荒贷款，经济困难的台民会提出免除还贷的呈请，崇安县垦务所将相关呈请向福建省赈济会难民生产事业管理处请示，得到批准后才能免除呈请台民的垦荒债务。只不过要免除垦荒债务很难，绝大多数退垦台民都要清偿垦荒贷款。如周碧丰得到保释，退出垦荒后，向垦务所提出“自念家道贫寒，荆妻幼子全赖小民一人维持生活。兹离家日久，则生活势必倍加困苦，弗能寄项前来缴还所贷伙食费，抱愧良深。为此具呈钧长伏乞俯赐体恤怜悯艰辛，恩予赦免缴还所贷之款”⑤，垦务所经过调查后，向省赈济会难民生产事业管理处报告，指出张碧丰

---

① 《为无力垦荒恳请迁出自谋生活承贷食款限期清还事由》，武夷山市档案馆，2-11-81。

② 《据垦荒台民陈依清等四名先后请准迁出自谋生活拟予照准请核示由》，武夷山市档案馆，2-11-81。

③ 《为身体多病不奈过劳恳请转呈所长准予退垦由》，《为请求迁出自谋生活》，武夷山市档案馆，2-11-81。

④ 《福建省赈济会难民生产管理处指令处垦字第1309号》，武夷山市档案馆，2-11-81。

⑤ 《呈为恳祈俯赐体恤恩予赦免缴还伙食费事由》，武夷山市档案馆，2-11-81。

"惟所贷各款，一时无缴还，恳准免缴等情。据此查所称尚属实情"，不过鉴于张碧丰是"奉准开释回籍"，"回籍后仍可另图生活"，垦务所建议"所贷各款似未便准予豁免"①，省赈济会难民生产事业管理处同意崇安县垦务所的建议，批示"所贷各款应具保分期摊还，呈处核办"。至于找到其他工作而请求退垦的台民，如曾炳达、谢水、苏婉容、林金宝等人，也都要缴还垦荒贷款，分期摊还。当然福建省赈济会难民生产事业管理处，并非硬性要求所有退垦台民都必须偿还垦荒贷款，对于一些经济特别困难的退垦台民，他们如提出免还垦荒贷款的请求，得到崇安县垦务所批准后，福建省赈济会让垦务所对申请人的"贷款总数，列表具报"②，再根据申请人的具体情况决定是否免除还贷。如经由垦务所调查，证实呈请人的经济确实困苦，可以得到免还贷款的优待。如陈乌蚶在被保释回籍时，提出"今次幸蒙政府体念及此，准予释放归途故里，欢喜莫名，但食费因乌蚶家非厚产，清贫渡苦"，要求"俯察前情垂念贫寒，请予恩恤放行"。③ 崇安县垦务所经过调查，向省赈济会报告，"查该民所称，尚属实情，经本所准予所请外，理合据情备文呈请，鉴核备案"。④ 福建省赈济会难民生产事业管理处批示："呈悉。准予备案！"⑤ 可见，一些生活贫寒的台民，申请免除清算伙食费等贷款还是可以得到批准，不过人数估计不多，绝大部分人还是要偿还垦荒贷款的。

对于退出垦荒的台湾籍民来说，内心的矛盾与挣扎是可想而知的。因为疾病或者体弱等原因，很多台民无法继续从事垦荒，原本获得稳定收获物，摆脱生活困境的愿望得不到实现；另一方面，垦荒可以享有相应的伙食和生产贷款，对很多台民的生活极有助益，正如王诗折所说"加入垦荒得沾政府救济恩泽，幸而数口生活得以无忧"，施阿宝也提到"后又加入垦荒得以

---

① 《垦荒台民张碧丰拟准先回籍所贷各款允保摊还是否有当请核办由》，武夷山市档案馆，2－11－81。

② 《据请垦荒台民许萧氏免缴贷款一节仰先将所贷款项具报核夺由》，武夷山市档案馆，2－11－83。

③ 《据该所呈称以垦民陈乌蚶不能清算伙食准予备案由》，武夷山市档案馆，2－11－82。

④ 《为据本县垦荒台民陈乌蚶呈以贫寒不能清算伙食费请准予恩恤放行等情经准予所请请备案由》，武夷山市档案馆，2－11－82。

⑤ 《福建省赈济会难民生产管理处指令处字第 179 号》，武夷山市档案馆，2－11－82。

生活无忧”，这都形象说明垦荒贷款对于垦荒台民来说极为重要，台民退垦后无法继续享有贷款，而且还要偿还先前的贷款债务，意味着未来的生活可能陷入新的困境。垦荒对于多数台湾籍民，已经不仅是谋生手段，更是种伙食赈济。台民郑卢氏就认为：“氏系一女流，无法独立生活，乃加入垦务所垦荒，现垦荒已经解散，停止发给伙食费，氏乃一个女流，集中来崇，缘水土不合，疾病频生，乏力调治，疾病发作，惟有伏枕呻吟”①，可见无法继续垦荒的台民，就不得不面临更大的生活压力，心情自然挣扎痛苦。此外，外界对垦荒的消极评价，造成了他们对失败的心理预期，这样一来，对于现状的悲观以及对未来的茫然，难免成为垦荒台民此阶段的主要心理认知。

三、政府对垦荒台民的后续安置与救济

台湾籍民参与垦荒之初，垦务所就已察觉垦荒台民“耕垦能力薄弱”，“预计农产品收获难以自给，本所与垦荒台民同深感焦虑。”② 当众多的台湾籍民陆续提出退垦的呈请时，如何解决垦荒台民后续的生活、生产问题，实际上就已提到了崇安县垦荒所的议事日程。

因此，当台湾籍民朱春海等提出利用自身具有的制樟脑技术，设立樟脑工厂时，得到崇安县垦务所的积极回应，这也成为崇安县垦务所应对台民垦荒效果不佳的第一个办法。崇安垦务所向福建省政府建设厅递交了较为详细的“制造樟脑工厂开办费预算”、“制造樟脑工厂经常费预算”、“制造樟脑技师简明履历表”等详细规划③，省政府后来给予了批准。1939 年 10 月 18 日，台湾籍民朱春海、罗新和、李瑞成等 22 人退出垦荒后，被移送福建省赈济会难民生产事业管理处第二工厂，从事樟脑制造。④ 隶属福建省赈济会难民生产事业管理处的难民第二工厂，认为设厂的目的“原系促进后方难民工艺生产，与因赈济而收容台民者，迥不相侔”，强调自身的宗旨在于促

① 《呈为因病无法维持生活恳祈恩予转呈省政府俯赐怜悯准许保释回归原籍由》，武夷山市档案馆，2－11－68。

② 《拟请准予设立制脑工厂籍维留崇台民生计由》，武夷山市档案馆，2－11－86。

③ 《福建省政府建设厅批第 23598 号》，武夷山市档案馆，2－11－86。

④ 《福建省赈济会难民生产事业管理处第二工厂公函厂字第四号》，武夷山市档案馆，2－11－81。

进后方的难民工业生产，而不是赈济机构，并且指出除了朱春海、罗新和、李瑞成和庄添恩四人对于“制造樟脑颇有经验”外，“其余全系外行，尚须相当时间训练，始可运用”，对于接受台民入厂一事颇觉困难。不过，此前福建省难民第二工厂就曾接收过台湾籍民曾敬信入厂工作①，因此在省政府的努力协调下，第二工厂还是收留了朱春海等22人。② 另外，还有一些退垦台民被安排到福建示范茶厂等工厂工作。将退出垦荒的台湾籍民安置到福建省赈济会难民生产事业管理处下辖的工厂务工，是当时崇安县垦务所解决退垦台民生计问题的一个途径。

其次，保释部分老弱的台籍垦民。当台湾籍民分为从事垦荒以及独立谋生两部分群体后，崇安县政府不失时机地提出，对一些老弱且表现良好的台湾籍民，应该给予开释。1938年10月16日，崇安县政府就曾于向福建省政府递交报告，提出：“独立生活台民中，有确非台籍误被集中者，有系苦寡老妇茕独无依者，有系一家大小在崇染病，生活发生奇困者，请查核救济等情。”福建省政府对此也表示同意，“拟恳核准，由县派员详密调查分别情形，如确系无辜受累，呈报保释可否之处，签呈核示由。”③ 经过调查，崇安县政府在1939年2月11日，向省政府发出的公函中提出：“案查遣送来崇日台侨民四百余人，间有确系国籍无辜受累者，经奉福建省政府先后令准保释具报有案。惟其中尚有老弱妇孺林秧氏等二十五户，既无生产能力又乏家中接济，异乡孤苦衰老茕独，情实可悯。虽以国籍不明遣来崇，惟查其到崇后，平时行为均尚忠厚，倘使觅且妥保，准予开释，由其亲属或原籍保甲长保回，当不致发生任何非法行为”④，并向省政府递交了一份25人的老弱台湾籍民名单，要求开释部分老弱的台湾籍民，这份建议也被省政府所采纳，省政府主席陈仪批示：“准予照办”，后来在垦务所从事垦荒的李唐氏、

---

① 《呈为因前虽则具呈请求退出垦荒尚无退出依然工作如故恳祈恩予复入垦荒以维生活由》，武夷山市档案馆，2－11－80。

② 《福建省赈济会难民生产事业管理处第二工厂公函厂字第四号》，武夷山市档案馆，2－11－81。

③ 《据签呈拟恳核准由县派员就独立生活台民中详密调查分别情形如确系无辜受累呈报保释请核示等情准予照办由》，武夷山市档案馆，2－11－70。

④ 《奉准开释留崇老弱日台侨民函请查照并转饬知照由》，武夷山市档案馆，2－11－82。

许萧氏等11人被保释回籍。[①] 到1939年3月中旬，“台民中有系国籍误被集中并老弱者，生活孤苦，由县府呈请，经主席批准予以保释，全部计38人。”[②]

再次，对于未能被保释回籍的其他老弱台湾籍民，崇安县垦务所则要求福建省赈济会难民生产管理处“按名月给口粮三元”的伙食救济，福建省赈济会于1939年7月27日的训令中，答应了垦务所的请求，“呈悉该老弱无靠台民十九人，既乏工作能力，应予移送当地县政府管理，准由会按名月给伙食费三元，以示矜恤”[③]，这样一来，垦荒中的老弱台民除保释回籍外，都迁出了垦荒台民宿舍，移送到县政府的济老院，由县政府济老院进行生活安置。另外，在垦务所的台湾籍民中，绝大部分垦户都有儿童人口，这是台民中人数最多的孱弱群体，在垦务所生活的302名台湾籍民中，未成年人共81人，占垦荒台籍人口的26.8%。[④] 针对这个情况，崇安县垦务所请求福建省赈济会设立崇安县台湾儿童教养所，其目的“原系寓教育于救济，一则培壅民族英才，一则补助各垦台家庭负担”。[⑤] 这个提议亦被省政府批准，1940年春，福建省赈济会“派员来崇，设立台童教养所，用职员三人，保姆、工役各一人，施予教养，每一难童月发糙米三十市斤，及按时给予衣着”[⑥]，由于1940年初时，大多数的台湾籍民已经退出垦荒，台湾儿童教养所的成立，一定程度上解决了当时垦荒家庭中的儿童生活问题，对减轻台湾籍民的生活负担起到重要的作用。

从1938年9月至1939年7月，垦荒台湾籍民虽然一直受到省赈济会提供的伙食费和垦荒费用的优惠贷款，但由于垦荒效率低下，效果不佳，崇安县垦务所即开始致力于解决台民的后续生活问题，正如其向省赈济会递交的电文所言：“时职适甫到差，补救方策即悉心筹划，经先后设立樟脑厂、医

---

① 《崇安县垦务所垦荒台民人口统计表》，武夷山市档案馆，2-11-98。

② 《台民收容经过及现在处理之概况》，武夷山市档案馆，2-11-90。

③ 《据呈垦荒台民老弱专请转饬月给口粮一案经呈奉核准仰遵照办理具报由》，武夷山市档案馆，2-11-84。

④ 《崇安县垦务所垦荒台民人口统计表》，武夷山市档案馆，2-11-98。

⑤ 《遵命查填台妇谋生名册及改编台童教养所开办需预算请核示由》，武夷山市档案馆，2-11-82。

⑥ 《为本所员役难童急待救济函请予以证明核转救济当局迅速救济由》，武夷山市档案馆，2-11-96。

疗队，收容壮年男子，老残则长期经费救济，孩提设所教养，是老有所养，壮有所用，幼有所育”①，对于退垦后未有合适工作的台籍妇女，垦务所“初拟组洗衣缝纫各队，惟以操斯业者在在皆是，利益既微，而进展尤难，恐不尽善，爰拟改设编线工厂，则业务较宏，发展自易，经编造预算，测绘图说，调查原料，积极筹备。忽奉饬中止”后，因崇安县“工商业之闭塞未振，而各该妇又无特长技能，欲另予介绍职业，事实殊有困难”②，尽管垦务所又做了寻求银行救济以及转送建瓯工厂工作等努力，但在台籍妇女的工作安排上没有取得确实成效。

对崇安县垦务所安置退垦台民所做的工作，福建省赈济会难民生产事业管理处不是很满意。1940年1月8日，管理处给崇安县垦务所发去电文，对于垦务所在救济台籍妇女以及办理台童教养所上的处理，提出了几点意见：“（一）救济台妇及办理台童教养所一案，节经先后令遵，均未切实奉行，殊属疲缓。且始则请求增贷，继则请求作工，三则请求退垦，足见计划未周，主旨不定，以致前后矛盾，阻碍丛生。嗣后务须督饬经办人员切实注意。（二）台妇纷请退垦谋生一节，仰即将谋生办法，分别查明，造册呈核。（三）台童教养所开办费经呈会核定，未便变更。且据电台童教养所之设（是）否与台妇去留有关，则台妇如退垦后，教养所是否仍属需要？仰即申复。”③ 尽管如此，福建省赈济会还是对办理台童教养所“改编二百元开办费预算呈核”，提供了一定的支持。

省赈济会提出的意见，实际上是对崇安县垦务所的台民垦荒以及安置工作进展无果表达不满，并对台籍妇女赴建瓯工厂务工后设立台童教养所的必要性提出疑问。崇安县垦务所在1940年1月19日给省赈济会发去呈文，对于省赈济会提出的意见表达了无奈之情，指出台民退垦在于耕垦能力薄弱，还指明从1938年9月多数台民编垦以来，至1939年7月，“此十一月内每人平均生产一元，欲冀其自耕自食，实不可能。过去所以能维持生活，全赖

① 《遵命查填台妇谋生名册及改编台童教养所开办需预算请核示由》，武夷山市档案馆，2－11－82。

② 《遵命查填台妇谋生名册及改编台童教养所开办需预算请核示由》，武夷山市档案馆，2－11－82。

③ 《据电救济台妇及办理台童教养所情形仰照令指办理由》，武夷山市档案馆，2－11－82。

伙食贷款救济，迨至八月伙食贷款期满，费用无着，问题遂生”；台民退垦后，垦务所设立樟脑厂、医疗队，收容退垦的壮年男子，至于老弱台民则送入崇安县济老院，“老残则长期经费救济，孩提设所教养，是老有所养，壮有所用，幼有所育”，点明了设立台童教养所的目的。至于退垦的台籍妇女48人，无论是组成洗衣缝纫队，或是设编线工厂，不是“操斯业者在在皆是，利益既微，而进展尤难，恐不尽善”，就是“忽奉饬中止”。在这种情况下，垦务所“欲另予介绍职业，事实殊有困难”。而在省赈济会的安排下，移送退垦的台籍妇女前往建瓯难民第二工厂工作，虽然“准经限期移送，乃该妇等仍不前行，佥谓一家四散，管照莫及，并请求退垦”，显然多数台籍妇女考虑到家庭因素并不愿意前行，垦务所认为台籍妇女退垦，在于“该妇等过去在原籍所过生活闲散、闲居，自集中垦荒以来，亦仅有垦荒之名，而无垦种之实，此非昔日督垦者之疏懈，确系毫无耕作能力，无可勉强”；至于她们不愿意迁去建瓯工厂的原因，“乃一面因系顾及全家之团聚，另一面或因惯于闲居，感工作之艰苦，或自有谋生之本领，而嫌工作之烦劳，此中特殊情形，谅邀明察。”① 另外，垦务所认为安置台籍妇女赴建瓯工厂务工与设立台童教养所并不矛盾，因为设立台童教养所“原系寓教育于救济，一则培壅民族英才，一则补助各垦台家庭负担，故自出生起至15岁止之台童均为编入，如该教养所不设，岂独台童挨饿失学，而全家生活亦必蒙受影响”②，设立台童教养所恰恰可以解除台籍妇女的后顾之忧，安心在外务工。

由此可见，崇安县垦务所为垦荒台民后续生活所做的各项努力是值得肯定的，福建省政府以及福建省赈济会难民生产管理处等机构也给予了各种大力支持。但由于抗战时期中国经济受到极大的破坏，国民政府财政极度紧张，福建省政府能够用于难民救济的资金实在有限，在地瘠民穷的崇安县，县政府和垦务所所能起到的作用也是十分局限，想要保证退垦台湾籍民生活的长期稳定，这对福建省政府以及崇安县垦务所来说，仍将是个不小的挑战。

---

① 《遵命查填台妇谋生名册及改编台童教养所开办需预算请核示由》，武夷山市档案馆，2-11-82。

② 《遵命查填台妇谋生名册及改编台童教养所开办需预算请核示由》，武夷山市档案馆，2-11-82。

从垦荒台湾籍民的角度来看，虽然省赈济会以及崇安县垦务所为他们的垦荒以及后续安置做了大量工作，但他们的生活困境并没有得到根本改变，家庭境况也面临着新的变数。1939年12月，以台湾籍民蔡尤职为首，陈林氏等共56人联名，向崇安县垦务所递交呈文，描述了垦荒以及退垦后安置情况，在表示感谢政府的同时也希望能够得到进一步救济：

具呈民奉命集中，在崇安垦荒。台民佥等缘去年奉命集中崇安，荷蒙我政府大度施恩，又得当地政府保护周至，实感祖国夙著布德行惠，世界弗及。集中受恩养口粮，大人每口发给生活费壹角，小儿六分，满三个月之久。准许各自志愿，有能力独立生活者，自己经营；无法独立生活者，加入垦务所垦荒。佥等为经济困苦不已，加入垦务所垦荒。迨台湾独立革命领袖李友邦先生莅崇领导组织台湾义勇队，训练参加祖国抗战工作，踊跃向前，争先恐后，追随李先生往浙江训练者，前后二批，计数十人之多。余留后方生产，以维生活，使前锋义勇免挂妻、子生活。垦荒初达周年，农作常识方有头绪，忽然垦务所命令壮丁解散，自寻生活；病老者送归崇安县，政府发给生活费；收回所垦园地及产品，农作具垦务所保管，仅发给妇孺伙食费至九月份，小孩停给二十天伙食费，复经向县府要求，即行再发继后，□垦务所主任某视察员莅崇参观垦荒台民宿舍，考察生活状况。佥等据实报告困苦情形，故得再行补发小儿二十天之额，及至本十一月份，只有发给小儿之伙食费，而壮年妇女生活费临时中止。至七日副所长李到宿舍训示，令壮年妇女志愿往建瓯分配工作者，方肯给与（予）伙食费，否则停止不发，限二十四小时决定。佥等无隔宿之粮，倭屋之下敢不低头？不得已暂且应承，故得先领半个月生活费壹元五角，且维目前困苦，庶免枵腹之惨，并请容宽修信往浙江请问有无能力援助，以决行止。窃思前锋义勇决无能力可援为口腹计，须当遵命毋违。惟是病老者另交，壮丁者另交或到前锋，小儿归保育院收容，妇女往建瓯工作，一家星散，使六亲不全，人生惨况莫此为甚。佥等守己安分，秉承政府爱黎之心，奉命集中，今竟欲分离数处，与集中意义不同。……①

① 《奉令以台民蔡尤职等呈恳俯施恻隐恩予救济一案转请查照见复由》，武夷山市档案馆，2－11－81。

从蔡尤职等人的呈文中，可以看出垦荒的伙食费贷款对于台民生活来说意义重大，垦荒解散后，台湾籍民的生活陷入“困苦不已”的状态。垦务所将台湾籍民中“病老者”送县济老院、将“小孩”送养台童教养所、“壮丁”分往省赈济会下属难民工厂，以及台籍“妇女”送往建瓯工厂等安置，并没有让蔡尤职等台民安定下来，他们认为这些安置让家庭“一家星散，使六亲不全”，而且垦荒结束后短时间的伙食费赈济也无法解决问题，“无隔宿之粮”以及“枵腹之惨”，点出了他们所处的生活困境。另外垦务所副所长在派遣台籍妇女前往建瓯工厂的态度上，颇为强硬，使得台籍妇女只能“不得已暂且应承”。总体上，台民的内心感觉是“人生惨况莫此为甚”。①

实际上，从福建省赈济会难民生产管理处和崇安县垦务所为台民退垦后安置问题的有关电文来看，他们都是力图解决台湾籍民的生活问题，并为台民垦荒失败后的安置做了大量的工作，不管是将老弱台民安置在崇安县济老院，或是将妇孺分别安排到难民工厂或教养所，都是由那时福建省赈济会难民生产管理处具备的能力和现实条件所决定的，但退垦台民从自己所处的困苦境况出发，提出改善境遇，并且不使一家人分离的要求，也是合情合理的。不过，在当时的条件下，福建省赈济会以及崇安县政府都没有更好的方法，只能维持了对台湾籍民退垦后的生活与工作安置。

四、垦荒的终结与评价

崇安县垦务所的垦荒台民，到 1940 年 4 月 30 日，就仅剩下 4 户 10 人了。② 具体人员的详细分流情况如下：

表格九：崇安县垦务所垦荒台民人口统计表 单位：人

编垦人数	出生	移入工厂	移入教养所儿童	残老移入县救济	赴浙参战	退垦	保释回籍	死亡	逃亡	现有人数
302	13	22	81	36	43	98	11	9	5	10

资料来源：《崇安县垦务所垦荒台民人口统计表》（1940 年 4 月 30 日），武夷山市档案馆，2－11－98。

① 《奉令以台民蔡尤职等呈恳俯施恻隐恩予救济一案转请查照见复由》，武夷山市档案馆，2－11－81。

② 《崇安县垦务所垦荒台民人口统计表》，武夷山市档案馆，2－11－98。

从崇安县垦务所剩余的台湾籍民人数看，可以说台民的垦荒活动基本上结束了。从 1938 年 9 月至 1940 年 4 月，仅仅一年半多的时间，福建省和崇安县政府投入大量财力、物力和人力的“台民垦荒计划”，并没有取得预期的效果。那么应该如何看待台湾籍民的这段垦荒历史呢？

台湾学者卞凤奎根据 1942 年制成的《崇安县政府管理台民名册》认为，“从职业别看来，工人及小贩较多，接着依次是医生、理发、佣工、肩挑及牙医。务农者却无一人，这不已说明开垦计划的失败。”① 从某种程度上说，这个结论是正确的，但得出这个结论的主要依据应该是垦荒台民的开垦情况、效率和收获成果，而并非是 1942 年台湾籍民的职业类别。此外，笔者认为台湾籍民垦荒虽然失败了，但崇安县安排台湾籍民从事垦荒，有其不可忽略的重要作用和意义，这是垦荒结果所无法体现的。

首先，安排台湾籍民从事垦荒，是当时国民政府赈济救助台湾籍民所必然采取的积极手段。崇安县垦务所在编列“台民垦荒计划”和“台民垦荒计划预算书”时，对于台湾籍民“农事经验，又极浅薄”、“耕垦能力薄弱”等情况十分清楚，崇安县政府在“电请省府援助侨民垦荒办法从事垦殖”时，明确提出了以“俾资救济”②，福建省政府以及省赈济会对此亦是了然于胸，他们实际上早已知道“欲冀其自耕自食，实不可能”的结果！③ 但有关福建省赈济会对台湾籍民从事垦荒，却依然给予了最大的支持，除了伙食费外，还提供了房屋、家具、肥料、种子等各类贷款，“共贷发一万余元之巨，所予优待数倍于其他垦民。”④ 在垦民的人口结构中，老弱妇孺又占了很大的比重，崇安垦务所对于因生活困难而申请加入垦荒的呈请，也都给予了批准。从这些方面来看，省政府以及崇安县政府所推动的台湾籍民垦荒，主要目的还是在于寓赈济于生产，试图通过台湾籍民的垦荒生产，实现自给自足，是实施台胞积极自我救济的重要措施。所以，不能仅从垦荒失败的客

① 卞凤奎《日据时期台湾籍民在大陆及东南亚活动之研究（1895－1945）》，黄山书社，2006 年版，页 177。

② 《为检送垦荒台民名册仰派员点收监管理由》，武夷山市档案馆，2－11－80。

③ 《遵命查填台妇谋生名册及改编台童教养所开办需预算请核示由》，武夷山市档案馆，2－11－82。

④ 《崇安县垦务所公函总字第 70□号》，武夷山市档案馆，2－11－79。

观效果来评判台湾籍民的垦荒意义，还要看到其背后更深层的赈济目的。

其次，台湾籍民和其他垦荒移民的垦荒经验和教训，为以后崇安县的垦荒工作提供了有价值的借鉴和参考。台湾籍民在垦荒中存在的各种问题，在福建各县垦务所中也同样存在。虽然在崇安县的其他垦荒移民中，有不少开垦成果显著者，如林孝德、李福春等垦民模范，① 但也有不少垦荒移民因为生产能力弱，而且伙食费等贷款按照当时的规定仅三个月，不如台湾籍民的时间长，他们面临的开垦压力更大，因此出现了不少因“生活能力缺乏，经济维持困难以致亏款，至不得已时，即将所有家用等物进行出卖而逃走”的情况。② 此外，因自然环境恶劣，患病无法持续耕作的情形，也是大有人在，例如公馆地区的王舜炳，就“因水土不服，叠患疟疾，眷属亦同患病，无力耕作，已垦耕地诸多荒废，无法维持生活”，请求退垦③。福建省赈济会难民生产管理处亦指出：“查各县垦务所垦民耕作能力参差不一，其能力低劣者间有因疾病所致。”④ 从台湾籍民以及其他移民垦荒中暴露出的问题，崇安县垦务所根据省府的训令，在 1940 年 1 月的招垦工作中，“为未雨绸缪及避免过去所发生困难起见”，提出四点意见：招垦人员必须“审慎选择”有耕作能力的移垦人员；“对于疾病预防、卫生设备、住屋整理，凡属人力所及者，均应早期拟定计划，按照实行”；规划好荒地所在位置；对“移垦大部贷款均已略予增加，尤应利用时机妥筹各种副业以助生产而裕民生”等。⑤ 可以说，台湾籍民垦荒过程中所暴露出的问题，已经得到崇安县垦务所的重视，并在新的招垦规划中进行了部分的修正和改进。尽管囿于崇安县客观的现实环境，这样的改进能否真的取得效果，尚不能立下断言，但如真正做到上述改进，应该对当地的垦荒工作有一定程度的帮助。从这点来说，台湾籍民垦荒中的经验与教训为当地的拓荒事业提供了很好的借鉴。

总之，台湾籍民的垦荒没有能够最终成功，国民政府希望台湾籍民拓荒生产，自给自足的计划被迫终止了。但在长达一年多的时间了，通过垦荒的

---

① 《崇安县垦务所勤劳垦民调查表》，武夷山市档案馆，6-4-12。
② 《对连环保无力偿还逃亡垦民贷款请免偿还案》，武夷山市档案馆，6-4-12。
③ 《报告》，武夷山市档案馆，2-11-86。
④ 《颁发怠惰垦民调查表仰即依式填报由》，武夷山市档案馆，6-4-12。
⑤ 《令知本年度移民垦荒应行注意各点仰遵照办理由》，武夷山市档案馆，6-4-11。

各种贷款，使大部分的台湾籍民得到了适当的生产赈济，一定程度上缓解迁移崇安以来的生活压力，国民政府为此所做的种种努力是值得肯定的。另外，台湾籍民垦荒过程中出现的各种问题，也给崇安县的后续垦荒事业提供了很好的借鉴，从这点而言，也并非全无意义。

第二节　崇安县台湾籍民的独立谋生

一、崇安县台湾籍民独立谋生的状况

独立谋生指的是台湾籍民除垦荒劳动外的其他谋生方式。自 1938 年 6 月，崇安县迎来首批台湾籍民后，如何安顿他们的生活就一直是崇安县政府力图解决的问题。根据当时县政府制定的“日台侨民生活办法刍议”，组织台湾籍民垦荒，或者允许他们各自开设商店、医所等其他正当职业，都是其中重要的安置手段。1938 年 9 月，福建省政府三个月的伙食赈济结束后，首批二百余名台湾籍民编入崇安县垦务所参加垦荒工作，剩下台民均要根据自身的情况独立谋生。根据当时管理员张英递交的《独立生活日台侨民人口异动报告表》来看，1939 年 9 月独立谋生的台湾籍民为 184 人，后来经过保释、补编垦荒等人员变动，到了当年 12 月，独立谋生的人数为 164 人。① 1939 年至 1940 年间，台湾籍民陆续退出垦荒，儿童和老弱者被赈济机构安置，一部分人参加台湾义勇队，奔赴浙江参加抗战，一部分人被安排到难民工厂务工，其余退垦的人又都加入独立谋生的行列。因此 1940 年后，大部分的台湾籍民都要独立谋生，总的人数大约为二百人左右。

那么台湾籍民独立谋生的情况如何呢？崇安县政府曾于台湾籍民迁移来崇之初，做了一份职业调查，其中台民原先从事的职业类别具体如下：

表格十：崇安县台湾籍民职业统计表　　单位：人

技能	医业	农	工	商	其他技能	无技能	附注
人数	52	19	38	24	1	17	其他老幼人不能工作均未列入

资料来源：《台民职业财产统计表》，武夷山市档案馆，2－11－90。

① 《独立生活日台侨民人口异动报告表》，武夷山市档案馆，2－11－90。

从上表可以看出，具备职业技能的且又符合劳动条件的有134人，只占了全部台湾籍民的31.2%（以初到的430人为基数），主要分布在医、农、工、商四个职别上，台湾籍民有劳动技能的人不到三分之一，可就业的人口比重过小，这说明台湾籍民独立谋生的能力是十分薄弱的。由于职业分类的不同，独立谋职的难度也不一样，而崇安县政府在为台民分配工作和协助就业方面扮演了重要的角色，亦付出很大的努力，这成为推动籍民独立谋生的一个积极因素。但这个因素的能量有多大，还须从台湾籍民的就业情况来具体分析：

首先，能从事医疗业的人数最多，达到52人，但医生执业需要医疗器械、药品等专业用具和物品，由于仓促集中，很多台籍医生并没有带任何的医疗器械和药品，刘荣春等台民代表返乡取材也没有取得预期效果，很多台籍医生的就业受到影响。1939年2月19日和3月10日，在福建省政府的支持下，爱国台胞李友邦先后率领两批台民共44人，奔赴浙江金华参加抗战工作①，这其中就有不少的医务人员。这样一来，台籍医师“留崇尚有17人，除叶逢春、周燕福、张亨寅等已分别安插在本县卫生院与各区卫生所服务外，其余未有工作之医师，本府正在设法尽量予以安置”。② 显然，崇安县政府试图帮助解决台籍医师的就业问题，但要一次解决剩下14名台籍医师的就业，并不是那么容易。而要独立营业谋生，也具有不小的困难，台籍医师陈光复即是一个例子，其开业情况大致如下：

> 惟民营生既乏资本，做工亦无其力，蹉跎年余。迨至去年九月间，诸友怜民生活无状，鸠集数十，与为营生资本，以冀日升蝇利，籍延合家余生，夫民向业牙科，是开营补齿店于中正路，开业之后，幸生意尚称不恶，足堪聊度，讵料年来市上百物腾贵，牙科所用之原料，非独成本加倍，抑且购买为难，民业蒙此影响，以致入不敷出，既无余款可垫，而诸友对民之友谊，亦厚亦尽，岂敢复行启齿，忧年成疾，月来更见沉重，虽有少数顾客，亦未能为之镶补，收入毫无，因而歇业，经济

① 《为台胞郭汝侯等二十二人赴浙江金华集训准予备案由》、《为电报台胞石昆玉等二十二名已于本日由台湾革命党秘书张一之率领首途赴浙金华集训电报备案由》，武夷山市档案馆，2-11-73。

② 《福建省第三区行政督察专员公署呈署乙第1048号》，福建省档案馆，1-5-1846①。

更形困难，……渎恳察核，俯赐最少数物资救济，俾延合家残命，则感戴恩德靡既矣！①

陈光复原本算是较为幸运的，有朋友为其筹集营业资金，开业后的生意还算不错，基本上能够维持生计。不过在社会动荡，物价上涨等外界因素的干扰下，诊所难以维持，生活陷入困顿，最终还是向县政府请求救助。对此，县政府做出批示："交管理员查明，就救济台民缺额予以递补以资救济"②，即将陈光复纳入老弱台民救济名额中。象陈光复这样能够顺利开业的台籍医生，毕竟是少数，能够维持下来的就更少见了。多数台籍医师还是申请加入垦荒或者是等待县政府的工作安排，1939年5月，留在崇安的17个台籍医师中，已加入垦荒的就有7个人，安排在县或区卫生院的有3人。③ 此后，县政府还陆续安排了一些台籍医务人员工作机会，例如为了解决垦务所内的台民医疗问题，特地设立了医务部，指派台籍医生程德生为医师，负责垦务所内台民的医疗卫生④；台籍内科医生高墀显被崇安县卫生院录用，分配在星村卫生分所担任医务工作。⑤ 此外，也有主动求职成功的，如产科医师苏婉容，在"崇安县卫生院欲雇一女医服务"的情况下，"亲自向卫生院陈明志愿，幸蒙院长许可采用"，退出垦荒加入卫生院工作。⑥ 不过，后来苏婉容与该医院的医师"意见不合，即辞该职"⑦，只得再次处于待业状态。台籍医生的就业情况，总体上并不饱和。显然，由于台民中的医师们缺乏有效的医疗物资，而崇安县的现实条件又无法容纳更多的医职，县政府即使努力安排工作，但实际能解决的问题十分有限。

其次，在工、商业方面，台湾籍民能够独自谋职的机会不多。因为崇安

① 《为贫病交加痛苦万分恳予救济俾维残喘由》，武夷山市档案馆，2－11－92。

② 《为贫病交加痛苦万分恳予救济俾维残喘由》，武夷山市档案馆，2－11－92。

③ 《台籍医生简明履历表》，福建省档案馆，1－5－1846①。

④ 《据本所垦荒台民程德生请准在晋江药品器械运崇为垦荒台民病房应用转请核示由》，武夷山市档案馆，6－4－6。

⑤ 《呈为暴日无道扰我国土最近炮击永宁倒坏洋楼致民四叔母被压身亡恳祈予民请假回晋江安葬四叔母并携带妻子来崇安居住及搬运以前在晋江开业所存药品治疗器具等到崇安俾尽后方卫生工作保护民众健康加强抗战力量庶几无愧厥职由》，武夷山市档案馆，2－11－69。

⑥ 《呈为恳祈恩予退出垦荒服务卫生院女医生活事由》，武夷山市档案馆，2－11－81。

⑦ 《为生活无状恳请矜恤贫苦俯予救济否则请准前往星村以依氏姐而维残生由》，武夷山市档案馆，2－11－74。

的工商业基础十分薄弱，除了几家砖瓦厂和锅炉厂外，1940 年才有一家“资本不多，设备简陋，仅能织造毛巾布疋”的织造厂①，因此崇安本地鲜有工业上的就业机会，这说明当地的经济环境不具备适应工、商发展的条件。但就在这种情况下，国民政府为解决部分台湾籍民就业问题，还是做了大量的工作：

第一，开办樟脑工厂。1939 年 2 月，台民朱春海等人向崇安当局反映：“军用原料之樟脑与樟脑油，国内极感缺乏，价格腾贵，崇安四乡樟树甚多，乡民多伐作燃料或制造船只、器具，殊觉可惜”，朱春海等人对制造樟脑“颇有经验，经已初步试制，成绩甚佳”，提议让他们从事樟脑制造，“将来所得利益，即充留崇台民用费，以补垦荒之不足，而国家亦获得军用品原料，实一举两得。”② 这项建议，得到县政府和垦务所的支持。经过详细筹划，崇安县垦务所于 1939 年 2 月向省赈济会以及省政府建设厅递交了“制造樟脑工厂开办费预算”、“制造樟脑工厂经常费预算”、“制造樟脑技师简明履历表”。由于垦务所开办樟脑厂的建筑费、设备费、准备费、薪给、制樟费等各项费用合计要 1900 元③，省府综合各项考虑，决定将樟脑制造直接纳入福建省赈济会难民生产事业管理处的难民第二工厂，1939 年 10 月朱春海等 22 名被送往该厂，从事樟脑制造。④

第二，对于擅长手工业的台民状况，崇安县政府决定“经饬管理员并函垦务所调查造具名册及手工业计划书等”，向省政府递交请命。⑤ 1939 年 9 月，福建省政府对“台民之从事手工业者计共需资本 558 元，拟请全数贷发一节，应予照准，由本府令饬崇安县政府径向该县省行办事处洽商报夺”，批准了手工业计划以及预算书。⑥ 这份“台民从事手工业计划书”中，支持的手工艺项目有理发（资本需 45 元）、肥皂工业（资本需 330

---

① 刘超然修，郑丰稔纂《崇安县新志》卷十四，1941 年铅印本，中国方志丛书，第二三八号，成文出版社有限公司印行，页 298。

② 《拟请准予设立制脑工厂籍维留崇台民生计由》，武夷山市档案馆，2-11-86。

③ 《制造樟脑工厂开办费预算》、《制造樟脑工厂经常费预算》，武夷山市档案馆，2-11-86。

④ 《福建省赈济会难民生产事业管理处第二工厂公函厂字第四号》，武夷山市档案馆，2-11-81。

⑤ 《福建省第三区行政督察专员公署呈署乙第 1048 号》，福建省档案馆，1-5-1846①。

⑥ 《福建省政府指令岁申支府会振永 72023 号》，福建省档案馆，1-5-1846①。

元）、缝工艺业（资本需 150 元）和修理皮鞋（资本需 30 元），总共预算为 555 元，解决了王正福、王吉六、蔡东荣等数人的就业问题。① 1943 年 8 月 24 日，在福建省政府的协助下，杨慧石、谢水、庄添恩等人赴省官兵合作社务工，从事相关的手工业劳作。② 此外，地方政府还提供一些零散或临时的工作，如林阿相被安排从事土地编查工作；曾炳达因有测绘技术，被崇安县土地陈报编查队雇佣，从事土地测报工作；如翁秀煌、刘细□、黄依俤等曾在赤石茶叶改良厂当佣工等。③

第三，崇安县的政府和军警部门，也有聘请部分台湾籍民从事一些简单的杂役工作。如陈东崎曾在崇安县城区警察所充当伙役，后来“因病收差”，继而“暂代电报局分送电报或干劳工”④；张之杰曾在 1940 年 6 月间充任“司法处雇员”，而且“月得薪俸足资糊口”⑤；甚至有的台民能在崇安县的武装部门谋上差事，如王国民在当地保安第七团担任无线电队勤务兵，卢兆新在保安第七团第五中队充当理发兵⑥；许景秋在崇安县“南门外陈军长公馆为厨司（师）”。⑦ 虽然，这些县公职或军警部门的工作，一般来说都是普通的杂役，机会也不是很多，不过从张之杰“月得薪俸足资糊口”，许景秋还能够“身中已积蓄有六、七元”等情况来看，能有这样的工作机会，对部分台民来说，实属幸运了。

第四，对于经营商业的台湾籍民，崇安县政府给予减免捐税的优惠政策。抗战时期，国民政府财政极度紧张，全国各地的租赋捐税摊派众多，虽然崇安地方经济不发达，但苛捐杂税亦然不少。以来自浙江省龙泉的垦民项正兴为例，1943 年 9 月至 1944 年 1 月，接到各种捐税摊牌为“临时戏费捐国币五十元，有临时杂款捐国币二十四元，又派白米六斛”，1944 年 2 月又

---

① 《台民从事手工业计划书》，福建省档案馆，1－5－1846①。

② 《崇安县政府异动台民姓名册》，武夷山市档案馆，2－11－74。

③ 《呈为无辜羁禁屈陷囹圄恳请查明恩准保释以重民生》、《呈为因往赤石为佣工因无报告请准致干罪戾而受拘禁恳祈恩予开释以维生活由》，武夷山市档案馆，2－11－69；《为请求迁出自谋生活》，武夷山市档案馆，2－11－81；《呈为恳祈恩予俯怜失业赐准民等前往赤石镇福建示范茶厂包办伙食俾沾微益而资生活由》，武夷山市档案馆，2－11－88。

④ 《呈为无辜羁禁屈陷囹圄请求保释以安生业由》，武夷山市档案馆，2－11－69。

⑤ 《□□□□□□谋生由》，武夷山市档案馆，2－11－69。

⑥ 《据报台民王国民卢兆新两名在贵团服役希查照见复由》，武夷山市档案馆，2－11－74。

⑦ 《签呈》，武夷山市档案馆，2－11－76。

接到“临时杂款捐国币二十一元”，项正兴不禁哀叹，“奈民家庭困难，确系是实不能负责。”① 对于台湾籍民而言，无论垦荒还是从事杂役劳工，皆不需要缴纳捐税或承担摊派，因为多数台籍家庭经济困难，如有苛捐杂税的负担，必然会在呈请书中大量出现减免捐税的请求，可现有的资料并没有这种情况，说明台湾籍民家庭不需要承担捐税摊派。但在经营商业方面，是否要对台籍商贩征纳捐税或进行摊派，崇安县政府则经过一定考虑，才给予捐税减免的优惠政策。事情起因傅细俤退出垦荒后，“遂全家迁外作小可营生，以资糊口”，而且经营情况还可以，“聊堪自给”。② 不过时隔不久，傅细俤就被地方保甲长摊牌捐税，为此傅细俤于1939年7月向县政府递交了免税呈请书，陈述如下：

> 窃民等寄身在崇，原为流离颠沛，生计无依。前此邀同同人在城厢觅就小铺一所，草草营业，只不过糊口维生，聊免饿殍当途。乃近来竟承当地保甲长向民等摊派各种伕费、捐款，负担要与本地商民同例，如此实属难堪，合亟声请乞赐转请县府恩准豁免各项捐税，以资维活，……③

对于傅细俤提到台民的纳捐税问题，管理员张英在转交呈请书时，也补充了自己的看法，他提出：“查台胞留崇，生活本极困苦！我政府当局不忍其颠沛，曾在竭力设法救济其生活。今该傅细俤等既在城厢独立营生，似不应使再负担捐款，致艰苦重复，无所刍释。为此理合据情转呈察核！伏乞，俯念该台民等情景特殊，准予通令地方保甲长嗣后对于台民一律豁免捐税，以示体恤！实为德便。”④ 张英认为台民的生活普遍困苦，国民政府本来就是为救济台民做努力，主张应该减免台民的捐税负担。对此，县长刘超然的态度是：“查国民对于其国家有纳税之义务，为法所明定，该台民既属在祖国统治之下独立谋生，对于政府各项租税，自当与其他民众一律共同负担，

---

① 《为兄弟半数入营家庭困难为捐款不能负责案奉前有旧批示遗失请求优待补发准示宜免捐款声请民生由》，武夷山市档案馆，2－18－242。

② 《为老病随危日夕喘咳水土不服医药罔效恳请将家属留崇负责暂行回籍就医以免埋骨异乡事由》，武夷山市档案馆，2－11－68。

③ 《签呈》，武夷山市档案馆，2－18－241。

④ 《签呈》，武夷山市档案馆，2－18－241。

据请豁免一节，碍难照准，仰特饬知照。"① 很明显，刘超然县长认为台民既然回归了祖国，就应该一视同仁，台民也要承担国民的纳税义务，因此不应该豁免相关捐税。不过，刘超然没有固执地坚持自己的意见，时隔不久，县政府最终部分采纳了管理员张英的意见，决定酌情减免台民的捐税和摊派。1939年8月9日，县政府发给崇安县城区联保处一份训令，"查该台民等遣送来崇，独立谋生，生活困苦，当属实情"，命令城区联保主任"依据实际情形，酌予减免"，"并转饬各保甲长一体遵照"。自此以后，崇安县对从事商贩的台湾籍民一律减免各类捐税和摊派。相比之下，当地其他的工商企业就没那么幸运了，1942年8月，崇安极森水电公司向县政府呈请，称"保甲长派捐地方公款，非常繁重，无力负担"，请求"免派地方各项捐款"②，不过崇安县政府并没有同意极森水电公司的呈请，理由是"查极森水电公司，系私人营业之一种，照案无免纳地方捐款之规定，所请未便照准"。③ 从中可见，崇安县政府对独立谋生的台籍工商业者给予减免捐税的优惠政策，确实是特殊的照顾。

尽管县政府极力为台湾籍民安排工、商和医务工作，并在捐税方面提供优惠政策。但大多数台湾籍民能够从事的谋生方式，主要还是小摊小贩、杂役之类的工作，只有极个别经济条件稍好的台湾籍民，可以开办一些略大的商铺，例如台民简荣铨及其妻林英在独立谋生之初开办菜馆，还雇佣了另一位台民王正福④；傅依财开张的店铺，也雇佣台民做小工，"日给工资百文"⑤。但这毕竟极为个别，台民从事商贩的多数情况是小本经营，如台籍妇女施阿宝，在申请退垦时，声称"幸有同集中来崇友人数个，肯集资援助与氏经营小生意"，"欲租中山路门牌第七号贩卖香烟酒类糕饼食物什货等品"，并且表明"小妇人虽系女流，然而对于此种小生理，自先夫去世以

① 《签呈》，武夷山市档案馆，2－18－241。

② 《据函呈请核示由》，武夷山市档案馆，2－18－241。

③ 《据报请免极森电灯公司职员各项地方捐款等情仰遵照由》，武夷山市档案馆，2－18－241。

④ 《呈为被累受押恳祈恩予俯怜无辜赐准保释以维生活俾蒙德泽而安民艰由》，武夷山市档案馆，2－11－77。

⑤ 《□□□□预谋驾（嫁）祸捏造事□冤屈图圄请求究明恩准保释以安生业事》，武夷山市档案馆，2－11－69。

后，既已做过十余年，养育小女，实为热识，”①，不过即使是摆摊卖杂货都需要一定的资本，能像傅细俤、施阿宝这样开店铺的毕竟不多。帮人洗衣，带小孩等家庭保姆类的杂役，是当时台籍妇女主要从事的工作，如林金宝就被崇安前街的蔡家雇为佣工，“抱小孩、煮茗、洒扫之役，月可得辛（薪）金多寡”②；厨工、伙夫、炊事员等是另一类常见的工种，除了上文提及的许景秋外，郭振南也在当时的武夷学校“做厨房”③，还有王诗折、周月英、刘依俤、潘曲蹄等均从事过这类职业；铁匠、勤务、挑夫等是男性台民最常见的工作，如谢水、林细俤、傅大椿等人就有这样的谋职经历。④

对于崇安县台湾籍民的生产工作情况，1942 年 2 月 26 日的《前线日报》曾经做过报道：“一般台胞，乃全家男女老少，出动劳作，如洗衣服、洗笋干、缝麻袋、砍柴及充当奶妈等，以助家用。其他在崇安自行业医者有 6 家，开小吃店的 12 家，理发的 3 家，做木匠的 3 家，其余均可垦殖兼作短工。”⑤ 这可谓是对当时台民独立谋生状况的一个写照。但报道归报道，真正的情况究竟如何呢？从 1942 年 2 月崇安县所作的台湾籍民户口调查中，可以了解当时台民具体的就业情况：

表格十一：1942 年崇安县台湾籍民职业统计表　　单位：人

职业类别	工	商	医生	理发	佣工	肩挑	勤务	小贩	画像	制衣	鞋匠	学生	牙医	政务	其他	无业
从业人数	46	2	9	5	5	4	3	34	1	1	1	16	3	1	2	173
百分比	15.1	0.7	3.0	1.6	1.6	1.3	1.0	11.2	0.3	0.3	0.3	5.3	1.0	0.3	0.7	56.9
人数总计 304 人（男性 141 人，占总数 46.4%；女性 163 人，占总 53.6%）																

资料来源：《崇安县政府管理台民姓名册》（1942 年 2 月 7 日），福建省档案馆，1－4－1093。

---

① 《呈为确定已赁定中山路门牌第七号欲经营什货食物小生理祈乞俯赐恩予退出垦荒自谋生活事由》，武夷山市档案馆，2－11－81。

② 《呈为恳祈恩予退出垦荒为人作佣工自谋生活事由》，武夷山市档案馆，2－11－81。

③ 《□□□□□□□》，武夷山市档案馆，2－11－74。

④ 《为无力工作请求迁出自谋生活》、《呈为恳祈恩准退出垦荒自谋生活事》、《为身体多病不奈过劳恳请转呈所长准予退垦由》，武夷山市档案馆，2－11－81。

⑤ 《前线日报》，1942 年 2 月 26 日，转引自福建省档案馆、厦门市档案馆编：《闽台关系档案资料》，鹭江出版社，1992 年版，页 113。

从表中可以看出 1942 年崇安县的台湾籍民，就业最多是工人，其次是小贩，接下来依次为医生、理发师、佣工、肩挑等，工种虽然庞杂，但处于无业状态的仍占多数。需要注意的是，诸如肩挑、佣工、小贩等职业，也并非固定，有些工作也会因各种意外原因具有临时性质，例如台民卢兆新曾在姚尚志理发店“帮伙理发”，后来因“该店生意冷淡，不能雇伙”，不得已在 1940 年 5 月 19 日退出该店，同月 25 日加入当地“保安第四中队充顶传达，专任理发职务”①；王正福先是在简荣铨经营的菜馆任厨师，后来菜馆“营业中止”，王正福转而在温陵戏院“为茶役”②；台籍妇女张赤白原为带小孩的保姆，后来雇主黄太太另雇一名保姆，张赤白即失去了工作；苏婉容也因与县卫生院医师意见不合，辞去医务工作；可见由于经济环境、人员变动等各种内外因素的干扰，台湾籍民独立谋生时的职业也是具有较大的不稳定性和流动性。

二、台湾籍民独立谋生状况的分析

由于台湾籍民群体就业能力上存在着结构性的缺陷和失衡，这体现在：具有劳动技能的人不到三分之一，老弱妇孺人数过多，大多数的台湾籍民缺乏资本或者谋生的职业用品；其次，他们生活的外部环境又缺乏支撑台湾籍民就业的有利条件，如崇安县的工商业极为薄弱，抗战时期福建省的赈济资金匮乏等。这一切都成为台湾籍民独立谋生的不利条件。当然，福建省政府和崇安县政府在台湾籍民的独立谋职过程中，起了重要的推动作用，是难得的积极因素。独立谋生的台湾籍民，往往是在省、县政府以及相关赈济单位的安排和帮助下，得到工商业方面的就业机会，以维持生计；有特定职业技能者，在县政府贷款或亲朋好友的赞助下，亦能开张营业，勉强营生；这是当时能够促进台民就业的最主要推动力，但由于台湾籍民人数众多，国民政府的解决能力毕竟有限。至于其余自谋职业的人来说，如有点小资本，也可以摆摊卖什货，但如果缺乏资本，就只能从事各种杂役、短工等工作，聊以

---

① 《报告》，武夷山市档案馆，2－11－74。

② 《呈为被累受押恳祈恩予俯怜无辜赐准保释以维生活俾蒙德泽而安民艰由》，武夷山市档案馆，2－11－77。

度日，可以说台湾籍民的独立谋生过程是较为艰苦的。谋职的不易，使得大多数的台湾籍民没有较固定的收入来源，这也影响到他们的生活水平。正如1943年崇安县发往省政府的电文中所言："至于台侨实况，系分居本县城区自谋生活，除老弱台民四十八名按月发给救济金九元外，余经以苦力、小贩、肩挑以维生活，际此百物百腾，一般台侨处居异地，既无恒产以助，又无乡亲可靠，生活清苦，情实可悯。"① 这句话或许是对当时台湾籍民独立谋生艰难处境的一个真实写照，这也说明独立谋生的台湾籍民，总体上谋生能力孱弱，生活上自然也会遇到不少的困难。

在这种情况下，大多数独立谋生的台湾籍民，他们同在垦荒中失败的其他籍民一样，对于现状的态度是比较悲观的。显然，无论是参加垦荒，还是选择独立谋生，都没能达到理想的预期效果，这必定加重了台湾籍民生活上的负担。对此，有必要对台湾籍民的生活状况进行具体的考察分析。

① 《电送台民名册由》，福建省档案馆，1－4－1232③。

第七章　崇安县台湾籍民的生活状况及归宿

台湾籍民在崇安县的生活状况并不理想，缺乏必要的生活用品和谋生工具，垦荒失败以及独立谋生的不易，使得大多数台民的生活十分清贫，尽管国民政府提供各种就业协助和经济上的救济，但艰苦的外在环境和动荡的社会经济状况，依然给广大台湾籍民的生活带来沉重的压力，这种状况一直延续到抗战胜利后台湾籍民返乡。

第一节　崇安县台湾籍民的生活状况

一、崇安县台湾籍民的经济生活

迁移到崇安的台湾籍民，由于集中仓促，大多数人没有带财物和日常用品，经济上十分拮据是难免的。垦荒工作的失败，独立谋职的艰难，使他们缺乏较为稳定的收入，加上周围恶劣的自然环境和变动的社会经济，也给他们的生活带来不少的冲击，生活基本上都过得较为艰苦。

1. 台湾籍民的清贫生活

台湾籍民的日子普遍过得比较清苦。崇安县政府对台湾籍民的安置，主要也是集中在如何解决他们的生活、生产问题。但即使是有伙食费赈济的时候，对有些台籍家庭而言，也是不敷用的。例如台民邱依嫩、黄邦荣等人就认为："救济伙食费每口一角以维生计，但民等对此恩给非二食不足敷用，然于闽南食惯皆行三餐，故带来之项概已用罄"，"半饱半饥未堪其苦"。[①]当前三个月的伙食赈济结束后，不少谋职无门的台湾籍民，生活就更是陷入

① 《据台籍垦民邱依嫩等呈诉因采伐樵木被乡众捕打并劫夺财物后缚送县府请详查严办等情转请核办由》，武夷山市档案馆，2-11-78。

了困顿。1938 年 11 月 25 日，管理员张英奉命调查独立生活的台湾籍民中生活困苦的情况，其随后向县府提交了一份报告，指出："职遵于本日挨户调查完竣，计有康松龄等三十七名，均有衣无食，有食无衣，或衣食俱无者"①，其中康松龄、张依乖、林兴化三人甚至连被褥都没有。至于其余的台民，缺衣少被也是常见的现象，例如朱注就曾有"所带衣服有限，际此冬春交间，天气严寒，更加注疾病缠绵，恳请钧长发给棉被一床"的情况②；林金宝虽对政府赈济措施，"迺蒙爱护得以生活无忧，种种恩惠实难言宣"，可"免受枵腹之惨"，但却处于"所带之寒暑衣裳均已破损不堪，无能再用"的窘境；郑卢氏的情况与林金宝类似，"集中到崇已经年余，所有衣裳破碎难缝"③；施阿宝母女亦是"衣裳穿破难缝，褴褛不堪"。④可见当时不少台民，缺乏必要的衣服被褥，这从另一个侧面反映日常生活用品的缺乏，以及家庭境况的贫寒。当然，还有一些外在的环境因素，对于台湾籍民生活也产生了不可忽略的巨大影响，这也是值得关注的。

2. 影响台湾籍民生活的外在环境因素

（1）崇安县恶劣的自然环境

崇安县地处闽北山区，峰峦叠嶂，丛林繁盛，林冠郁茂，常年早晚温差较大。迁移到崇安的台湾籍民，不少人都出现了水土不服，疾病丛生的现象，这给他们带来严重的健康威胁以及沉重的经济负担。一般而言，妇孺更容易水土不服而患病，例如籍民杨柳叶的妻子和次子来崇安后，"因不服水土，久病缠绵，迭医未愈"⑤；纪氏母子亦是"其奈水土不对，何以致时常患病"⑥；而全家患病的情况亦不少见，比如孙玉英"一家大小均患寒热症，

① 《报告》，武夷山市档案馆，2－11－91。

② 《为请发给棉被由》，武夷山市档案馆，2－11－86。

③ 《呈为因病无法维持生活恳祈恩予转呈省政府俯赐怜悯准许保释回归原籍由》，武夷山市档案馆，2－11－68。

④ 《呈为恳祈恩予退出垦荒为人作佣工自谋生活事由》、《呈为恳祈恩准退出垦荒自营小经纪而谋生活事由》，武夷山市档案馆，2－11－81。

⑤ 《为夫任抗敌救国参赴前方工作妻子羁崇久病长子留榕寄养母子分离恳乞垂怜恩准保释回里投亲就医以全骨肉，而拯蚁命由》，武夷山市档案馆，2－11－72。

⑥ 《呈为寡妇孤儿恳祈恩昭法外准予俯赐保释回籍显我政府体恤孤寡隆重之恩事由》，武夷山市档案馆，2－11－81。

缠绵不休无法制止，痛苦良深”①；如有原先体弱多病的，更是有病情加重的迹象，如王诗折的“疝气之症只以经济困苦，乏力调治，加之此地水土寒冷，以致剧痊无定，痛苦难言”②；较为典型的例子是谢骏声一家，谢骏声“身体虚弱，染有慢性支气管炎兼疟疾，每月数次发作”，其妻子“自前染有心脏病，喘息如稍感冒或过多行动，即时发作哮喘，气急呼吸困难，身体甚弱”，且“子女亦每月发生疟疾，又缺药资医治”，“一家四口每月轮流抱病，痛苦至极。”③ 有时候台湾籍民的染病情况是十分严重的，例如刚到崇安不久，管理员张英就曾报告不少台湾籍民因水土不服而患病的情形：

> 窃查本所之台民最近患肚痛解血疾者，日益增多；现据各保甲长声称：三四日间，病号已达一十余人，且每日前往卫生院请求医治，又奈该院药料未到，无药应用。据此情节，确属实在，而推暨原因：一为闽南至此，气候不同，水土不合于身受；继为近日暑热特甚，其人群聚宿，人气闭蒸，亦易发病于脏腑；三、因此处地气凉冷，而人皆无有板竹睡诸地下，夜被冷气上冲，人体殊难受敌。为此种种情由，以致该台民等疾病竞发，皆属肚痛下血一症，此即人所危险之痢疾□点也！念本所内之台民为数百余，若被暴症传染，诚恐药之莫及，兹为预防星火燎原□，特将情形函报。④

这份报告将众多台湾籍民感染恶性痢疾的情况描述得十分详细，说明当时确实普遍存在水土不服的现象，加上居住条件拥挤，台民仓促集中时，衣物被褥又没带全，疾病预防方面显然难以顾及。接到报告后，崇安县政府极为重视，县长刘超然当天即“令卫生院设法预防以杜病源”，不过小县城缺医少药，一时之间要完全控制疫情，恐怕要大费周折。崇安县垦务所也有面临垦荒的台湾籍民“多数水土不服，现屈（趋）春令，气候寒暖无常，疾病渐多，且多系赤贫，无力购药”的情况，为了解决这个问题，垦务所特地“设垦荒台民病房一所，为有病者疗养之用，医生指派台民程德生充任，

① 《呈为因疾病缠绵声请迁出赁屋居住恳予恩准由》，武夷山市档案馆，2－11－87。

② 《呈为恳祈俯赐体恤老迈怜悯病躯无能工作伏乞恩予退出垦荒自谋生活以便调治夙疾事由》，武夷山市档案馆，2－11－81。

③ 《呈为呈请施恩释放事由》，武夷山市档案馆，2－11－81。

④ 《报告》，武夷山市档案馆，2－11－93。

惟药品器具缺乏”①，后来派其返回原籍，在当地有关部门的协助下，用列车运回了37件外科治疗器械和药品，一定程度上解决了崇安县“山僻之处，治疗器械无从购备”的问题，使“垦荒台民病房”得以维持。②

因此，崇安县的恶劣自然气候、环境，无形中对台湾籍民的生活构成了一定的威胁，这是籍民无法改变的负面因素，很多人因为健康受到影响，而退出垦荒或者无力独立谋生，这都不利于生活的维持。虽然县府做了一些不少的卫生防疫工作，但对于一些台籍家庭而言，感染疾病总是不小的经济负担。

（2）社会经济环境的动荡

社会经济环境的动荡，主要是指抗战爆发后的通货膨胀。自从日本帝国主义发动侵华战争以来，严重地破坏了中国的经济发展，增加了中国人力、物力和资源的消耗，使原本落后的生产更加无法满足激增的物资需求。因为物资的缺乏，加上国民政府施行扩张的货币政策，导致了通货膨胀和物价上涨。通货膨胀和物价上涨直接影响了崇安县台湾籍民原本就不富裕的生活。从1937年至1943年法币（即国币）发行和物价上涨的指数表中，就可以看出抗战时期中国的通货膨胀问题是十分严重的：

表格十二：抗战时期法币发行和物价上涨统计简表 单位：百万

时间	法币发行累计		物价指数（批售）
	发行额（百万）	指数	
1937年6月	1407	100	100
1938年6月	1727	123	127
1939年6月	2998	213	205
1940年6月	6063	430	487
1941年6月	10731	763	1231
1942年6月	24945	1773	3645
1943年6月	49873	3544	12951

资料来源：《中国近代金融史》，中国金融出版社，1985年版，第233页。

---

① 《据本所垦荒台民程德生请准在晋江药品器械运崇为垦荒台民病房应用转请核示由》，武夷山市档案馆，6－4－6。

② 《呈为恳祈转送晋江县政府饬命晋江县第二区安海卫生分所长欧幼雪返还民有借用外科治疗器械交石梓材代运来崇以资组织救护队之用事由》，武夷山市档案馆，6－4－6。

1938 年 6 月，抗战爆发约一年，也正好是台湾籍民迁移到崇安的时间，这时全国的货币发行量和物价上涨幅度都较小，对普通民众生活的影响也较低，这一阶段崇安县的物价水平也比较平稳，例如当时一元钱可分别购得大米 36 市斤，或猪肉 6 市斤，或鸡蛋 100 粒，或者木柴 750 市斤等。① 这样的物价水平对台湾籍民来说，可以满足一般的生活需求，不会产生巨大的生活压力。如后来媒体所言："他们初到崇安时，生活程度颇低，每月津贴伙食 3 元，已定享受。"② 但随后几年，由于货币发行量暴增，每年都以倍速增长，物价指数也不断上升，增长幅度远超货币发行增长，最终物价指数超过了货币发行的指数。物价上涨过快，直接影响到国内民众的生活，崇安县的台湾籍民自然也深受波及。从崇安县所在的南平地区来看，1939 年 4 月每百市斤中等米的价格为 7.75 元，每尺白土布为 6.10 元，但到了 1940 年 4 月，每百市斤中等米的价格 21.60 元，每尺白土布为 14.50 元③，一年间上涨幅度分别达到 278.7% 和 237.7%，此后物价一路上涨，这必然给包括台湾籍民在内的当地民众带来沉重的生活负担。以上文提到的台民陈光复为例，原本独立经营牙科诊所，"生意尚称不恶，足堪聊度，讵料年来市上百物腾贵，牙科所用之原料，非独成本加倍，抑且购买为难，民业蒙此影响，以致入不敷出"，不得不歇业，生活陷入困顿。④ 为了应对物价上涨，有的台民只好变卖随身用品，如王碧云"被集崇三载"，因为"自幼未受教育，既不能服务社会，复无力耘耕田园"，"际此柴桂米珠，百物高涨"，只能变卖值钱的物品，"以致带来物饰均已变充果腹"。⑤ 还有一些依靠亲戚赞助独立生活的台民，也是生活转入贫困，如陈玉燕"以前生活费用大都仰赖戚友寄援，无奈年月久长，且又际兹米珠薪桂（贵），百物高涨之时，戚友自

---

① 林双法《晋江县台湾籍医生遣送崇安概况》，中国人民政治协商会议、福建省晋江市委员会文史资料委员会编《晋江文史资料选辑》，第 14 辑，1993 年版，页 73。

② 《前线日报》，1942 年 2 月 26 日，转引自福建省档案馆、厦门市档案馆编：《闽台关系档案资料》，鹭江出版社，1992 年版，页 113。

③ "主要县市批发物价"，《福建省第三回统计年鉴 · 物价类》，福建省档案馆，3 - 1 - 26。

④ 《为贫病交加痛苦万分恳予救济俾维残喘由》，武夷山市档案馆，2 - 11 - 92。

⑤ 《为独身无靠生活困难乞予恩准在崇自由婚嫁以延残喘由》，武夷山市档案馆，2 - 11 - 75。

顾不暇，乏力再援，生机告绝”，请求加入崇安县济老院。[①] 至于其他既无亲友资助，独立谋生又有困难的台民，生活自然会备受通货膨胀的冲击。

从1939年开始逐步严重的通货膨胀，是当时抗战背景下，社会经济形势的一个重大变化，它给崇安县台湾籍民带来的生活影响是巨大的，而且这个影响一直持续到抗战胜利后，有关研究表明，抗战时期“通货膨胀的真正祸害，在抗战结束以后，才明白显现出来”，“通货膨胀之螺旋性发展难已在抗战期间开始，但1945年以后，则愈演愈烈。”[②] 由此可见，通货膨胀和物价上涨等社会经济因素，一直持续到1947年台湾籍民返乡，这对台湾籍民的生活所造成的消极影响是长期的，虽然这类影响在一定程度上被国民政府的赈济措施所抵消。

3. 国民政府的积极救济

针对台湾籍民生活上的贫困状况，国民政府与福建地方当局进行了相关的救济，并为救济台民付出了艰苦的努力。1938年冬的寒衣赈济事件就是一个典型事例。崇安县垦务所于1938年10月14日，就向福建省赈济会呈请救助，“查垦荒台民二百余人，多系赤贫，棉衣棉被半数以上无力自备”，“现屈（趋）秋深，转瞬入冬，为再电请钧会迅赐拨发（济赈）难民，实为德便。”[③] 同年10月17日，崇安县垦务所向福建有关部门发去急电催促：“垦荒台民二百余人，半无冬衣棉被，现屈（趋）秋深，早晚寒凉，老弱冻病情殊可悯，前经先后电请省赈济会救济，恳赐特电催办。”[④] 经过相关准备，省赈济会于1938年10月20日，寄发140件棉衣给崇安县政府，省农业改进处还嘱咐“棉衣如有不敷，再呈请援发”。[⑤] 截至1939年1月，省赈济会拨发棉衣173件，崇安县政府也制发了20床的棉被，不过垦务所发现“除棉被系新制外，所有棉衣均破烂不堪，难以穿用，棉被亦不足分配”。为此，垦务所一面继续向省赈济会求援，一面向当地的基督教会、慈善机构

---

① 《呈因疾病缠绵无法生活加以寄援中止生机告绝困苦至极恳祈恩施特典准予加入疾老院俾沾德泽而度微命由》，武夷山市档案馆，2-11-92。

② 薛光前编著《八年对日抗战中之国民政府》，（台湾）商务印书馆，1978年版，页264。

③ 《呈请援发棉衣棉被赈济难民由》，武夷山市档案馆，2-11-86。

④ 《垦荒台民半无冬衣恳迅赐救济》，武夷山市档案馆，2-11-86。

⑤ 《省赈委会电复已于阳日寄棉衣一百四十件交崇安县政府转发由》，武夷山市档案馆，2-11-87。

募捐，但只募集了20元，仅够制“寒衣六袭分发”，其余经费尚需“国币二百四十元”。① 崇安县垦务所打算在垦荒贷款中的“特别贷款项下动支”，但由于这笔款项属于垦荒专项经费，必须经福建省农业改进处批准，福建省农业改进处在接到申请后认为“查特别项下仅列一百六十元，分娩、丧葬，各占其半，碍难动支”，建议垦务所继续向省赈济会呈请救济。② 省赈济会根据情况，认为先前拨发给崇安县的“管理台民经费项下”，曾“暂划五百元留县为管理日台侨民备用金，以备临时支用”，建议让垦务所与县政府协商，调用这笔经费。③ 虽然县政府认为“台民备用金系留备管理独立生活及垦荒台民疾病死亡及其他临时紧急救济之用途”，“现实无法再拨”，但后来还是在台民垦荒准备费中拨款95.04元，用于制发棉衣棉被④，实际上这笔款项后来也由福建省赈济会额外给予报销。⑤ 这次的垦荒台民的棉衣棉被赈济事件终于在一定程度上得到了解决。这个事件说明了在财政状况紧张的情况下，福建省有关部门在赈济台民的过程中，往往要付出大量的努力。

台籍儿童和老弱孤寡是台湾籍民中最为弱势的群体，也是籍民当中生活最需要救助的人群，国民政府对他们施行了特别的赈济政策。在台民垦荒计划被迫终止后，为了缓解退出垦荒台籍家庭的生活压力，崇安县垦务所经福建省赈济会批准，于1940年春设立了台湾儿童教养所，收容不满15岁的台民子女共81人。⑥ 整个台湾儿童教养所，雇佣3名职员和保姆、工役各1人，每名儿童月发糙米三十市斤，并按时给予衣着。⑦ 至于老弱的台湾籍民，福建省赈济会于1939年7月27日的训令中，采纳了崇安县垦务所的建议，将19名老残病弱的台湾籍民移送县政府有关救济部门管理，并“按名月给口粮三元”的伙食救济。⑧ 此后，崇安县济老院中的老弱台民人数不断

① 《请准拨款制发台民棉衣棉被以资救济由》，武夷山市档案馆，2-11-89。

② 《福建省农业改进处指令字第966号》，武夷山市档案馆，2-11-89。

③ 《福建省赈济委员会公函会机字第1074号》，武夷山市档案馆，2-11-89。

④ 《呈为关于台民修制棉衣被一案仰所核办由》，武夷山市档案馆，2-11-89。

⑤ 《为该所拨款制造棉衣被准予报销由》，武夷山市档案馆，2-11-89。

⑥ 《崇安县垦务所垦荒台民人口统计表》，武夷山市档案馆，2-11-98。

⑦ 《为本所员役难童急待救济函请予以证明核转救济当局迅速救济由》，武夷山市档案馆，2-11-96。

⑧ 《据呈垦荒台民老弱专请转饬月给口粮一案经呈奉核准仰遵照办理具报由》，武夷山市档案馆，2-11-84。

增加，到了1940年，接受救济的老弱台民一度达到了48名。①

当然，接受救济的台湾籍民并非就衣食无忧，通货膨胀带来的物价飞涨同样严重地影响他们的生活，国民政府也面临着巨大的救济压力，并为此做了大量的工作。以济老院的老弱台湾籍民为例，1940年7月时，他们“虽每月由县府每人发给伙食费四元”（比1939年时增加一元），但“每日三餐难得一饱，生活颇难维持”②，崇安县政府也承认“在此生活程度高涨情况下，实属不敷维持”，请求福建省赈济会从7月份起，每人每月再增加两元。③ 但可能是出于财政紧张，福建省赈济会先是决定老弱台民每人每月增加一元，到了1940年12月起才再增加一元，改为每人每月六元，以缓解老弱台民的生活压力。④ 至于台湾儿童教养所的台籍儿童，情况也不容乐观，在1940年春时，每月每个儿童的生活救济为“三十市斤糙米”，根据当时物价折算成救济金约为两元，但随着货币贬值与物价飞涨，台籍儿童的生活变得异常困难，一名台籍家长翁以义就曾于1943年7月递交的呈请书中，将此情形描述得淋漓尽致：

> 幸我政府鸿慈恩施特典，乃于廿九年福建省赈济会创办台童教养所于崇安，由每月每个儿童赐给生活救济金两元，逐暂加增，迄今已阅四载，迨本年度每孩发给十元，但现际米珠薪桂（贵），每（十三市斤为一方的私米）值国币四拾余元。但照目下市情，拾元仅采白米叁市斤而已，以叁市斤之米欲作一月之粮，虽有巧妇亦难作无米之炊。家道小康者碌碌无几，而困苦者居多无法津贴，稍大儿童多被家长留作帮谋生活，以致中途辍学，良堪慨叹！且衣裳褴褛，多系贫苦之儿童，冬寒夏秽其状难堪，卫生上实大不雅，前年虽发给大衣、背心、帽子各壹件，经已破碎难缝，去年亦曾量度儿童身材欲制衣服，至今未蒙发给，台童不胜渴望而成画饼矣。数年来，榻无帷帐，疟蚊甚多，任其钻肤吮血传

---

① 《崇安县政府发给老弱台民救济金花名册》，武夷山市档案馆，2-11-92。

② 《报告》，武夷山市档案馆，2-11-92。

③ 《据报迩来百货昂贵请增加台民伙食以资维持等情理合转呈察核依予核准并乞示遵由》，武夷山市档案馆，2-11-92。

④ 《该老弱台民王依□等伙食费自七月份起每人每月准增壹元由》、《据呈物价高涨救济老弱台民伙食费拟请增加等情自本年十二月份起每人每月改给六元幼稚减半由》，武夷山市档案馆，2-11-92。

布疟毒，无奈他何！前年虽有见解到帷帐而不见分给与儿童，究不知何处消耗去，莫名其妙，儿童困苦难以尽述，伏稔钧会念切孩提，恩施孺赤，热心教养培育英才，为此谨具儿童艰情进呈钧会。①

从呈文中，可见通货膨胀使得原先的台籍儿童救济金，已经完全不足于解决孩子们的日常伙食问题，而救济的衣物也是“破碎难缝”，不好再用，台童的生活境况比较艰难。上述呈请书还暴露了国民政府在赈济过程以及衔接环节中出现了不少问题，例如给台籍儿童量体裁衣，但却迟迟不见赈济衣物，包括运来的帷帐也没有分发等情况。说明战时情况下，崇安县地方部门的财政状况、赈济效率并不理想，甚至可能存在基层管理人员渎职舞弊的问题。福建省赈济会在接到呈请书后，采取了相应的措施，极有可能是恢复了实物配给的方式，仍然每名台籍儿童每个月配给米三十市斤，此后台湾儿童的生活方才又渐趋稳定。

此后，台湾儿童教养所于 1944 年移交中国国民党直属台湾党部接管，“本所及难童经费依然继续拨发”②，1945 年 10 月，抗日战争胜利后，中国国民党直属台湾党部迁入台湾，台湾儿童教养所的所务转交福建省政府管理，“教养经费、职员薪津米粮等，亦由本省政府发给。”由于抗战胜利后，很多台湾籍民返回台湾或祖籍地，有关台湾籍民的赈济工作陆续停办，台湾儿童教养所的赈济费用也暂时中止，对此，儿童教养所所长叶逢春提出：“关于本年本所所务因未奉令结束，且鉴教养事业实至关切，未宜中断，更各父兄纷纷请续，是以查自去年胜利后，除返籍者外尚留难童 41 人，于本年 1 月继续开课办理，因经费用途急需，呈请本省省政府拨发”，1946 年 5 月时，崇安台湾儿童教养所的情况是“现自上课 4 月有余，经费、薪津及救济来源顿绝，员役、难童生活苦况势将沦为饿殍”，请求“救济总署闽浙分署福州办事处”援助。但抗战结束后，百废待兴，省政府因“本省教养事业费非常支绌，未便接管”，将台童教养所转让给中国国民党直属台湾党

① 《据该县台童家长翁以义等呈以台童救济金每月十元不敷甚巨恳准增加等情令仰查复凭办由》，武夷山市档案馆，2－11－92。

② 《为本所员役难童急待救济函请予以证明核转救济当局迅速救济由》，武夷山市档案馆，2－11－96。

部接管。① 中国国民党台湾党部针对这个情况，“准一次发给国币5000元”，以便赈济教养所的台湾儿童。② 1946年7月，浙闽善后救济分署福州办事处向全省各个收容机关发出公函，要求各慈善收容机关核实收容人数，“为准实名发给粮食三个月，旧衣一套，罐头两罐”，而“台童教养所已列入特赈”，同样享有这项援助。③ 1946年10月，浙闽善后救济分署福州办事处致函崇安县台湾儿童教养所，再次分发赈济物资，台童教养所奉此“迳向该处领到旧衣捌拾贰件，罐头捌拾贰磅，小麦叁千陆佰玖拾市斤，并定于本（拾）月十一日分发救济台童及老弱。”④ 同年12月，又有一批特赈物资送到，这次除了面粉、罐头外，还有汤粉、毯、布、扣、牛奶和棉被等物品，种类较为齐全⑤，并于1947年1月3日发放，这在一定程度上为仍留在崇安的台湾儿童，提供了生活物资，解决了部分的生活问题。⑥ 此后，崇安县的台湾籍民陆续返乡，台籍儿童的救济问题遂最终完结。

4. 困苦生活对台湾籍民的消极作用

由于台湾籍民的整体生活情况比较清贫，客居外乡且活动范围有限，外在的环境条件也比较艰苦，加上通货膨胀与物价飞涨，尽管国民政府给予种种救助，但综合起来效果并不明显。持续长久的贫困生活，对多数台湾籍民带来的消极影响是不言而喻的，其影响最普遍的表现就是台湾籍民的失踪和非正常死亡。

这里的失踪实际上是指台湾籍民未经允许或者借用谋生名义，暗自离开崇安县，返回原籍地或者是去向不明。由于崇安县的台湾籍民都属监管对象，擅自离开都是违规行为，将被警务部门所追缉。假借求职或工作名义失踪的较为多数，如1938年10月，周依显和赵淦二人向管理员递交笺条二

① 《为本所员役难童急待救济函请予以证明核转救济当局迅速救济由》，武夷山市档案馆，2－11－96。

② 《电准以台童教所呈请救济请查照由》，武夷山市档案馆，2－11－96。

③ 《准函办理特赈请所员前往具领物资生由仰遵照由》，武夷山市档案馆，2－11－96。

④ 《为领到本所特赈物资定于本月十一日分发请派员点验监放以凭转报由》，武夷山市档案馆，2－11－97。

⑤ 《准函台童教养所第二批特赠物资发放应办各项转令遵照由》，武夷山市档案馆，2－11－97。

⑥ 《电为领到第二批特赈物资定于三十六年一月三日发放请派员监放由》，武夷山市档案馆，2－11－97。

张，报告前往赤石经营小贩，然后则失去踪迹①；1940 年 3 月，独立谋生的王正福“曾云拟往本县第四区星村镇谋生”，于 3 月 31 日深夜失踪，其后“经识各处探查，均无消息”，“无从缉获，显系潜逃无疑。”② 同样独立谋生的王亦嫩、吴乃珪，于 1941 年 5 月初旬，临时被雇佣装置电话杆，然而“多日未返”，后经管理员四处探询，均无消息，“显系逃亡”。③ 1941 年 10 月 1 日，当管理员在台民宿舍点名时，发觉台民刘发俤及其妻简素不在，“当经检查其住宅，大门紧闭，询据邻人云系挑米迄今未归，显系潜逃。”④在不易谋生的情况下，台民管理员对台民求职方面给予较大的自由，因此出现的借求职名义逃亡的情况也不少。其他失踪逃亡的情况也时常发生，尤其 1942 年日军对福建的空袭频繁时，因“时有受空袭威胁之虞，人民多疏散乡间”，为了保证台民安全，县府当局允许“留崇台民亦自动迁移乡间或早出晚归”，管理上更为放松，这期间暗自离开崇安的台民人数也不少。如居住在大头岭的陈梁氏和其女陈文英则于 7 月 19 日和 20 日“闭门疏散后，迄今未回”，到 8 月份时，前后有多人在疏散躲避空袭时失踪。⑤ 根据相关统计，从 1938 年 6 月至 1946 年 2 月，七年间台湾籍民各类失踪潜逃的人数共为 36 人。⑥ 那么为何台湾籍民会选择离开崇安呢？贫困的生活应该就是最重要的原因，台湾籍民赵嘉新就是一个典型的例子。赵嘉新于 1938 年 11 月失踪了，崇安县政府即刻发电给相关单位，要求协助缉捕。1938 年 12 月 26 日，福州侦缉队发现并拘捕了赵嘉新。⑦ 在随后的审讯中，赵嘉新说明了自己离开崇安的原因和经过：

问：汝自遣送崇安县后，叠次呈请省政府并本局准予开释，为甚么私自崇安县潜逃前来福州？

---

① 《为呈送逃亡台民年貌表一份请察并转饬按址密缉归案法办由》，福建省档案馆，4－2－352①。

② 《据报台民王正福潜逃无踪请通饬缉获归案法办由》，福建省档案馆，4－2－352②。

③ 《据报台民王亦嫩、吴乃珪潜逃无踪请通缉归案法办》，福建省档案馆，4－2－352②。

④ 《呈报台民刘发俤夫妇潜逃请通饬协缉由》，福建省档案馆，4－2－352③。

⑤ 《呈为台民陈文英等八名口乘机潜逃附送年貌表一份年请察核通令协缉归案》，福建省档案馆，4－2－1459。

⑥ 《崇安县台湾同乡会二月份报表》，武夷山市档案馆，2－11－95。

⑦ 《呈报崇安县政府潜逃台民赵嘉新一名已缉获到案应如何办理之处乞察核示遵由》，福建省档案馆，4－2－352①。

答：因我风烛残年，自往崇安县后，只带二十元零用已罄，本年九月起膳费自备，县政府不再发给，我无以维持生活，且叠请省政府准予开释，故回来福州苟延残庚，至我随暮之年，自不敢有轨外行为。

问：汝潜回福州后，现住何处？

答：我回福州后，即住仓岗山后新庐一号旧屋，并无前往他处。

问：汝于何时由崇安县潜逃，并于何时到达福州？

答：我于本年十一月二十三日，由崇安县乘小民船二十余日，至十二月十九日，始到达福州。①

显然，赵嘉新暗自离开崇安县的主要原因，在于钱财用尽，而省府三个月的伙食赈济又刚刚结束，在“无以维持生活”的情况下，只好潜回福州原籍，他躲乘在小民船中，耗费了26天的时间，才返回福州，旅途十分艰苦。结合大多数台湾籍民的经济状况，失踪潜逃人员应该还是和生活贫困有着密切的关系。

台湾籍民生活困苦的另一个消极作用，就是不少台湾籍民的身体健康不容乐观，这是导致台民死亡减员的主要原因。由于生活条件差以及周围环境的恶劣，台湾籍民中水土不服或感染恶性疾病的人有不少，疟疾是其中的一种致命疾病，台民中有人因此病逝，如陈宝珍、王依历均死于传染性强的恶性疟疾。② 同时，肺结核亦是当时台湾籍民所面对的另一大死亡威胁，例如刘仙女、廖林金玉等人就死于传染性疾病肺结核。消化道类的疾病，也是台民群体中屡有出现的致死疾病，如台民白雅于1943年9月，突发“胃溃疡”，病因是“饮食不慎”，虽经县卫生院治疗，却“病治罔效”，于当年11月27日病重死亡③；张瑞凤到崇安县一年后，“因患腹膜炎医治无效病故于崇安前街寓所”，也是死于肠胃性疾病④。从中也可以推断长期以来台湾籍民的饮食状况并不好。关于台湾籍民患病及死亡的情况，有管理人员报告情况时指出，台民因“天气恶劣，不常运动，每多患病，甚至因病致

① 《赵嘉新讯问笔录》，福建省档案馆，4-2-352①。

② 《呈报台民陈宝珍因病身亡检同证明书请察核由》、《据情呈报台民王依历因病死亡检同死亡证明书一份请》，福建省档案馆，1-4-1232③。

③ 《呈报台民白雅于本月二十七日因病死亡请□□□》，福建省档案馆，1-4-1232③。

④ 《□□请家父病故移柩回籍恳赐恩给护照事》，武夷山市档案馆，2-11-69。

死”，有关部门“虽不时消毒预防，遣医调治，但收效未著”。[①] 实际上，台湾籍民罹患的各类疾病确实与饮食卫生和居住环境有莫大的关系，虽然台民后期生活基本上可以迁出聚集地点，但受限于经济条件，他们无法从根本上改善居住和饮食条件，恶性疾病自然就成为健康的威胁，甚至普通的疾病都会演化成绝症。典型的例子是台民吴锦，吴锦原本患有“脚疾”，后来病情恶化，县政府接到报告后，派卫生院医师邱祖培前往治疗，检查结果是“其下肢溃疡，全身皮肤如树皮，然推其病原，实因体外寄生虫日久吸啄，以致如是”，“现全身衰弱，营养障碍，系患恶性贫血症，病势颇为沉重，恐有生命之危。”[②] 从诊断结果看，吴锦的病情十分严重，但导致病情恶化的外在原因，主要是“营养不良”以及卫生条件不好引发的“寄生虫日久吸啄”。因此，吴锦的普通“脚疾”最后演变成“恶性贫血症”，也就不足为奇了。对于台湾籍民中重病患者，一般县政府会让县卫生医院进行免费的治疗，如上文的吴锦。台民项依品因“肝热发作，逼及双目”，“医药无效，将近盲瞎”，对此情况，县政府指示“饬令卫生院免费诊治”[③]；对一些染疟疾的台民家庭，县政府也是“准饬卫生院妥为医治”。[④] 不过，鉴于小县城医疗条件的滞后，以及有关卫生保健经费的缺乏，县政府也很难专门组织医疗力量为台民服务，台湾籍民在艰苦环境下所面对的疾病威胁始终存在。

多数台籍家庭生活困难，大部分人营养状况不佳，儿童又是其中最大的受害者，这从一些大约十几岁儿童的自述中可以看出，如王正南形容自己“瘦得像木头”；廖月英觉得自己的身体非常不好，“肚子都吃不饱，哪里还谈得上营养呢?”林长淦认为自己的情况是“身体不大健康，一到天黑眼睛就看不见了，这完全是营养不足的缘故”。[⑤] 营养不良容易导致夜盲症，十二岁的林长淦到了夜间视力下降，就是夜盲症的体现。成年人也有类似的情

① 《呈报台氓陈龙龙一名潜逃附年貌书请通缉由》，福建省档案馆，4－2－352②。

② 《签□呈报□□行政犯台民吴锦一名患病沉重乞察核由》，武夷山市档案馆，2－11－69。

③ 《为双目失明家乡被炸亲属走避接济无人恳恩释放回籍就医以免盲瞎事由》，武夷山市档案馆，2－11－68。

④ 《呈为氏近因旧疾复作□□□□□势见沉重近医□□携来子女均有疟恙恳请准予转呈念赐暂行保释回榕赴医以全母子四人蚁命由》，武夷山市档案馆，2－11－71。

⑤ 《自我介绍》，严秀峰编《台湾先锋》下卷（合订本），第8期，（台湾）海峡学术出版社，2004年版，页193、194、198。

况，如台民张阿明“体本懦弱”，“自抵崇以来，因不适风土气候，以致身瘦如鹤，而眼力因之渐昏，现仅能辨路径而已。”① 从中可见，台童普遍存在营养不良的情况，甚至因此面临死亡的威胁，台民曾建龄一岁的女儿，就因“系营养缺乏，消耗旷盛，细胞机能不全，而致死亡”。② 柯水治一家也是“在崇水土不合，本身及小孩等不时得病”，其十一岁长子华良最终病死，柯水治本人作为产科医师，懂得医术的她对此也是无能为力。③ 还有个别人因为生活窘困而自杀，如台民许添筹就因“生活困苦，疾病缠身”，于1938年8月某晚用“剃刀自割喉部，出血太多而亡”。④

至于其他非正常死亡的情况，就不一一列举，有统计数据显示：从1938至1946年，台湾籍民先后集中到崇安的人数为569人，死亡的人数为94人⑤，占全部台籍人口的16.5%，死亡率偏高是个不可忽视的事实，究其主要原因还是疾病。根据1942年12月的统计，截至当时已死亡的台湾籍民为51人，其中因病不治的有46人，因日军空袭崇安而被炸身亡的有5人⑥，死于疾病的人数占了其中的90.2%，但归根结底多数死亡原因还是与生活贫困有莫大的关系。

困苦生活的消极作用，还表现在台湾籍民的心态上。不管是参加垦荒，还是独立谋生，大多数台湾籍民都迫切希望能够摆脱生活困境，但从现实的情况来看，这个愿望难以实现。在这种情况下，台湾籍民会对未来生活感到担忧乃至恐惧，并驱使台民采取应对的策略或行动，例如递交要求保释或者赈济的呈请书，然而因为各种客观条件的限制，这些要求无法得到彻底的实现，生活问题的解决变得十分困难，而当“危险和威胁长时间持续存在或程度加重而意味个体无力应付时”，“恐惧就会转化为焦虑。”⑦ 焦虑是“由

① 《呈为陈情确系本国籍民请准予保释或释放由》，武夷山市档案馆，2-11-72。

② 《报告》，武夷山市档案馆，2-11-93。

③ 《呈为恳请准予保释柯水治母子回籍安业》，武夷山市档案馆，2-11-69。

④ 《为日台侨民许添筹自杀毙命兹将该许添筹治疗经过及致死原因填具死亡证书一纸呈请察鉴由》，武夷山市档案馆，2-11-93。

⑤ 《崇安县台湾同乡会二月份报表》，武夷山市档案馆，2-11-95。

⑥ 《台民收容经过及现在处理之概况》，武夷山市档案馆，2-11-90。

⑦ 孟昭兰《情绪心理学》，北京大学出版社，2005年版，页187。

紧张的烦躁不安或身体症状所伴随的，对未来危险和不幸的忧虑预期”。①可以说，台湾籍民对于解决这一阶段困苦生活的预期值是很低的，痛苦和焦虑自然成为他们多数人都具有的基本心理。在特定情况下，这种痛苦与焦虑对个别台民产生的影响很大，台民苏淑容因精神忧郁过度，旧病复发，最后发展到厌食乃至拒食，虽然崇安县卫生所施以人工营养法及注射强心剂等，但苏淑容最终不治身亡。② 客观地说，苏淑容极有可能在迁移至崇安县前就患有忧郁症了，然而崇安的艰苦生活是不是会加重病人的焦虑与抑郁，最终导致苏淑容的拒食与病亡呢？这种可能还是存在的，可以说困苦生活给台民带来了很大的精神负担。这种痛苦和焦虑的心理情绪，主要还是针对生活层面而言，并不牵涉到台湾籍民的“社会角色”认知，不像“强制集中”与“严密监管制度”那样，会导致他们产生身份的“丢失感”，不会因此产生强烈的“孤立感”和“异类感”，所以从另一方面来讲，因生活贫困导致的“焦虑感”，不会直接激化“亚细亚孤儿”意识中的认同失落和迷失。

二、崇安县的台湾籍民管理体系

1. 保甲与管理员制度

在台湾籍民迁移来崇安之初，为了按照省府的要求做好安置和监管工作，县政府曾先后制定了“长久住宿和监管”以及“日台侨民生活起居规则”等管理方案，打算以保甲、组织、训练、监视、集中生活、早晚点名等各种管理方法，来对台湾籍民进行严密的控制和监管。但后来，因为台湾籍民的生活赈济成为省、县当局最迫切需要解决的问题，台湾籍民先后被编入垦荒和允许迁出文庙、贞光学校等集中住区独自谋生，老弱台民和儿童也被收容进赡养院和台湾儿童教养所，初期较为严格的管理制度逐步被摈弃，最终仅施行较为简单的保甲和管理员制度。

保甲制度一般是由官方自上而下推行的一种基层政权组织制度，因为它是以家或户为编制的最小单位，所以保甲制度又往往和户口调查及户籍管理

---

① 孟昭兰《情绪心理学》，北京大学出版社，2005 年版，页 187。

② 《为日台侨民苏淑容病逝兹将该民治疗过程缮具死亡证书二份呈请鉴核由》，武夷山市档案馆，2-11-93。

联系在一起。它既可以对生产建设和人口户籍进行管理，又具有维持地方社会秩序、统制民力、征发徭役、收取赋税、教化居民等功能。① 国民政府时期，福建于1933年即开始施行保甲制度②，因此，台湾籍民在崇安被编入保甲，在人口管理上并没有十分特殊的地方，这和当地百姓所受的基层管理无异。

管理员则在台湾籍民的管理中扮演最为重要的角色。原本管理员分两组，共8人。③ 后来，仅在贞光女校及孔庙二处各设管理员一人，“专责管理其一切日常生活”；国民政府对台湾籍民三个月的伙食赈济结束后，为了“筹解生活办法”，台湾籍民分为独立谋生和垦荒两部分，相关的管理也分开，即“关于独立生活台民，县政府仍设管理员一人，专责监视其行动；垦荒台民则由垦务所接管办理垦荒工作”。④

管理员在管理台湾籍民时，职权范围颇大，管理员是台湾籍民和县政府、垦务所之间进行沟通的桥梁和纽带。他们的管理职责大致如下：

第一，负责台湾籍民日常生活起居，如有问题则要向上级部门报告。管理员要定期了解台籍民众的衣、食、住和身体健康状况，负有要保护他们安全，调解纠纷矛盾等职责。上级部门如有要求，管理员要提交有关台湾籍民的户口、外调、安置、救济等情况的报告。

第二，监管台湾籍民的行动，报告异常情况。例如出现台湾籍民吸食鸦片，失踪、死亡或者其他非正常情况时，必须及时向县政府汇报。

第三，要做好上传下达的工作。台湾籍民如要申请保释，迁出聚居宿舍，退出垦荒或者外出城关打工谋职，甚至是婚丧嫁娶等，均要向管理员报告，除了外出或谋职工作外，其余情况管理员均要在了解情况后转报垦务所或县政府，经县府相关部门批准后，方可实行。对此，县政府在接到管理员的相关报告后，一般批示让管理员对情况进行调查，管理员回馈情况属实后，县府当局才能批准台湾籍民的呈请或采取针对性的措施。

鉴于台湾籍民的特殊身份以及福建省政府的有关指示，崇安县政府自然

---

① 冉绵惠、李慧宇《民国时期保甲制度研究》，四川大学出版社，2005年版，页2－3。

② 冉绵惠、李慧宇《民国时期保甲制度研究》，四川大学出版社，2005年版，页98－101。

③ 《崇安县各界台民招待第一次会议录》，武夷山市档案馆，2－11－90。

④ 《台民收容经过及现在处理之概况》，武夷山市档案馆，2－11－90。

不敢放松监管的力度。根据省政府的训令，“除一部分由垦务所接管从事垦荒外，其余准从事独立自由职业，惟工作地点以本县境内为限等因奉此。查际此非常时期，该项台民虽准独立自由，但仍须严密注意，切实防范，以杜意外”①，县政府向有关的区长、主任以及各保甲长做了相关指示，台湾籍民的工作、生活范围在大多数情况下限定于崇安县，防备“轨外行动”，而管理员作为台民的直接监督人，更是肩负重大的监管责任。实际上，除了不能离开崇安县外，台湾籍民并没有其他的行动限制，当然赴郊外或其他区、镇时，需要打笺条给管理员，以便领取外出证明。② 如果台民外出打工或者临时离开，而没有事先向管理员报告的话，就会被当成潜逃，一旦被管理员、宪兵或警察追回的话，台民一般要被拘禁。翁秀煌在 1939 年 12 月 24 日，“承赤石茶叶改良场工头吴国准佣雇，前往为工人，开垦茶园”，这属台民自谋工作，原本是崇安县政府允许及鼓励的，但由于翁秀煌“未曾向管理员声情许可，然后前往”，结果被当成潜逃，“致取罪戾，追回拘禁”，其妻陈日请茶叶改良场的吴姓工头出示证明书，希望县政府能够释放翁秀煌。③ 类似的情况还有陈东崎，他曾在崇安县城区警察所充当伙役，后来“因病收差”，继而“暂代电报局分送电报或干劳工”，但可能更换工作后没有及时向管理员汇报，后被当成潜逃而“羁押狱中”。④ 对于外逃的台湾籍民，如想申请保释，一般要“觅具连环妥保”，才可获得释放。当然，如果台湾籍民真的失踪或者外逃成功，管理员算是严重失职，要受到相应的处罚。1941 年 5 月，台民王亦嫩、吴乃珪，临时被电厂雇佣装置电话杆，结果“去后据报行踪不明，潜逃无踪”，县政府“查该管理员吴□管理疏忽”，“由本府予以撤职”⑤，显然台民如失踪或外逃，管理员是要被追究责任，甚至被撤职处分。

---

① 《为日台侨民迁居本县境内独立生活仰转饬所属认真防范对于户口异动随时具报呈知由》，武夷山市档案馆，2－11－90。

② 《为呈送逃亡台民年貌表一份请察并转饬按址密缉归案法办由》，福建省档案馆，4－2－352①。

③ 《呈为因往赤石为佣工因无报告请准致干罪戾而受拘禁恳祈恩予开释以维生活由》，武夷山市档案馆，2－11－69。

④ 《呈为无辜羁禁屈陷图圄请求保释以安生业由》，武夷山市档案馆，2－11－69。

⑤ 《据报台民王亦嫩、吴乃珪潜逃无踪请通缉归案法办》，福建省档案馆，4－2－352②。

同样，垦务所对台湾籍民的管理也较为严格，垦务所认为："查垦荒台民份子复杂，良莠不齐，在此抗战期中，必须严密管理，防范未然，厦门情形前车可鉴，稍一不慎，遗患堪虞"，可见垦务所对当年厦门台籍浪人的汉奸作为依然心有余悸，因此制订了相关的管理规则，"本所有鉴及此，制定出入证两种：甲、白字蓝底（上午佩用）；乙、绿字蓝底（下午佩用）"，此出入证名为"崇安县垦务所垦荒台民出入证"，台湾籍民的活动范围限于崇安县三民路至鸭姆洲农场范围，"因工作必须往来，及派其他工作外，凡越此范围之外，如未经准许擅行外出，或经准许外出不佩出入证者"，将被垦务所视情节惩办。① 垦务所的管理规定初定于1939年5月，但实际上由于台民垦荒计划的失败，这个管理规则即使有施行，恐怕也就半年多的时间，在大多数台民独立谋生之后，所谓的出入证制度也就成了一纸具文。

对于台湾籍民的管理，除了日常活动范围被限定外，台民在婚姻嫁娶方面也必须向县政府报告。1941年2月，台民白泉"赖经戴宝桂为媒说合"，打算娶同为台籍的林金宝为妻，虽然双方都是台籍，且"两厢愿意"，但白泉依然"合应具呈钧长报告乞予恩准"，对此县政府没有异议，同意他们的结婚请求，批示"并案存查"。② 不过，不是所有台民的婚嫁请求都能得到批准，一旦涉及"敏感"人物，相关的请求就可能无法通过批准。1941年3月，台籍女子王碧云通过管理员向县政府递交呈请，请求准予结婚，县政府先是批示"准予婚嫁"，然后要求王碧云"将婚嫁日期、丈夫姓名、职业、住址报府核夺"。③ 王碧云递交第二次呈请书时，按照县政府的要求，指出其未婚夫廖真芬"前在军界服务，嗣业小商，先住本城濑头六号"，两人婚期定为当年的四月一日。④ 不过，当县政府得悉王碧云未婚夫曾在军界服务的情况后，出于对台籍人士的不放心，没有批准王碧云的结婚申请，县政府从原先"准予婚嫁"的态度，变成批示"所请与军界人等结婚，未便

---

① 《本所垦荒台民外出不佩出入证者请饬警严拿究办希查照由》，武夷山市档案馆，2－11－86。

② 《呈为声请台民男女凭媒说合互相嫁娶乞予恩准由》，武夷山市档案馆，2－11－75。

③ 《为独身无靠生活困难乞予恩准在崇自由婚嫁以延残喘由》，武夷山市档案馆，2－11－75。

④ 《呈复婚礼日期乞准备案由》，武夷山市档案馆，2－11－75。

照准”。[1] 显然，在对台民的婚姻管理上，县政府对于台湾籍民婚嫁的人选还是保持着一定的防范和警惕。

总体上看，自台湾籍民独立谋生和从事垦荒后，原本繁杂严格的管理制度已没有采用。崇安县后期对台湾籍民的监视和管理，主要是靠管理员来执行，管理上也有准许“独立自由”的宽松，虽然严密监管的主旨并没有改变，但有关部门并没有再制定十分苛刻的规定。在这种情况下，台湾籍民比较不会感到自己被怀疑和不信任，因此对自我角色的认知错位就不会被激发，“失去感”也不会像早期那么强烈，但由于各种监管依然无时不在。台湾籍民以往心理上的失落与孤寂并不会消失，仍在长期存在。

2. 对台籍烟民的戒烟管理

吸食鸦片是旧社会的陋习。台湾籍民中有少数人沾染了鸦片烟瘾，估计人数在二十人左右。[2] 为了帮助这些有烟瘾的台湾籍民戒烟，崇安县政府制定了“台籍烟民管理暂行办法”，不过，碍于戒烟医药、办法和条件的限制，有关当局采取的办法是限量吸食、逐步戒除的办法。特意设立了“台籍烟民临时限戒管理所”，专为台籍烟民戒烟之用。其中有关管理制度如下：

1. 本县为便利管理台籍烟民购吸起见，特设立台籍烟民暂行限戒管理所，专为台籍烟民吸食之场所。该项一经确定场所，除台民外，其他烟民概不准进吸以免混杂，台民不准往其他管理所吸食；各管理所如有违上项各款者，一经查出，即予严重处分；

2. 负责办理烟民管理所之人员，应注意监视台籍烟民之一切行动，如有可疑之处，准予随时密报；

3. 凡台籍烟民皆令其领有戒烟执照，并于照证上加盖“崇安县政府验印”圆戳以资识别；

4. 每日上午七时至八时，下午三时至四时，为台民吸烟时间；

5. 该管理所应将每日到所购吸烟民人数姓名及销额，详细填表呈

---

① 《据呈复婚礼日期乞备案等情批仰遵照由》，武夷山市档案馆，2－11－75。

② 《崇安县烟民限戒管理所销货分类日报表》1938 年 8 月 31 日、9 月 4 日，武夷山市档案馆，2－15－55。

本府第一科□□；

6. 关于台籍烟民吸烟，除本办法为规定者外，应依照管理本省烟民限戒所规则办理；

7. 本办法有未尽事宜，得由本府沥时修改之。①

由于鸦片毒品危害很大，如果马上强制戒毒，一些老弱吸毒者极有可能身体器官出现衰竭而死亡，因此限量吸食，逐步戒毒是早期戒毒采用的主要办法。因此，上述管理制度的目的也是在于控制烟民的吸食场所、吸食的量额和吸食时间，追踪烟民的动态，通过控制吸食量来达到戒毒的目的，当然还必须配合一定的医药救治，这也是民国时期戒毒的主要方式之一。有关戒毒的效果如何，相关的资料不多，但从部分人的戒毒情况来看，还是取得了一定的成绩。1939 年参加垦荒的台湾籍民中，有烟民曾敬信等十三人，根据管理员的报告：他们“于八月十八日关入病室，限戒至今将近四星期，现经医师检验证明，其中除赵中虔因病身故外，其余十二人均已戒绝”。②可见，崇安县当局对于台籍烟民的戒毒工作，取得了一定成效，崇安县政府对于台籍烟民的管理是值得肯定的。

3. 管理员和台湾籍民的关系

从有关资料来看，崇安县的大部分管理员能够恪守职责，能够比较客观真实地向县政府反映台湾籍民的情况，较为关心台湾籍民的生活。崇安县的管理员曾向县政府递交了《崇安县政府老弱日台侨民调查表》、《日台侨民询查表》、《老弱台民调查表》等各类调查表格，对台民情况给予真实反映，转交了他们递交的各种呈请书，多数管理员也在自己的调查报告或者汇报书中，对台湾籍民的各种疾苦真实客观地描述，并适时提出改善台湾籍民生活状况的建议。例如，台湾籍民集中崇安县之初，文庙的管理员黄慰农，发现“暂住文庙台民，夜间都系席地而卧，其中虽多数携有草席毛毯，可资铺地为席，但仍有少数台民，尚未具备，因之受寒湿而病者，往往有之”，因此提议向当地朱而英、万钟琪二家，借用“竹簟各五张”，让文庙的台湾籍民

① 《台籍烟民管理暂行办法》，武夷山市档案馆，2-15-55。

② 《报告》，武夷山市档案馆，2-11-89。

使用，“较胜草席毛毯多多，受惠不少”。① 管理员张英亦是十分尽责，“至关所内公共卫生，无不严加整饬，是以草尘堆积污垢不堪之文庙，现正逐渐刷新，略堪捿止”②；他发现台湾籍民出现“肚痛解血”急性疟疾情况，立即报告县政府，请求指派卫生院进行防治等，并指出台民起居管理规则中一些弊端，要求县政府改革等。当有台民呈请减免地方捐税时，张英也敢于从台湾籍民生活困苦的角度出发，提出“查台胞留崇，生活本极困苦！我政府当局不忍其颠沛，曾在竭力设法救济其生活。今该傅细俤等既在城厢独立营生，似不应使再负担捐款，致艰苦重复，无所刬释。为此理合据情转呈察核！伏乞，俯念该台民等情景特殊，准予通令地方保甲长嗣后对于台民一律豁免捐税，以示体恤！实为德便”③，这个建议最终被县政府部分采纳，张英为减轻部分台民的经济负担作出了自己的努力。由于张英工作认真负责，文庙的台湾籍民给予其高度的评价，称其“对于职责督率有方，指导有序，设施措置井井有条。为公则秉承管理规则，为私则谦和宽厚待人”，“恩威并济，爱护无微，纵嚣顽不泯之徒亦未敢稍越，化莠为良诚以德服人，讴歌称颂举所口碑”。当获知管理员张英要“另调任用选员接替”时，文庙的台湾籍民联名上呈请书，要求县府“准保留继续原任”。④ 可见，一些管理员和台民之间建立了良好的互动关系，管理员负责周到的管理和照顾，给当时台湾籍民的生活提供了不少便利。对于多数台湾籍民而言，外在的管理体系并没有给其生产、生活带来更多的负担，只是生产、生活中的一些事务受到了束缚和限制而已。同时，这种良好的关系也在一定程度上给予台湾籍民心理上的安慰，虽然不能消除“亚细亚孤儿”意识，但可以适当地缓解他们的失落感和忧郁的心理感受。

三、台湾籍民与崇安县当地社会的互动关系

台湾籍民在日常生产生活中，不可避免地会与当地社会民众产生联系。由于台湾籍民的活动受到县政府一定程度的管制，加上台湾籍民自身情况特

① 《报告》，武夷山市档案馆，2－11－90。
② 《为签恳挽留管理而安众望以资熟手事》，武夷山市档案馆，2－11－90。
③ 《签呈》，武夷山市档案馆，2－18－241。
④ 《为签恳挽留管理而安众望以资熟手事》，武夷山市档案馆，2－11－90。

殊，这种与当地社会的交流与互动，不会太深入，而且也不是很紧密。

迁移到崇安之初，台湾籍民对这个闽北小城是陌生的，他们在当地几乎没有亲戚朋友，人际关系极为简单。独立谋生时期，台湾籍民被允许迁出台民聚居区，和外围环境有较多的接触，从事医生、理发师、佣工、肩挑、保姆等职业，也增加了和周围人群的互动，尤其是台籍医生，他们的医疗服务是这个闽北山城所紧缺的，这从陈光复牙科诊所“生意尚称不恶”即可看出，当地百姓对于医疗服务还是比较欢迎的。不过，台湾籍民本身的一些特性，限制他们和当地百姓的交流。由于有些台湾籍民只懂得闽南话和日语，还有的人仅略懂一些国语，这在讲闽北方言的崇安，自然会存在语言交流上的障碍。例如出生于台湾彰化的周燕福，成年后返回祖籍地泉州，在崇安生活期间，他就认为自己处在“言语不通，人地两疏”的窘境①，类似的情况还有林椿庭等人。②《前线日报》的记者在崇安做采访时，亦由台湾义勇队“分队长担任翻译”，采访才得以顺利进行。③ 此外，以往一些有关台籍浪人的负面事件也对台民和当地的融合造成阻碍，当时的小台胞林长梅也这么回忆道：“因为语言不通，生活习惯不同，所以崇安的同胞和台胞互相间有很多不了解的地方，当地的同胞都记住过去有许多台湾浪人受了日本人的挑拨离间，曾来福建做了一些不好的事情；这些不好的印象一直在祖国同胞的脑海里旋转，……”④

除了交流沟通外，亦有发生个别台湾籍民触犯当地百姓的利益，引发冲突的事件。崇安是个森林资源丰富的山区，不少台湾籍民为了砍柴谋生，或是伐木供给日常生活需要，都会上山砍伐树木和获取其他植物资源，但这种行为有可能会误损当地百姓的林木作物，而引发矛盾冲突。1938 年 10 月的伐木事件就是一个典型例子，其具体情况，台民邱依嫩等陈述如下：

窃思垦民有九十一户客居此地，初受政府继承垦务所救济，伙食费

---

① 《呈为恳请转呈准予保释俾赴南安九都服务后方医院事》，武夷山市档案馆，2－11－70。

② 《呈为恳请准予陈情彻查以伸冤抑而分皂白由》，武夷山市档案馆，2－11－66。

③ 《前线日报》，1942 年 2 月 26 日，转引自福建省档案馆、厦门市档案馆编：《闽台关系档案资料》，鹭江出版社，1992 年版，页 112。

④ 林长梅《中台同胞联欢大会》，严秀峰编《台湾先锋》下卷（合订本），（台湾）海峡学术出版社，2004 年版，页 372。

每口一角以维生计，但民等对此恩给非二食不足敷用，然于闽南食惯皆行三餐，故带来之项概已用罄，弟因半饱半饥未堪其苦，无奈以采伐樵木而代节买柴之费。于是二个月余以前，相率前往采伐者络绎于途，此举不特县府官员尽悉，如各管理员暨该山林附近民众时或往观，无有不知者。盖采伐原属常事，乃本年十月九日，适逢星期日，垦民值休之日，依然相率采伐，讵意乡众纠合三十余猛，均持刀枪，无端将此垦民四名不由分诉两手缚后，继用拷打，所有财物亦尽被夺去。倘此山林不肯任人采伐，理应树木禁示或报县府转示，但彼等全不□法，胆敢不会同军警，擅自私设刑具，辱打良民，如此目无国法侮辱人权，苟不严加惩办，长此以往，□□□猛之徒，将何收拾耶？伏望钧长核察下情是否真实，千祈以国法为重，将此等无知凶猛之徒审实拘办，并请追还另记被夺财物，以儆效尤。①

从台民邱依嫩等人的呈请书中，可以看出其忧惧与愤怒的心情，一方面生活困苦，本来自由的伐木行为，却突遭当地乡民暴力禁止，为能否讨个说法以及对于今后能否继续伐木，忧心不已；另一方面，对于突如其来的非法对待，自然十分愤怒，这从“目无国法”、“侮辱人权”、“无知凶猛之徒”等词即可看出心中的不满、委屈和惊惧。对于此事，县政府十分重视，县长刘超然命令管理员张英会同城区联保“驰往肇事区调查”，指示“如果属实，应责成当地保长将物件悉数归还”台民，不过对于肇事者的处理却没有相关的指令，反而提出“严令禁止采伐有关风景及私有之林木”。② 由于缺乏进一步的资料，这件事情的后续发展不得而知，但可以推断下述情况的存在：首先，当年的崇安县，必然有风景古迹或私人林产的存在，上山伐木的台湾籍民有可能误砍伐了他人的林产；其次，肇事的乡民多达三十多人，可能涉及地方豪强大族或村社集体利益，县政府难以对其进行严惩；第三，崇安地处偏僻，尚未完全开化，可能民风彪悍，私法处理司空见惯。当然，这些推断不等于就是事实，这类事件从目前的档案资料来看也不多，或许只

---

① 《据台籍垦民邱依嫩等呈诉因采伐樵木被乡众捕打并劫夺财物后缚送县府请详查严办等情转请核办由》，武夷山市档案馆，2－11－78。

② 《据台籍垦民邱依嫩等呈诉因采伐樵木被乡众捕打并劫夺财物后缚送县府请详查严办等情转请核办由》，武夷山市档案馆，2－11－78。

是一些小插曲而已，但这些不和谐的音符，实际上也说明了台湾籍民在融入地方社会中存在的一些问题，处于一种尴尬的境地，他们与当地社会在做艰难的磨合，而这种情况在短期内，又是难以改变的。

四、小结

崇安县台湾籍民的生活状态，包括经济生活、活动的自由度以及与当地社会的互动情况等，总的说来并不理想。在经济生活上，台湾籍民大多过得比较艰苦，这其中既有当地恶劣气候和自然环境的影响，也有社会经济大环境的动荡。当然从他们本身的性别、职别、年龄、财产等情况看，也存在结构性矛盾，因此不论是垦荒，还是独立谋生，都没能起到良好的效果，谋生功能弱化，大多数台湾籍民没有稳定的收入来源，生活自然较为贫苦。虽然福建省、崇安县政府的有关部门源源不断地提供各种赈济，但无法改变台湾籍民谋生时自身存在的根本缺陷，一旦赈济停止，台湾籍民的生活立即陷入困顿。在台湾籍民的管理上，虽然他们在崇安受到一定的行动限制，但监管的程度并不十分严厉，有相当的自由空间，他们与管理员的关系也算是较为融洽，虽然台湾籍民和当地社会的互动与沟通存在一定的问题，但这不是影响他们生活状况的决定性因素。这一阶段，台湾籍民的心态主要是焦虑、恐惧和抑郁，即由现实生活的困苦以及无力解决问题的困扰，使他们对未来的生活极度担忧，恐惧与焦虑成为他们的主要心态。当然，由于这种焦虑感更多的是来自对未来生活的担忧，而不是来自国民政府对其身份的怀疑以及严苛的监管制度，因此不会强化他们的“亚细亚孤儿”意识。总之，台湾籍民在崇安县的生活一直处于较为困苦的状况，直至抗战胜利后返乡。

第二节　崇安县台湾籍民的最终归宿

一、抗战胜利与台湾籍民返乡

1945 年，中国人民经过长达 8 年的艰苦抗战，终于打败了日本侵略者，取得了抗日战争的伟大胜利。1945 年 10 月 25 日，中国战区台湾地区受降典礼在台湾省台北市的公会堂（今中山堂）举行，正式宣告日本帝国主义殖民统治的结束，台湾终于回归祖国的怀抱，被日本殖民者奴役50年的台湾同胞得到了解放，恢复了中国国籍。1946年2月，福建省政府向其所属各个机关发出训令："查台湾人民原系我国国民，以受敌人侵略，致丧失国籍。兹国土重光，其原有我国国籍之人民，自三十四年十月二十五日起，应即一律恢复我国国籍。"① 此时此刻，已经没有了所谓的"日籍台湾人"，"台湾籍民"已经成了一个历史名词，原先旅居祖国大陆或东南亚地区的台湾籍民，都成了"省外台胞"。

为推动省外台胞返台工作，1945年10月28日，一些热心的台湾士绅在台北太平町美东公司内成立了"省外台胞送还促进会"，林献堂任会长，副会长由林茂生、陈炘担任，廖文毅任总务部主任②，开始着手岛外台胞的返台工作。中国国民党台湾省执行委员会于1945年底发给福建省执行委员会的电文中提到："查自日本发动侵略战争，该台湾同胞之被征入伍与义民流落各省者数达十万余人，兹者台湾光复而分散各地之台胞，大多数流离失所，生活困苦，函待救济。拟请贵会会同军政机关统筹救济，其愿回台者，请为设法遣回。如有一时无法返籍或愿暂时留者，并请设法收容或介派工作，事关加惠台胞，至希惠赐办理并见复为荷等由。"③ 1946年1月22日，行政院善后救济总署浙闽分属亦向下属部门发出公函，"嘱查明台籍同胞以便统筹协助遣送回台，特电请从速就近调查分署辖区内等待返台难胞情形，并希将其（一）现住地址，（二）欲返台地址及抵台登岸地址、经济状况，能否自行负担返台旅费等详细电复以凭汇转。"④ 福建省政府亦给崇安县发去训令："惟台湾今已设省，台胞亦已明令恢复国籍，此后应受我国民待遇，除过去曾任间谍或助虐行为应依法办理者外，可毋庸集中，已集中者如无上述行为应即予解散。"⑤ 自此，福建省开始让各地呈送"辖区内留省台

① 《福建省政府训令府民丙报字第01478号》，武夷山市档案馆，2-11-101。

② 曾建民《台湾一九四六·动荡的曙光：二二八前的台湾》，（台湾）人间出版社，2007年版，页43。

③ 《案准中国国民党福建省执行委员会三十四年十二月十九日秘文字第五七八号公函》，武夷山市档案馆，2-11-95。

④ 《准浙闽善后救济分署函为调查台胞回乡统计请抄送名册参考等由电仰查照表式调查速报凭转由》，武夷山市档案馆，2-11-98。

⑤ 《福建省政府训令致卯灰秘乙46419号》，武夷山市档案馆，2-11-95。

籍同胞名册”，国民政府组织台胞返乡工作开始启动，崇安县的台湾籍民自然包括在其中。根据省府的有关要求，崇安县台湾同乡会理事长提交了1946年2月的台胞名册，具体情况如下：

表格十三：崇安县1946年2月台胞情况报表 单位：人

分类	集中人数	返台人数	转所人数	死亡人数	失踪人数	现有人数
男	310	149	0	57	26	78
女	259	144	0	37	10	68
合计	569	293	0	94	36	146

资料来源：《崇安县台湾同乡会二月份报表》，武夷山市档案馆，2－11－95。

从上表可见，在1946年2月以前，已经有293名台湾籍民自行返回台湾，还剩下146人，后来确定的人数是143人。① 那么这些剩余的台民，为何仍然滞留崇安呢？这是因为大多数的台湾籍民经济较为困难，旅费成了最大的难题，正如崇安县台湾同乡会理事长杨从龙向福建省赈济部门呈请的那样：“查集崇台民生活素难维持，而返籍川资更无来源”，“如须由各个负担川资，则我台民之穷困，将成永无返籍之可能”。② 对此情况，行政院善后救济总署浙闽分属福州办事处，于1946年12月11日给崇安县发去电文：“贵县台胞，本处可以遣送还乡，由崇来榕旅费每人完二万零二百元，十二岁以下减半，可由贵府先垫，以绝对赴台者为限，否则旅费归县负担，回台人数大小若干，先电复行总闽办事处。”③ 后来，行政院善后救济总署又为台胞增加了途中的伙食费，“每人每日一千元，十二岁以下减半”。④ 有了这笔款项，台湾籍民的返乡工作得以顺利实施。根据要求，所有返乡的台民，定于1947年2月18日，全部由崇安县雇佣民船运往福州，并于2月底在福州登记报到，以便返台。⑤

从1947年的崇安县返籍名册中，台湾籍民离开崇安后的各自返籍情况

① 《呈复本会台侨异动情形由》，武夷山市档案馆，2－11－95。

② 《为台民解散无力负担川资呈请准予将情核转救济当局拨资护送回籍以示优恤由》，武夷山市档案馆，2－11－96。

③ 《福州行总闽处电文35年12月11日》，武夷山市档案馆，2－11－97。

④ 《福州行总闽处电文36年1月5日》，武夷山市档案馆，2－11－97。

⑤ 《电为奉准遣送本会台胞返台遵造名册送请迅赐证明并恳依期电复救济分署驻闽办公处早备收容由》，武夷山市档案馆，2－11－97。

如下：

表格十四：崇安县 1947 年元月台胞返籍人数略表　　单位：人

返籍目的地	台湾	福州	龙溪	晋江	合计
返籍人数	84	19	15	9	127

资料来源：《崇安台湾同乡会台胞返籍名册》，武夷山市档案馆，2－11－97。

如果返籍情况真如上表所列，那么 1946 年 2 月以来，崇安县剩余的 143 名台民，最终就只有 16 人选择留在崇安生活，其余的 127 人则各自回到原籍，福建台湾籍民在崇安县的生活历程，终于画上了句号。

二、艰难的评价

1. 台湾籍民的崇安记忆

从 1938 年 6 月，第一批台湾籍民被集中迁移到崇安县，到 1947 年 2 月，最后一批台民被护送回原籍，福建省多数台湾籍民（除日军占据的厦门外）在崇安生活了八年多的时间。对于多数台民而言，回忆起这段艰难的人生历程，多少有点痛苦的意味，这在后来的一些回忆文章和口述访谈中有所体现，例如当年参加台湾义勇队少年团的郭辅义和黄莘。根据郭辅义回忆，“崇安县就是著名盛产茶叶之地，高山峻岭物质极度缺乏，台胞被迫垦荒，每月仅发给二元伍角生活费，由于水土不合疟疾盛行，使我们这批难胞陷入绝境，生死难卜”①；黄莘则指出当年集中的台胞是在“偏僻的闽北崇安山区监督劳动。我们只得跟随父母一起受难，除了生活的艰辛，在我们幼小的心灵里，留下了深深的创伤”②；当年组织台湾义勇队的爱国台胞李友邦将军的夫人严秀峰女士，也口述她本人所了解的一些籍民生活情况，指出当年崇安台胞的生活极为艰苦。③

2. 如何看待国民政府的赈济举措

由于年代久远，不少台胞对当年的记忆并不那么准确，诸如“台胞被

---

① 郭辅义《台湾光复暨台湾义勇队六十周年纪念感言》，严秀峰编：《李友邦先生纪念文集》，（台湾）世界综合出版社，2003 年版，页 247。

② 黄莘《李友邦和他心爱的台湾少年团》，严秀峰编：《李友邦先生纪念文集》，（台湾）世界综合出版社，2003 年版，页 304。

③ 严秀峰女士口述，台北市重庆南路一段 121 号，2007 年 5 月 23 日。

迫垦荒”的叙述就并不准确，而后来的一些文章和著作，比如大陆学者楼子芳《抗日烽火中的台湾义勇队》就认为，“台民垦殖所实际上是强制劳动、管教的集中营。”① 这实际上并没有完全反映事实，正如我们上文所提，台湾籍民加入垦荒并不是“被迫”，当时也可以选择独立谋生。如果台民因生活困难想加入垦荒，必须提交申请，而申请基本上也都能通过，如果无法垦荒，台民也可以申请退出，一般情况下也会得到批准，台民垦荒享有的各类项目的贷款远比来自其他地方的垦荒移民要优惠。台湾籍民在崇安县的生活情况确实比较艰苦，这是一个不争的事实，亦是多数台民认为往事不堪回首的主要原因。但当年国民政府所做的各种赈济工作，也是不容否定的客观事实，无论是垦荒、物资赈济、济老院，还是台湾儿童教养所，所给予的赈济物资和优待政策，远远超出了同期的战争难民或垦荒移民。有关垦荒优惠政策以及赈济贷款的优待，上文已有分析。如再分析国民政府的其他救济举措，就能更好地认识国民政府救济台湾籍民所做的各种努力。

例如台湾儿童教养所，这可以说是为赈济台籍儿童而特设的机构。崇安的台湾儿童教养所成立于 1940 年春，而国民政府于 1938 年至 1941 年间，在全中国非敌占区先后筹设儿童教养院所也就 31 个。② 崇安县的台湾儿童教养所共收容台籍儿童 81 人，而同年福建省儿童教养院收养的难民儿童总共也就 733 人③，台籍儿童占当时福建省难童教养所救济人数的 11.1%，这应该是一个极高的比例，当时福建尚有众多的难童得不到收养。应该说，抗战后全国难童剧增，为了救济台籍儿童，国民政府专门设置了台湾儿童教养所，这还是体现了对台籍儿童的特殊照顾。

其次，从给予台湾籍民小本经营的借贷来看，亦是十分优惠的。抗战时期，国民政府为了解决各地一些难民的就业问题，颁布了《赈济委员会小本贷款规则》，为有从事小商业或小手工业意愿的难民提供贷款。贷款的金

① 楼子芳《抗日烽火中的台湾义勇队》，（台湾）世界综合出版社，2003 年版，页 33－34。

② 秦孝仪主编《革命文献》，第 96 辑，中国国民党中央委员会党史委员会编印，1984 年版，页 12，转引自蔡勤禹著：《国家、社会与弱势群体：民国时期的社会救济（1927－1949）》，天津人民出版社，2002 年版，页 178。

③ 秦孝仪主编《革命文献》，第 100 辑，中国国民党中央委员会党史委员会编印，1984 年版，页 103，转引自苏新有《抗战时期国民政府难童救济述论——以赈济委员会儿童教养院为例》，《贵州社会科学》，第 7 期，2007 年 7 月，页 162。

额分配分三种，甲种是以负贩为业者，可贷给10元至20元；乙种是摆摊或开设小商店者，可贷给10元至100元；丙种是经营小工艺者，可贷给30元至50元。① 这种小本贷款从1939年开始实施，与此同时，崇安县为了解决台湾籍民中部分有意愿从事小手工业者的就业问题，向省府提交了“台民从事手工业计划书”和预算书，请求全额贷给所需经费558元，其中理发项目45元（一人）、肥皂工业330元（一人）、缝工艺业150元（二人）和修鞋业30元（一人）②，这批小手工业贷款请求也得到省政府的批准。③ 从中看出，愿意从事小手工业经营的台民，在各个项目所得到的经费贷款，均达到或者超过《赈济委员会小本贷款规则》规定甲、乙、丙三种标准的最高额贷款，这远比同期国民政府对其他难民小本经营的贷款来得优惠，其实也是体现了对台湾籍民小手工业经营的特别关照。

当然，国民政府对台湾籍民的安置和赈济，也并非全无问题，例如一些伙食贷款与赈济物资，不能保证长期稳定供给；救济台民的棉衣曾有“破烂不堪，难以穿用”的质量问题；救济台湾儿童的帷帐、衣物也有到位不及时的情况等。当然，这些问题，在台湾籍民和管理人员的呈请和反馈下，分别得到不同程度的解决。但这些问题很多是抗战时期国民政府难民救济中所存在的一些弊端，如安置难民的准备不足、缺乏救济的长远性和有效监督、救济资金不足等④，这是由抗战时期的社会环境以及国民政府行政职能不健全、效率低下所造成的，倒也还不仅是福建省有关部门自身的问题。因此，国民政府对崇安县台湾籍民的生活赈济，是必须给予相应肯定的。

3. 该阶段台湾籍民的主流心态

集中到崇安县的台湾籍民，背负着“台籍浪人”的原罪，承担着巨大的心理压力。委屈、不满、失落和痛苦一直是他们的主要心理情绪。在崇安生活期间，由于生活的艰苦、垦荒和独立谋生的不易，使他们又对未来的生

---

① 李爽《抗日战争时期国民政府难民安置政策研究》，东北师范大学硕士论文，2005年5月，页19。

② 《台民从事手工业计划书》，福建省档案馆，1－5－1846①。

③ 《福建省政府指令岁申支府会振永72023号》，福建省档案馆，1－5－1846①。

④ 李爽《抗日战争时期国民政府难民安置政策研究》，东北师范大学硕士论文，2005年5月，页27－29；蔡勤禹《国家、社会与弱势群体：民国时期的社会救济（1927－1949）》，天津人民出版社，2002年版，页188－189。

活充满担忧和焦虑，种种逆境所产生的痛苦，又时时刻刻困扰着他们。这一阶段，焦虑、悲观与痛苦是多数台湾籍民的主要心态。当然对于这阶段外在环境对台湾籍民心态的影响是要做一定区分的。譬如有关当局严格的监管规定，会给予台湾籍民不被信任的感觉以及“嫌犯”身份的强烈暗示，这对其中大多数无辜的台民而言，显然会强化自集中迁移来时所产生的社会角色的“丢失感”，对自我身份认知的迷惘亦会加深，“亚细亚孤儿”意识就会持续存在。如果是生活环境所带来的困难艰苦，只是会让他们内心产生担忧和焦虑，但不一定会强化集中迁移来所产生的失落感，换言之，这种焦虑可能不会直接促成“亚细亚孤儿意识”的进一步发展。

抗战时期崇安县的台湾籍民，他们的生活是十分困苦的，国民政府的赈济也无法即刻改变他们的生活状态。他们的艰苦生活其实只是日本侵华时期中国苦难社会情境的一个缩影，在八年抗战时期，出现了中国近代史上规模最大、人数最多的难民潮，据估计，这次难民潮的人数至少有6000万，约占当时全国人口的14%。① 众多的难民拖儿带女，背井离乡，衣衫褴褛地颠沛流离，这是日本军国主义侵略行径所造成的直接恶果，台湾籍民则是早期日本殖民者利用“台湾呆狗”制造两岸人民矛盾的牺牲品，是日本“以华制华”策略中的一步棋，亦是产生“亚细亚孤儿”意识的根源。崇安县的台湾籍民要走出消沉，要冲出迷惘的桎梏，就必须以实际行动，投身祖国的抗战洪流中，展现内心深处中华儿女的民族意识，取得祖国同胞的信任。

① 孙艳魁《苦难的人流——抗战时期的难民》，广西师范大学出版社，1994年版，页63。

第八章　彷徨中的奋起：崇安县台湾籍民参加抗战的心态解析

台湾义勇队是抗战时期，活跃在祖国大陆闽、浙地区的台胞抗日队伍，他们利用自己具有的特殊技能，为祖国的抗战事业奉献了自己的力量。台湾义勇队和少年团的成员，大部分是原先居住在崇安县的台湾籍民，他们在爱国台胞李友邦的鼓励和带领下，克服了各种困难，尤其是摆脱了苦闷、悲观的心理情绪，坚定地投身到祖国的抗日活动，并为此做出了不可磨灭的贡献。那么，这些参加台湾义勇队的台湾籍民，在参加和从事抗战过程中，经历了何种的心路历程呢？这将是本章主要阐述的内容。

第一节　崇安县台湾籍民参加抗战的概况

一、崇安县台湾籍民参加台湾义勇队

1. 李友邦筹组台湾义勇队的构想

爱国台胞李友邦将军，是台湾义勇队的缔造者和领导者。李友邦字肇基，1906 年 4 月 10 日出生于台湾省台北县和尚州，自幼就不满日寇统治台湾，具有强烈的民族意识。1924 年，李友邦因从事抗日活动，日警欲将其逮捕，李友邦被迫连夜逃离台湾，前往祖国大陆，继续从事台湾民族革命运动。①

李友邦于 1924 年 4 月抵达广州，同年他在广州组建了台湾独立革命

---

① 严秀峰《李友邦先生简史》，简秋燕主编：《李友邦将军严秀峰女士简史》，（台湾）世界综合出版社，2006 年版，页 2。

党,① 其所秉持的革命理念，经过不断的完善，在 1940 年台湾独立革命党党章修正案第一条中，得到完整的体现："本党宗旨为团结台湾民族，驱除日本帝国主义在台湾一切势力；在国家关系上，脱离其统治，而返归祖国，以共同建立三民主义之新国家。"② 可以说，李友邦是最早认识到台湾抗日解放运动和祖国革命运动密切关系的台胞。抗战爆发后，面对日寇嚣张的侵略气焰，李友邦就一直在思考着如何组织一支由台湾人参加的抗日队伍，在祖国大陆抗击日本侵略者。1938 年夏，李友邦在中国共产党骆耕漠、张毕来等人的帮助下，决定恢复台湾独立革命党的活动，以此为核心，组建以台胞为主的武装抗日队伍。③ 台湾独立革命党的行动纲领的第六条"组织义勇队来华参加抗战",④ 就是鲜明的体现。组织在台湾的同胞来祖国大陆抗战，这在当时是有一定的难度，但"散居在祖国各地的台湾同胞本来就不少，闽南一带尤其多"的事实，为了李友邦的建队工作提供了思路，张毕来认为"特别是抗战开始以来，有好几百名台湾同胞被福建国民党政府集中在福建北部的崇安县内，在那里从事垦荒劳动。因此，这时号召台湾同胞组织起来参加抗战，不但是十分必要的，而且是可能的。"⑤

2. 崇安县台胞积极参加台湾义勇队

1938 年 11 月，李友邦和张毕来两人，从浙江来到福建崇安县，打算动员和招募崇安的台湾籍民参加义勇队。⑥ 他们到达时，崇安县县长刘超然出来迎接，还召集当时在崇安的台湾籍民开欢迎大会，李友邦在欢迎大会上用

---

① 陈诚《台湾革命与中国革命》，严秀峰编《台湾先锋》下卷（合订本），第 7 期，（台湾）海峡学术出版社，2004 年版，页 103。

② 《台湾独立革命党党章》，严秀峰编《台湾先锋》上卷（合订本），第 1 期，（台湾）海峡学术出版社，2004 年版，页 83 页。

③ 陈正平《李友邦与台胞抗日》，（台湾）世界综合出版社，2000 年版，页 83－87；张毕来《台湾义勇队》，中国人民政治协商会议全国委员会、文史资料研究委员会编《革命史资料》，第八辑，文史资料出版社，1982 年版，页 46－47。

④ "台湾独立革命党行动纲领"，严秀峰编《台湾先锋》上卷（合订本），第 1 期，（台湾）海峡学术出版社，2004 年版，页 88 页。

⑤ 张毕来《台湾义勇队》，中国人民政治协商会议全国委员会、文史资料研究委员会编《革命史资料》，第八辑，文史资料出版社，1982 年版，页 47－48。

⑥ 林双法《晋江县台湾籍医生遣送崇安概况》，中国人民政治协商会议、福建省晋江市委员会编《晋江文史资料选辑》，第 14 辑，1993 年版，页 77。

闽南话演讲，对台胞进行抗战动员。① 根据相关回忆资料：当夜，李友邦召集他们在广场中，呼吁台胞起来抗日。有人问他“要怎么抗日呢?”李友邦回答，“大人可以扛起枪上前线，用日语去宣传给日本人听，让他们反战。”“那小孩子怎么办?”有个父亲已热血沸腾，激动地问道。“小孩子一起来，我们一齐宣传抗战。”李友邦答道，“而这小孩都懂得日语的，可以用自己的经验宣传台湾变成殖民地的可悲经验，中国人如果不起来抗战，下场会像台湾一样悲惨。”② 据张毕来回忆，当时很多台胞纷纷报名参加台湾义勇队③，有七、八家是全家都报名，其余有些家庭则因有妇孺老弱无法参加抗战行动，只能流着眼泪留下。④ 此后，崇安县的台胞，还写了封长信给李友邦，表示“愿组织在华台胞医疗队，在后方做伤病兵民之医疗工作”、“吾辈中亦有年富力强者，愿在委员长领导之下参加作战”、“组织台胞前线救护队到前方从事救护工作”、“吾辈多善操日语，能日文，愿做军队中之政治工作，如对敌宣传等”愿望⑤，希望李友邦转达给祖国政府。由此可见，当时崇安县的台湾籍民对于加入台湾义勇队，投入祖国抗战的态度十分积极。根据李友邦的统计，当时向他登记签名要参加战地训练的人数，达到了50余人。⑥ 由此看来，不少崇安县台胞原本彷徨、悲观、苦闷的心理情绪已部分被抗日的热情所取代，李友邦组建台湾义勇队让他们看到了希望的火光，也看到了决定命运的未来之路就是奋起抗日，打败日本侵略者。

3. 福建省政府对组建台湾义勇队的支持

对于台湾义勇队的组建，浙江省政府主席黄绍竑和国民党省党部主任委

---

① 张毕来《台湾义勇队》，中国人民政治协商会议全国委员会、文史资料研究委员会编《革命史资料》，第八辑，文史资料出版社，1982 年版，页 53。

② 杨渡《传奇烈士——李友邦》，严秀峰编《李友邦先生纪念文集》，（台湾）世界综合出版社，2003 年版，页 73。

③ 张毕来《台湾义勇队》，中国人民政治协商会议全国委员会、文史资料研究委员会编《革命史资料》，第八辑，文史资料出版社，1982 年版，页 53。

④ 杨渡《传奇烈士——李友邦》，严秀峰编《李友邦先生纪念文集》，（台湾）世界综合出版社，2003 年版，页 73。

⑤ 福建省档案馆、厦门市档案馆编《闽台关系档案资料》，鹭江出版社，1992 年版，页 241－242；张一之《台湾留闽侨胞组织义勇队》，《东南日报》，1938 年 12 月 1 日，转引自楼子芳《抗日烽火中的台湾义勇队》，（台湾）世界综合出版社，2003 年版，页 33。

⑥ 《福建崇安县战地服务训练班训练经费预算书》，武夷山市档案馆，2－11－73。

员谷正纲给予支持和经费资助，李友邦和张毕来结束在崇安的动员工作后，立即去福州会见福建省政府主席陈仪和国民党省党部负责人陈肇英，陈述了崇安县台胞的生活情况、对祖国抗战的态度及对政府的要求。① 对此，陈肇英对台胞抗战十分赞同，陈仪亦表示支持，并对李友邦提出三点看法："第一，他们既欲参加抗战，很好，政府可予以各种方便，各种补助，并可由独立革命党负责组织率领参加。第二，若一部分不能立刻工作，欲暂留崇安，政府当予以补助，使其生活安定。第三，出而参战之家属，政府可酌予以给养。"② 显然，福建省政府对于崇安县台胞参加抗战也同意给予了大力的支持。

经过一定的准备，1939 年 1 月 20 日，台湾义勇队筹备委员会正式成立，由李友邦、张一之、郭汝侯、林心平、张应璋五人担任筹备委员并开始工作。③ 崇安县政府也对义勇队的筹建工作给予积极的配合，为了提高台胞的作战水平，特地颁布了"福建省崇安县台胞战地服务训练班简章"、"台民战地服务班训练办法"、"台民战地服务班服务优待办法"等，其中"台民战地服务班训练办法"具体内容如下：

一、为适应前方需要，特办理台民战地服务班加以充分之军事、政治及精神训练，俾能养成其效忠祖国之服务精神，训练悉依本办法规定办理之。

二、本班由本府于派遣来崇之台民中挑选富于医疗经验或善操日语，并具有拥护祖国热忱之台籍青年中组织之，人数不拘。

三、本班由台湾独立革命党李友邦君派员来崇，会同县政府社训队协同负责训练。

四、本班训练期间定六星期。

五、本班军事训练占 50%，政治训练占 44%，精神训练占 6%，训练进度表另定之。

---

① 张毕来《台湾义勇队》，中国人民政治协商会议全国委员会、文史资料研究委员会编《革命史资料》，第八辑，文史资料出版社，1982 年版，页 53。

② 《台湾义勇队组织经过》，军委政治部档案，转引自林真《试论福建在台湾光复中的作用》，《抗日战争研究》，1995 年第 3 期，页 68。

③ 福建省档案馆编《台湾义勇队档案》，海峡文艺出版社，2007 年版，页 92。

六、本班训练期满经试验合格者，由本府核发证明书。

七、本班训练期内学员伙食、服装均由本府供给。

八、本班训练所需各项经费由本府另筹预算。①

崇安县政府组织的这次战地训练，目的在于树立参加义勇队台胞“效忠祖国之服务精神”，训练内容以军事政治为主，时间不长，仅六个星期，在伙食、服装等费用上都由县政府负责，这是对李友邦组建义勇队先期工作的一项大力支持。除此之外，崇安县当局为了使参加义勇队的台胞能够安心参加战地服务，还提出了“台民战地服务班服务优待办法”，对出征的台胞家属给予各项优惠：

一、关于台民战地服务班派遣服务并优待悉依本办法规定办理之。

二、本班训练期满，由本府按各学员之学识程度，并其经历列表呈送省政府备案，准由台湾独立革命党将全数学员带往第三战区分配职务。

三、各学员开赴服务后，其家属除已在垦务所垦荒外，其生活困难者，由本府津贴成人每日1角，孩童7分。

四、学员开赴服务地点所需之旅费，在省内得由本府呈请发给免票证外，其在省外者由本府酌量补助之。

五、开赴战地服务各学员，其家属如须回籍者，得向本府请假，其理由正当者，不得拒绝之，但以一人为限。

六、出征台民，其子女得免费入本县各学校读书。

七、学员在各部队服务，如有伤亡，得呈请相当抚恤之。

八、本办法呈请省府备案施行。②

这里对于参战台胞的优待，主要体现在对家属以及子女的照顾上，如参战台胞的家属和孩童，每人每月的津贴恢复到原来的水平，成人每人每月3元，儿童每人每月2.1元，美中不足的是仅仅限于独立生活的台胞，家属参与垦荒的则没有这项津贴，不过这多少可以减轻独立谋生的台籍家庭负担，还是具有不可忽视的作用。其他的优惠还有开赴战场的旅费减免、子女免费

---

① 《台民战地服务班训练办法》，武夷山市档案馆，2-11-73。

② 《台民战地服务班服务优待办法》，武夷山市档案馆，2-11-73。

入学以及家属可以回籍探亲自由等，比起原来的状况算是较大的改善。至于参加战地训练的台胞，则每人每月伙食费补贴 4 元，提供服装 2 套和皮带 1 条。①

经过 6 个星期的军事、政治、医疗等训练，第一批参加台湾义勇队的崇安县台胞定于 1939 年 2 月 19 日出发。福建省政府主席陈仪于 2 月 15 日给崇安县发去电文，要求“给服装伙食旅费等 400 元交李带崇”，并饬“兵站派车护送”。② 崇安县政府对于第一批的台胞赴浙江金华参加抗战亦十分重视，县长刘超然还特地召开了欢送茶话会，在会上向参加义勇队的台胞赠送了牙刷、毛巾、汗巾、青袜、胶鞋和背心等物品，“以资勉励”。1939 年 2 月 19 日上午，在李友邦的带领下，首批台胞共郭汝侯、黄国瑞等共 22 人（包括 6 名 14 岁及以下儿童），由崇安县的警佐林学占护送，乘兵站专车赴浙江金华集训。③ 总之，国民政府对于崇安县台胞参加台湾义勇队和少年团，给予大量政策、物资等方面的支持，对于台湾义勇队的顺利组建起到了推动作用。

4. 崇安县台湾籍民参加李友邦抗战队伍的情况

1939 年 2 月 22 日，台湾义勇队和台湾少年团在浙江省金华县酒坊巷 18 号成立。④（不过台湾义勇队被国民政府军委政治部正式批准任命，还拖了一段时间，根据目前中国大陆学者研究，台湾义勇队被军委政治部正式批准任命大约在 1940 年的 6 月间⑤）1939 年 3 月 10 日下午，第二批赴浙参加义勇队的崇安县台胞石昆玉等 22 人（14 岁以下儿童 3 人），在台湾义勇队秘书张毕来的带领下，乘兵站专车赴浙江金华集训。前后两批台胞共 44 人成为台湾义勇队的早期主要成员，他们到达金华后，在李友邦的安排下，一部分人组织巡回医疗队从事医护工作，另一部分人则开始进行战时宣传。⑥ 随

---

① 《福建崇安县战地服务训练班训练经费预算书》，武夷山市档案馆，2－11－73。

② 福建省档案馆编《台湾义勇队档案》，海峡文艺出版社，2007 年版，页 136－137。

③ 福建省档案馆编《台湾义勇队档案》，海峡文艺出版社，2007 年版，页 135、138。

④ 严秀峰《李友邦先生简史》，简秋燕主编《李友邦将军严秀峰女士简史》，（台湾）世界综合出版社，2006 年版，页 2。

⑤ 陈正平《李友邦与台胞抗日》，（台湾）世界综合出版社，2000 年版，页 103。

⑥ 张毕来《台湾义勇队》，中国人民政治协商会议全国委员会、文史资料研究委员会编《革命史资料》，第八辑，文史资料出版社，1982 年版，页 58。

着台湾义勇队工作的不断开展和深入，1940 年 6 月 30 日，李友邦向崇安县以及福建省政府提出："义勇队工作开展甚速，中枢诸长又皆淳淳以扩大义队之组织，尽量罗致台胞参加抗战为嘱"，请求省政府允许崇安县要求参加抗战的台胞李瑞成、朱炳源以及有关队员的家属共 46 人赴浙江参加义勇队的行列。① 这个请求得到了省政府的支持，并且同意给其中 39 名参加义勇队和少年团的台胞伙食费、服装费和旅费等共计 2067 元正②；除此以外，福建省运输公司崇安站也接到省政府的命令，要求在 1940 年 7 月 29 日上午护送台胞李瑞成等人开赴浙江前线。③ 但由于"车辆阻碍"，所以一直到 7 月 31 日，李瑞成等人才由台湾义勇队指导训练组组长牛光祖带领，奔赴浙江，不过"柯大英、柯水治、朱炳源等 20 名因事一时未能启程，已由该队部准其缓行"，所以这批参加义勇队、少年团的台胞人数分别为 12 人和 9 人，家属 11 人，总共 32 人，④ 没有原先预计的那么多，但也是崇安县赴浙台胞人数最多的一批。

1940 年 11 月，第四批台胞林圣三等 10 人，再加上次因事滞留崇安的柯大英、陈守青等 5 名，又获批准赴浙参加义勇队。⑤ 从 1939 年 2 月至 1940 年 11 月，崇安县的台湾籍民共分四大批次赴浙江参加台湾义勇队或少年团，除此以外，还有一些台胞是零散加入的情况，例如 1940 年 3 月陈春圃、曾慧英两人申请加入义勇队，获得批准⑥；1941 年 3 月，崇安县台胞柯水治、高聪明、廖月英等 3 名经省政府批准由义勇队队员邓东光带领前往浙江金华参战；1941 年 6 月，崇安县台胞林长诚、林长梅、林长间等 3 人，奉福建省赈济会令调往浙江金华参加义勇队战地服务；1941 年 12 月，崇安台湾籍民张之杰、简荣铨、林金妹、石志英等 4 人，亦经省府批准，加入台湾义勇队。⑦ 因此，根据上述档案资料的综合统计，截至 1941 年底，李友

① 《为恳请察准李瑞成等三十三名台胞及台湾义勇队队员家属施美德等十二名离崇赴浙参加工作由》，武夷山市档案馆，2－42－61。

② 福建省档案馆编《台湾义勇队档案》，海峡文艺出版社，2007 年版，页 150－151。

③ 《为电报台胞李瑞成等赴浙日期及遵办情形请核备由》，武夷山市档案馆，2－42－61。

④ 《崇安县政府代电民字第 5872 号》，武夷山市档案馆，2－42－61。

⑤ 福建省档案馆编《台湾义勇队档案》，海峡文艺出版社，2007 年版，页 158－159。

⑥ 《国民政府军事委员会政治部台湾义勇队公函义字 59 号》，武夷山市档案馆，2－42－61。

⑦ 福建省档案馆编《台湾义勇队档案》，海峡文艺出版社，2007 年版，页 161－165。

邦领导下的台湾义勇队、少年团的成员，大约有92人是来自崇安县的台湾籍民，此外还有11名来自崇安的台胞家属。因此，跟随李友邦参加抗战的崇安县台湾籍民总共有103人，约占当时崇安县台湾籍民人数的四分之一，这说明在家庭和人员自身条件的允许下，崇安县的大多数台胞都参加了台湾义勇队的抗日活动。

二、台湾义勇队的抗日活动

台湾义勇队成立后，就开始有计划地进行抗日救亡活动。李友邦曾经明确地说："台湾义勇队之成立，其目的是为了帮助祖国抗战。"① 为了更好地为抗日作贡献，义勇队在规划工作计划时，是根据义勇队中台湾籍民的技术特长来确定工作中心的。根据后来张毕来的回忆，台湾义勇队的抗战活动主要分为四个方面：对敌政治工作；医疗救护工作；后方生产工作；宣传教育工作。真正做到"因人设事，各尽所能"。②

对敌政治工作是义勇队抗日活动的基础。义勇队中的台胞多数出生于台湾，基本上接受过日本殖民者推行的日式教育，多数人会讲日语和写日文。李友邦就曾说过："本队队员既系台湾人，原来已从日本帝国主义所给我们的奴隶教育之中，学得一点祖国抗战中所急迫需要的能力，即如善操日语能读日文以及能了解敌国内部情形和敌兵心理。祖国抗战在第二阶段，是政治重于军事的时候，促使敌国士兵觉悟，进而达到瓦解敌军，实为当务之急。"③ 义勇队成立后，先后派出李明法、陈一鸣、郭裕民、蔡人龙、周文钦等人，分别前往浙江省国民抗敌自卫团、忠义救国军、六十三师、六十师、一九零师、第十集团军等部队，④ 协助军方做各类对敌政治、宣传工

---

① 李友邦《我们的工作》，严秀峰编《台湾先锋》上卷（合订本），第1期，（台湾）海峡学术出版社，2004年版，页5。

② 张毕来《台湾义勇队》，中国人民政治协商会议全国委员会、文史资料研究委员会编《革命史资料》，第八辑，文史资料出版社，1982年版，页64。

③ 李友邦《我们的工作》，严秀峰编《台湾先锋》上卷（合订本），第1期，（台湾）海峡学术出版社，2004年版，页5。

④ 台湾义勇队秘书室《台湾义勇队一年来工作概述》，严秀峰编《台湾先锋》上卷（合订本），第1期，（台湾）海峡学术出版社，2004年版，页56－57；陈正平《李友邦与台胞抗日》，（台湾）世界综合出版社，2000年版，页126。

作，主要是利用义勇队员懂得日语的优势，从事翻译日军文件、审讯俘虏、到敌后打探情报、收听敌军广播、教战士日语口号等工作，这是义勇队最为直接的抗日战斗。台湾义勇队的队员们在对敌政治工作中所表现的积极心态和勇敢的精神面貌，是十分值得称道的，例如1940年初，在“浙东环境极度紧张”的情况下，各个义勇队队员积极要求参加队里组织的战地工作队，争取上前线作对敌政治工作。少年团中一个八岁的小队员在欢送会上，说道：“各位大同志要上前线工作了，希望大家用口和纸弹去多杀几个敌人，替祖国同胞节省几颗子弹，和少流一些血，……”还有一个年纪最大的队员，发表自己的参战感言：“各位同志，许多同志都是先后上前线工作去了，我一回盼望一回，却没有我的份，这一回，我想队长一定会调我去了，哪知昨天一看名单，仍是没有我的名字！那时我真难过极了，我恨自己年老，但我自信还能工作和吃苦的，为什么队长不让我去呢？今天早上队长告诉我给我去，啊！我听了真不知……”说到此时，这位同志兴奋得流下泪来。① 这是当时台湾义勇队欢送上前线队员的一个情景，从这一老一少的感言中，可以看出义勇队的台胞战士们认识到所做对敌工作的重要意义以及表现出的抗日热情。这种抗日热情，还体现在义勇队的台胞不畏生死，在枪林弹雨中做对敌政治工作。1940年7月21日，吴省三等义勇队战地服务台胞跟随江西北部的军队，经过1000多公里的急行军，赶到浙江奉化，部队与日军展开激战，义勇队的战地队员们跟着参加战斗，“第一次参加战斗，精神感到很兴奋，也不觉到疲倦，跟着队伍到最前线去协助作战。大炮和机关枪的子弹，疯狂地密集轰射”，队员们抱着“牺牲的意志”，“向敌人喊出口号”，周围的战士在他们的感召下，“也跟着喊起来”。最后国民政府的军队打退了日军，收复了镇海，参加战地工作的义勇队台胞，他们不怕牺牲、勇于战斗的精神，得到当时抗日军队“长官们万分的钦敬”。②

医疗救护是义勇队抗战活动中最具成效的工作。崇安的“台民中以医

---

① 朱行《一个快乐的欢送会——欢送本队战地工作队同志上前线》，严秀峰编《台湾先锋》上卷（合订本），第1期，（台湾）海峡学术出版社，2004年版，页53。

② 吴省三《战地片段》，严秀峰编《台湾先锋》下卷（合订本），第7期，（台湾）海峡学术出版社，2004年版，页153－154。

生为最多”，多达52人，① 占当时具有职业技能人员的三分之一。从1939年5月间，不少台籍医生参加了义勇队，从留在崇安的医生仅剩17名的情况看，② 很可能当年有35名台籍医生参加了台湾义勇队。由于抗战时期，国内医务人员紧缺，台湾义勇队中的台籍医生，为当时东南沿海的战时医务工作提供了重要的支援。台湾义勇队成立后，率先设立了医疗工作部，其后在浙江金华城内、方六乡、建头塘以及义乌县义亭镇设立了分诊所；组织了流动医疗队，义务巡回治疗金华地区城乡病人；救治第三战区所在部队伤员以及协助部队单位的医务工作等。③ 台湾义勇队的医务工作开展后，受到当地民众和抗日部队的欢迎，工作量也急剧增加，为了适应形势发展的需要，李友邦对义勇队的医疗工作进行了扩展。1939年7月初，金华城内的医疗站改建为“台湾医院”，后来又命名为“第一台湾医院”。④ 此后，义勇队为了进一步满足后方医务工作的需要，于1940年12月15日在浙江衢州正式开办“第二台湾医院”⑤；1941年2月，义勇队又在浙江兰溪设立“第三台湾医院”，1943年在福建建阳成立“第四台湾医院”，继续扩大抗战的医务服务。⑥ 台湾医院成立后，医务工作开展更为迅速，“就诊者日渐增多”，根据当时的统计，仅“第一台湾医院”开办的前三个月，就一共诊治内科、外科、耳鼻咽喉科、眼科、皮肤科等各类病人3184名。这使得义勇队医护人员的工作十分紧张，“因为就诊者多，休息时间自然很少，除诊病之外，还要当司药、看护等工作，一身兼数职。”⑦ 李友邦亦曾感慨：“伤病军民之

---

① 《台民职业财产统计表》，武夷山市档案馆，2－11－90。

② 《福建省第三区行政督察专员公署呈署乙第1048号》，福建省档案馆，1－5－1846①。

③ 台湾义勇队秘书室《台湾义勇队一年来工作概述》，严秀峰编《台湾先锋》上卷（合订本），第1期，（台湾）海峡学术出版社，2004年版，页57－58；台湾义勇队秘书室《台湾义勇队医务工作一瞥》，严秀峰编《台湾先锋》上卷（合订本），第5期，（台湾）海峡学术出版社，2004年版，页340。

④ 邓东光《第一台湾医院》，严秀峰编《台湾先锋》下卷（合订本），第6期，（台湾）海峡学术出版社，2004年版，页42。

⑤ 台湾义勇队秘书室《本队拾锦》，严秀峰编《台湾先锋》下卷（合订本），第6期，（台湾）海峡学术出版社，2004年版，页68。

⑥ 黄胜科、方留章《孕育于武夷山下的台湾抗日义勇队》，南平市政协文史资料委员会编《抗战时期的闽北》，1997年版，页159。

⑦ 邓东光《第一台湾医院》，严秀峰编《台湾先锋》下卷（合订本），第6期，（台湾）海峡学术出版社，2004年版，页44。

来求治者，几使从事医务工作之队员，没有休息的时间。”① “第一台湾医院”成立之初，由于经费缺乏，每个队员都把自己的生活费抽一部分作为开办费用，对于赤贫的病人，挂号金之类的麻烦一律免除②；“第三台湾医院”，“凡穷人、士兵来诊病，均予免费”，为了病人的方便，台籍医生们无论是吃饭时间，还是在深夜，只要病人求诊，均给予热情服务。③ 在长期的战地医务工作中，台湾义勇队的医务人员毫无怨言，兢兢业业、不辞辛苦，展现了高度的奉献精神，也因此得到前方将士和当地民众的赞扬和尊重，被尊称为“台湾医生”。当时第三战区一九零师的师长余锦源给予台湾义勇队各项工作高度的评价：“各同志，器宇倜傥，才艺超群，做事踏实，为战友医病、授课、演讲、歌咏，自朝至夕，勤劳不辍，态度又诚恳和蔼，使得各战友欢娱感奋，依依不舍，他们不畏艰苦危险，更深入阵前工作，这种奋勇精神”，“将使祖国同胞的抗战情绪，亦因振荡而愈趋高涨，真值得吾人的欣慰和钦佩。”④ 这段话是对台湾义勇队队员战地服务工作的真实写照和充分的肯定。

从事后方生产，是台湾义勇队抗日活动中的另一个重要工作。除了医疗技术外，台湾义勇队中还有不少技术人员，他们掌握制造重要战略物资樟脑或药品的技术。樟脑和樟脑油是重要的军需品和医药用品，亦是当时中国抗战迫切需要的紧缺物资，因此台湾义勇队的后方生产具有重要意义。早在台湾义勇队正式成立之前，崇安县垦荒台民朱春海等人就曾向崇安县当局提议制造樟脑，他们认为，“抗战期中，军用原料之樟脑与樟脑油国内极感缺乏，价格腾贵。崇安四乡樟树甚多，乡民多伐作燃料或制造船只、器具，殊觉可惜。”鉴于朱春海等人对于制造樟脑有丰富经验，加上“此次台湾独立

---

① 李友邦《我们的工作》，严秀峰编《台湾先锋》上卷（合订本），第1期，（台湾）海峡学术出版社，2004年版，页6。

② 邓东光《第一台湾医院》，严秀峰编《台湾先锋》下卷（合订本），第6期，（台湾）海峡学术出版社，2004年版，页43。

③ 景之《台湾第三医院给我的印象》，严秀峰编《台湾先锋》下卷（合订本），第9期，（台湾）海峡学术出版社，2004年版，页282。

④ 余锦源《台湾义勇队之一斑》，严秀峰编《台湾先锋》上卷（合订本），第3期，（台湾）海峡学术出版社，2004年版，页180。

革命党领袖李友邦先生赴榕已代向当局请示，□蒙赞许，准予筹划”①，因此1939年2月底，福建省政府和崇安县有关当局开始推动台湾籍民提议的樟脑制造厂筹划工作，这是台湾籍民协助国民政府制造樟脑的开始。台湾义勇队刚刚成立，就派出制樟技术人员协助地方进行樟脑或药品方面的制造。1939年3月，义勇队队员李升平前往浙江云和县，协助县政府准备樟脑制造的准备工作；1939年4月，台湾义勇队协助福建省建设厅，在崇安县设立樟脑制造厂，出产不少的樟脑；1939年8月至9月，在台湾义勇队员的协助下，浙江省建设厅在丽水县设立樟脑厂，并且队员庄德三等人协助制造工作；1940年3月，台湾义勇队队员庄惠民等人前往金华东关乡产品生产合作社，义务从事药品制造工作等。在后方的生产中，台湾义勇队的樟脑和药品生产技术发挥了重要的作用，例如金华东关乡的药品制造完全采用国内原料，这解决了抗战时期日军海上封锁，进口原料不易获得的难题，且“至出产品，则系依据目下战场所切需者而定”，② 例如战场上所迫切需要的麻拉利亚药水、皮肤病药膏和需求量大的胃病特效药等，③ 缓解了抗战时期的药品紧缺问题，挽救了众多抗日战士和民众的生命。此外，台湾义勇队的后方生产，还体现在粮食生产自给自足上。1942年夏，日军攻占浙江金华，台湾义勇队被迫撤入福建龙岩后方，“虽物质损失綦重，而敌忾之心则有增无已”④，不过粮食等物质缺乏是义勇队面临的最大困难。1943年2月，台湾义勇队和少年团总共165人，每旬得到的供应实物为柴火1650斤，食物30斤15两。⑤ 李友邦向省府有关部门指出：“而队中待遇又远逊其他各机关，即维持最低生活亦觉不易，其效忠祖国之忱自不无可取，而生活之应予改善，亦属当前实际需要。”⑥ 为了解决生活困难，台湾义勇队自力更生，垦荒种植。到了1944年11月，已垦荒13亩，开辟了两个青年农场，种植

---

① 《拟请准予设立制脑工厂籍维留崇台民生计由》，武夷山市档案馆，2－11－86。

② 台湾义勇队秘书室《台湾义勇队一年来工作概述》，严秀峰编《台湾先锋》上卷（合订本），第1期，（台湾）海峡学术出版社，2004年版，页59。

③ 李友邦《我们的工作》，严秀峰编《台湾先锋》上卷（合订本），第1期，（台湾）海峡学术出版社，2004年版，页6。

④ 福建省档案馆编《台湾义勇队档案》，海峡文艺出版社，2007年版，页298。

⑤ 福建省档案馆编《台湾义勇队档案》，海峡文艺出版社，2007年版，页292。

⑥ 福建省档案馆编《台湾义勇队档案》，海峡文艺出版社，2007年版，页283。

蔬菜、杂粮，逐步解决了全队的副食品供应问题。① 台湾义勇队的后方粮食生产成果丰硕，1944 年 7 月至 9 月，义勇队共生产空心菜、冬瓜、茄子、芋头、南瓜等蔬菜 6748 斤，少年团共生产菜豆、红茄子、空心菜、金瓜、南瓜、葫芦等蔬菜 3573 斤。两者合计 10321 斤。② 这既解决了台湾义勇队的粮食问题，也一定程度地改善了他们的生活，亦是后方生产成绩显著的重要体现。

宣传工作是台湾义勇队影响较为深远的抗日活动。宣传工作以口头宣传、文字宣传和文艺宣传为主要形式。口头宣传主要是通过招待会、现场演讲、交谊会、发动募款献金活动、谈会、无线电广播、参加游行以及组织巡回宣传队等，宣传台湾革命历史和台湾革命运动的情况和当前任务，呼吁民众起来保护祖国，为抗日救国贡献力量。③ 在文字宣传上，台湾义勇队出版了《台湾先锋》、《台湾革命丛书》等刊物，后期还创办了《台湾青年》报，这些刊物对于宣传台湾革命历史、探讨台湾革命运动理论，报道台湾义勇队与少年团的抗日活动等方面，做了大量的宣传。此外，台湾义勇队还通过壁报和队员在报纸上发表文章的形式，宣传台湾革命运动和祖国抗战情况。文艺宣传主要通过唱歌、演戏、化装游行等，以官兵和普通百姓喜闻乐见的形式进行抗日宣传。尤其是台湾少年团，他们用公演话剧、参观浙江省儿童夏令营、举办儿童联欢会、公演抗战戏剧、出版《台星》刊物等，教唱日语反战歌曲等，转战浙江金华、浦江、绍兴、诸暨和福建龙岩、崇安等地，由于他们能说快板，会唱歌跳舞和讲相声，排演的话剧和戏剧等，深受各地民众和军队的欢迎，起到了很好的鼓动效果④，例如有人对台湾少年团在浙东四十天的战地宣传，评价“以孩子的姿态，把他（她）的工作热情，所表现出来的顽强突击活泼的工作风，刺激了浙东儿童并引起社会一般成员

---

① 福建省补给委员会龙岩分会档案，80－12－257，转引自林真《台湾义勇队的筹组及在福建的活动》，严秀峰编《纪念李友邦先生论文集》，（台湾）世界综合出版社，2003 年版，页 128。

② 福建省档案馆编《台湾义勇队档案》，海峡文艺出版社，2007 年版，页 299－302。

③ 台湾义勇队秘书室《台湾义勇队一年来工作概述》，严秀峰编《台湾先锋》上卷（合订本），第 1 期，（台湾）海峡学术出版社，2004 年版，页 59－61。

④ 台湾义勇队秘书室《台湾义勇队一年来工作概述》，严秀峰编《台湾先锋》上卷（合订本），第 1 期，（台湾）海峡学术出版社，2004 年版，页 60－62；楼子芳《抗日烽火中的台湾义勇队》，（台湾）世界综合出版社，2003 年版，页 73－74。

无限的愧疚和鼓舞，直接的反映是物质捐助和精神慰劳以及整个城市和乡村疯狂燃烧的跳跃。在祖国抗战到了严重阶段而社会一般工作都呈著低潮的今天，能够像台少团这样起有力作用的劲旅是难得的。"① 而少年团在衢州公演的独幕剧《台湾少年》以及《为了大家》等节目，受到各界好评，当时有报纸报道："……在故乡（台湾）受敌人之压迫，因此造成坚强奋斗之精神，英勇革命的情绪……观者竟自流泪……"② 可见台湾少年团的宣传工作不仅宣传了抗战，还对密切两岸同胞的情谊，扩大了台湾义勇队和少年团的影响，发挥了重要的作用。

总之，台湾义勇队和少年团自1939年2月成立以来，一直以"保卫祖国，收复台湾"为己任，他们转战闽、浙之间，在艰苦的环境下辛勤工作，无私奉献，赢得了祖国同胞的尊敬和拥护。《台湾先锋》就曾记载一位远从湖南赴浙江投奔台湾义勇队的新队员，一路上经常听到人们对台湾义勇队的赞誉，并因身上带有台湾义勇队的证章，而得到沿路宪兵和百姓的关照，亦有商人向他表示："台湾义勇军我们知道，你们的医院真好，你们的少年团真可爱，你们买东西我们不能赚你们钱的"，这让新队员心里感慨："本队的工作是真正的深入到民间了，在祖国的战斗中已尽了应尽的任务发生了伟大的作用。"③ 这亦是对台湾义勇队和少年团忘我工作和无私奉献精神的侧面肯定。关于台湾义勇队和少年团的抗战事迹以及抗战功绩，可谓不可胜数，④ 上述内容仅是对其抗日事迹以及奉献精神的简略叙述。台湾义勇队和少年团的成员多数由崇安县的台湾籍民组成，他们有过命运多舛的苦闷与哀怨，有过生活贫寒的焦虑，也有对前途的彷徨和迷惘，但在李友邦的引导下，他们又以高度的热情参加抗日战争，以积极的态度从事抗战活动，并表

---

① 何蜀英《工作在浙东前哨的台湾少年团》，严秀峰编《台湾先锋》下卷（合订本），第8期，（台湾）海峡学术出版社，2004年版，页191。

② 《少年团在衢州》，严秀峰编《台湾先锋》下卷（合订本），第6期，（台湾）海峡学术出版社，2004年版，页86。

③ 叶奇《一个新队员眼中的台湾义勇队》，严秀峰编《台湾先锋》下卷（合订本），第6期，（台湾）海峡学术出版社，2004年版，页32－33。

④ 相关著作可参看陈正平《李友邦与台胞抗日》，（台湾）世界综合出版社，2000年版；楼子芳《抗日烽火中的台湾义勇队》，（台湾）世界综合出版社，2003年版；王政文《台湾义勇队——台湾抗日团体在大陆的活动（1937－1945）》，台湾古籍出版有限公司，2007年版；严秀峰编《纪念李友邦先生论文集》，（台湾）世界综合出版社，2003年版。

现出敢于牺牲，勇于奉献的精神。他们为何能走出彷徨奋起抗战？促成这种心态变化的内在原因是什么？又该如何解释这种心态变化？这有待于多角度的综合探讨，才能深刻揭示他们内心世界的变化过程。

第二节　崇安县台湾籍民参加抗战行为的心态分析

一、崇安县台湾籍民奋起抗日的内在原因

1. 崇安县台胞具有汉民族的气节和爱国精神

中华民族的传统文化，根植于台湾同胞的内心深处，汉民族的气节和精神是崇安县台湾籍民奋起抗日的内在原因。民族性格是用来表示渗透在一个民族或一个国家的文化中的精神或意义，它是某种在民族内部“一以贯之”的文化精神，它具体体现为民族心理和由民族心理构成的特有民族性格、民族风采、民族风调。民族性格是代表民族特点的，所以，它又是一个民族大多数成员共有的、反复出现的心态和活动方式。① 根据现代对中国人民族性的研究成果，气节是中国人人格特质中所占比重最高的，而中国人“气节”的基本涵义是“临危不惧、宁折不弯、不屈辱求荣、不卑不亢”等。② 这种民族气节一直体现在日据时期台湾同胞的身上。台湾在日据之前，是中国领土的一部分，台湾人民是从中国大陆闽粤移民所组成，汉民族迁徙到台湾进行开发建设的同时，也将中华文化带入台湾并且绵延传承，台湾的闽粤移民延续着华夏儿女的民族性格，这种民族性格自然对中华文化有强大的心理认同，并“会外现为某种行为方式，被保留下来，呈永续状态。而保存民族性并使之永续的承担者是广大民众，由他们的各种活动在客观上体现出来的民族性或民族精神（语言、民德、民谣、民习、民风、民间工艺、音乐、美术、文学及田园艺术等）更具传统性。”③ 一旦中华文化和汉民族的传统文化受到外在压制的时候，就会遭到台湾同胞不屈不挠的强烈抵制，日本殖

① 沙连香《中国民族性》，第2册，中国人民大学出版社，1990年版，页2－3。
② 沙连香《中国民族性》，第2册，中国人民大学出版社，1990年版，页69－73。
③ 沙连香《中国民族性》，第2册，中国人民大学出版社，1990年版，页3。

民统治时“同化政策”的失败就是明证。

在日本占据台湾之初，台湾同胞就为反抗殖民统治而浴血奋战，表现了“义不臣倭”的民族气节。据学者有关研究，从1895年11月刘永福撤离，日本宣布平定台湾，一直到1915年的“噍吧哖事件”止，二十年间，台胞反抗日寇的血战，计达百余次，主要抗日事件达99件。根据日本人的统计，1897年至1900年，台湾义民袭击及战斗件数计8258件，杀伤日本人2124人。① 在日寇的强力镇压下，台湾较大规模的武力反抗在1915年后逐步消寂，但和平方式的反抗依然在继续，包括抵制日本的同化政策。日本帝国主义统治的五十年间，在强化其对台湾铁腕统治的同时，一直试图消灭台湾地区的中华文化，磨灭台湾同胞汉民族的习性，使台湾同胞变成“日本人”。为此，日本殖民者在占据台湾之初，就以“内地延长主义”为施政方针，进行同化宣传。尤其是1937年至1945年的“皇民化运动”，更是一种疯狂摧残中华文化，向台湾人民灌输“大日本皇民”思想的罪恶行径，企图将台湾人民扭曲为“畸形的日本人”，以供其奴役、驱使。②

日本殖民者的文化同化政策，包括语言同化、思想同化和日常生活同化三个方面，表现为强制普及日语，不准使用汉语和方言；推行日本神社崇拜，不允许中国传统的神明崇拜；禁止春节、清明等中华传统节日；强制更换日本姓名；禁演传统的戏曲、木偶戏等。“皇民化运动”引起台湾人民的抵制和反抗，绝大多数台湾人民始终坚持汉民族的气节，努力捍卫中华文化。台湾同胞在公开场合被逼迫讲日语，但在家里就主要讲闽南方言；改日式姓名运动更是被台胞强力抵制，当时就有一位日本记者如此写道：“向来极为重视姓氏的汉民族，对祖先传承之姓氏非常执着，即使被强迫也不轻易更改为日本式姓名”，③ 由于受到物品配给等利益上的钳制，一些台湾家庭被迫改名，但即便如此，截至1943年年底，全台湾更改日式姓名的户数仅

---

① 王晓波《台湾史与近代中国民族运动》，（台湾）帕米尔书店，1986年版，页89。

② 陈小冲《1937－1945年皇民化运动述论》，《台湾研究集刊》，1987年第4期，页72。

③【日】伊腾金次郎著，日本文教基金会编译《台湾不可欺记》，（台湾）文英堂出版社，2000年版，页20。

占全部户数的1.7%，占全部人口的2%而已。① 就算是更改姓氏，也是极具民族色彩，例如姓陈的改为颍川、黄姓改为江夏等，婉转地体现姓氏的中原文化渊源。在民俗和民间文化上面，台湾人民依然保留自己的民族传统，日本人伊腾金次郎对此描述道："自古以来，城隍庙以及妈祖庙等是他们汉民族在信仰上的神圣对象，这是人人皆知的事情。……尊崇墓地、寺庙之心极强是汉民族的特性"，"而以日本人的见解，在看不顺眼的理由之下，将这些寺庙一举整理废合，如此之举是抹杀传承、否定信仰，同时也是蹂躏习俗"，"如此之措置立即招来人民的怨嗟愤怒，这是不庸赘言之事。"② 此外，中华传统文化的强大生命力还体现在很多台湾同胞的潜意识里，日据时期的少年廖明德回忆，家门口的空地上，"常有人来演戏，有传统的布袋戏、用歌唱形式表演的歌仔戏，还有以北管伴奏的成年演员表演的大人戏等"，因此到了1942年时，他在同学的毕业签名册上很自然地画上了清朝末年汉人的表演服饰，并且写下了"与吾人相称之服装也"的留言（后来为此遭到日本师生的迫害）③，这是一个十几岁的少年（日本殖民统治已47年）内心深处对中华文化自然流露的一种记忆。对此，台湾的日本殖民者也无奈地承认，"台湾人的民族意识之根本起源乃系于他们原是属于汉民族的系统，本来汉民族经常都在夸耀他们有五千年传统的民族文化，这种民族意识可以说是牢不可破的。台湾人固然是属于这汉民族的系统，改隶虽然已经过了四十余年，但是现在还保持着以往的风俗习惯信仰，这种汉民族的意识似乎不易摆脱。"④ 对于台湾人民五十年来坚持汉民族的文化和气节，台湾民主运动人士杨肇嘉亦表示，"台湾人民永远不会忘记祖国，也永远不会丢弃民族文化！在日本人强暴的统治下，度过了艰辛苦难的五十年之后，我

① 《兴南新闻》，1944年1月24日，页2；转引自周婉窈《海行兮的年代：日本殖民统治末期台湾史论集》，（台湾）允晨文化出版社，2002年版，页58。

② 【日】伊腾金次郎著，日本文教基金会编译《台湾不可欺记》，（台湾）文英堂出版社，2000年版，页58。

③ 【日】田村志津枝著，汪平、林雅婷译《台湾人和日本人：基隆中学F－man事件》，（台湾）玉山社出版，1999年版，页154－156。

④ 台湾总督府警务局编写，正宏译《日本人眼中的台湾抗日运动》，王晓波编《台湾的殖民地伤痕》，（台湾）帕米尔书店，1985年版，页14。

们全体台湾人民终以纯洁的中华血统归还给祖国，以纯洁的爱国心奉献给祖国。”① 这确实是对日据时期台湾人民坚持民族气节的最好写照。

崇安县的台湾籍民中，大多数人不愿被日本殖民者统治，毅然返回祖国，在他们身上，同样有着浓厚的民族气节和民族意识，这正如台湾义勇队领袖李友邦将军所说的那样：“台人眷念祖国的深情，实与日俱增，时间愈久，其情愈殷，是并未尝有时刻的忘却过。这种眷念的深情，隐藏在台人的心脑中，至为厚深”；又说“日人的奴化台湾，固然竭尽全力，但并没有能够使台人忘记祖国。‘七七’抗战后，台湾义勇队的成立，也即是本此旨而发扬光大，以‘保卫祖国，收复台湾’为其斗争的目标。”② 义勇队训练组组长牛光祖亦提到：“我们台湾同胞是黄帝的子孙，流着中华民族的血液，我们的民族思想决没有离开过我们脑筋而让大和民族的思想来代替；……我们没有一时一刻忘记推动民族革命”，而“台湾义勇队正是台湾革命同志的结合”。③ 由上述言论可以看出，中华儿女的情怀和汉民族的气节，是使得崇安县的众多台胞投身抗日运动的一个内在原因，这也体现了民族意识这类静态社会心理所起到的深层作用。

2. 抗日是崇安县台胞挫折情境下的“自我实现”

人既是生物实体，又是社会实体，任何人都有自己的现实需要。需要是个体维持本身生存与发展的要求在人脑中的反映。④ 人的需要是复杂多样的，可以分为生理需要和社会需要，美国人本主义心理学家马斯洛认为：人的需要有从低级层次需要向高级层次需要发展的生物潜能，具有“自我实现”的向善倾向。他把人的需要从低到高划分为五个层级，依次为生理需要、安全需要、爱与归属的需要、自尊（尊重）的需要和自我实现的需

① 杨肇嘉《杨肇嘉回忆录》，（台湾）三民书局出版社，1977 年版，页 4。

② 李友邦《李友邦文粹：日本在台湾之殖民政策，台湾革命运动》，（台湾）海峡学术出版社，2004 年版，页 75－76。

③ 牛光祖《为什么训练和如何训练》，严秀峰编《台湾先锋》上卷（合订本），第 5 期，（台湾）海峡学术出版社，2004 年版，页 327－328。

④ 胡德辉、叶奕乾、杨治良主编《现代心理学》，河南教育出版社，1989 年版，页 384。

要。① 这些需要的产生有其顺序性，只有低级层次的需要得到一定程度的满足，才会有更为高级层级需要的产生，当然这些不同层级需要之间的进阶并没有绝对的临界点。马斯洛就曾经说过，需要的“层次集团说成仿佛是一个固定的等级集团。然而实际上它并不完全像我们可能已描述的那样刻板”。②

马斯洛将“饥、渴、睡眠”等生理需要作为人一切需要的基点，高层次的需要必须建立在低层次需要的基础之上。他认为需要的发展是生物潜能的自我实现，而将人的需要产生的社会历史制约性放在次要的位置。马斯洛的观点显然忽略了人的许多社会性需要是在一定社会历史条件下内化为个人需要的结果，这自然也否定人了的高层次需要对低层次需要具有一定的统率作用。因此，马斯洛认为，“经常挨饿的人决不会企图去建立一个美丽的新世界”。③ 这样的看法，显然跟历史上很多先进人物为了建立美好世界而忍受缺衣少食的困苦不懈努力，乃至付出宝贵生命的事实相悖，而在中国古代历史上，“富贵不能淫”、“贫贱不能移”、“志士不饮盗泉之水，廉者不受嗟来之食”的例子更是比比皆是。

抗战时期崇安县台湾籍民参加台湾义勇队和少年团的事迹，亦是一个鲜明的例证。在上一章的内容中，我们了解到福建台湾籍民被集中到崇安的原因，是国民政府对他们的身份有所怀疑，不信任所谓的“日籍”台湾人，使得多数台湾籍民的“自尊感”与“归属感”缺乏，并衍生出“亚细亚孤儿”意识。此外，崇安县生活的普遍清苦，物质生活方面的匮乏，可以说多数台湾籍民中低级层次的需要也没有得到充分的满足。

尽管如此，崇安县众多的台胞，包括一些儿童在内，最终并没有被生活中的挫折所打倒，他们抛开内外因素的干扰，积极参加台湾义勇队的抗日运动，其中有不少人还是全家参加。他们在艰苦的环境中坚持抗日，努力工

---

① 【美】亚伯拉罕·马斯洛著，许金声等译《动机与人格》，中国人民大学出版社，2007 年版，页 28－29。马斯洛后来在需要层级理论中，又加入了认识需要、美的需要和“超越需要”（比“自我实现”更高一级的，但没有做细致的解释），因此不纳入本文的探讨范围。

② 【美】亚伯拉罕·马斯洛著，许金声等译《动机与人格》，中国人民大学出版社，2007 年版，页 34。

③ 胡德辉、叶奕乾、杨治良主编《现代心理学》，河南教育出版社，1989 年版，页 388。

作，没有丝毫的怨言。例如第一批参加义勇队的队员刘新民，在前线不辞辛苦地从事战地医疗服务，由于长期劳累，眼睛得了急性结膜炎，病情恶化时红肿、流泪、疼痛难忍，但他依然带病工作，队长李友邦知道后立即派人接替，他才撤回后方医治。① 类似这样的情况还很多，如同李友邦将军所说的那样："我们这样地埋头工作着，在重重困难的道上，在连吃伙食也几乎不够的经济情形下，我们始终不懈地苦干着，这没有别的，因为：（一）在日本帝国主义者统治之下的人们，只有艰苦奋斗，才能生存！（二）要能帮助祖国同胞，打倒日本帝国主义以后，台湾人才能得到解放。"② 当年少年团团员郭辅义时隔60年后，回首这段抗日岁月时，也感慨道，"国难及环境因素，自幼离乡背井奔走在祖国的土地上，一心一意为抗日工作而努力，所受教育有限，又无法得到父母家庭的照顾，一路走来十分艰辛，为了求生存所能做的只有不断地在工作中学习，在学习中成长。现在年龄日增，回想起来为了国家、为了民族已尽了力，这一生总算没有白活。"③ 可见，"保卫祖国，收复台湾"已经成为台湾义勇队中所有台胞的最高追求，为了实现这个最高目标，台湾义勇队的台胞们可以忍受困乏的物质条件而忘我地工作。这种追求已经超越了普通的生理需要和安全需要，在某种程度上是在追求"自我实现"需要的满足，甚至达到马斯洛本人也没有具体解释过的需要的最高境界——"超越需要"。以较高层级"自我实现"的需要而言，"它指的是人对于自我发挥和自我完成的欲望，也就是一种使人的潜力得以实现的倾向。这种倾向可以说成是一个人越来越成为独特的那个人，成为他所能够成为的一切。"④ 显然，这时崇安县的台湾籍民，为了打破"日籍身份"的桎梏，取得国民政府和祖国同胞的充分信任，就必须义无反顾地参加抗日，打败日本军国主义对华侵略，推翻日本在台湾的殖民统治，使台湾回归祖国

① 刘胜欣《一腔热血投身抗日斗争——回忆我的父亲刘新民》，中华全国台胞联谊会编《不能遗忘的名单——台湾抗日英雄榜》，(台湾）海峡学术出版社，2001年版，页310－311。

② 李友邦《我们的工作》，严秀峰编《台湾先锋》上卷（合订本），第1期，(台湾）海峡学术出版社，2004年版，页7。

③ 郭辅义《参加台湾少年团的回顾与感言》，严秀峰编《李友邦先生纪念文集》，(台湾）世界综合出版社，2003年版，页257。

④ 【美】亚伯拉罕·马斯洛著，许金声等译《动机与人格》，中国人民大学出版社，2007年版，页29。

的怀抱。只有这样，崇安县的台胞们才能真正意义上恢复中国国籍，成为堂堂正正的中国人，才能“自我实现”，使自己成为“独特的那个人”。

此外，参加抗日在台湾籍民“实现自我”的同时，又是他们积极应对挫折的心理反映，这是因为“个体和群体在遭遇挫折后，把欲望向他处转移和升华，力图以自己的努力在某个方面获得成功”的心态。这种“失之东隅，收之桑榆”式的努力，既可缓解心理的极度不适，又能有效地减轻或消除引起挫折情境的各种原因。① 譬如台胞曾慧英在请求加入义勇队时，在其呈请书中提道：“前因倭奴搅乱祖国以来，民二十七年奉命集中来崇经过年余，（辗）转维艰，愤气填胸全无泄发。当此抗战时期忍吞声色，幸得浙金义勇队实现，氏得此机会誓于前方效力，听候吾政府发落否得该队救护工作，氏之目的可达，情出至诚不已沥情。”② 可见在崇安的艰苦生活，以及对日寇的仇恨，令她“（辗）转维艰，愤气填胸全无泄发。当此抗战时期忍吞声色”，可以说崇安县类似情况的台湾籍民为数应该不少。因此参加台湾义勇队和少年团，就是他们消除国恨家仇的大好时机，也是他们消除内心郁闷的最佳途径。

综上所述，参加台湾义勇队、投身抗战是崇安县台湾籍民追求“自我实现”必由之路，也是一种积极应对挫折的“升华”型的心理要求。

二、崇安县台湾籍民奋起抗日的外在原因

1. 日本殖民压迫埋下反抗的种子

日本帝国主义在台湾的残酷殖民统治，例如总督专制体制的建立，警察统治网络的形成，保甲制度的加强，各种绵密的经济盘剥，以及粗暴的同化政策，给广大台湾人民套上了沉重的枷锁。日本殖民统治台湾的目的，正如第七任总督明石原二郎所说的那样，“其目的不外乎使此领土无异于日本。”遂以“台湾日本化”与“台湾人日本化”为统治之目标。③ 但实际上除了各种政治、经济和文化压迫外，日本殖民者对台湾人民的民族歧视，傲慢粗

① 彭卫《历史的心境——心态史学》，河南人民出版社，1992 年版，页 207。

② 《呈为呈请准予参加台湾独立革命党义勇队事由》，武夷山市档案馆，2-42-61。

③ 【日】矢内原忠雄著，周宪文译《日本帝国主义下之台湾》，（台湾）海峡学术出版社，2003 年版，页 207。

鲁的统治心态，则是到了无以复加的地步，日本记者伊腾金次郎对此有深刻的描述："在台日本人认为的是，……他们（台湾人）必须永远居于日本人之下风。这当然于由领台初期到儿玉、后藤之创建期期间所培养的'日人优越'之骄傲心态升华到极致的结果。"①

日本人的狂妄和自大体现在生活中，则是对台湾人民的极端歧视和轻蔑。譬如台湾人经常被称为"枪可罗"（音译：相当日文的"清国ぬ"，是对中国人轻蔑的称呼），台湾学生则常被称为"共学生"，意思是"让你们和日本人一起学习，你们只不过是附带的"②；还有"看到台湾民众在路上或茶馆里用闽南话交谈的情形时，一些日本人实在看不惯而破口大骂，甚至几乎要动手打人——这是司空见惯之事"③；不仅是普通的台湾小百姓被日本人欺侮蔑视，即使是投靠日本人的御用士绅或是富甲一方的名门望族，亦是如此。例如辜显荣生前贵为日本贵族院议员，有次对日本官吏侮辱台湾女性稍微表示异议，结果遭到日本的惩罚，还有人故意将抗日刊物《台湾先锋》寄送辜显荣，并将其列为此刊物的支持者之一，结果日本特务在辜家搜获此刊物，辜显荣几经折腾才被开释。④ 另一个例子是蓝高川，他身为台湾有名望的家族，受过日本天皇的宴请和授勋，但即便如此，1939 年 11 月，日本防卫团的五六名浪人闯入蓝家索要 5 万元，蓝高川一时无法给予，立遭浪人辱骂，蓝高川气急之下双目失明，不久后去世。⑤ 被日本殖民统治阶层所重视的御用绅士与地方望族，尚受如此待遇，其余的普通百姓就更容易被日寇糟践了。殖民者趾高气昂的傲慢以及对待台胞的各种暴戾行径，给台湾同胞的心理划上了一道深深的殖民地伤痕，也埋下了仇恨的种子，这种伤痕甚至从多数台胞童年时期就划下。如当时的日本社会活动家山川均，其

---

① 【日】伊腾金次郎著，日本文教基金会编译《台湾不可欺记》，（台湾）文英堂出版社，2000 年版，页 144。

② 【日】田村志津枝著，汪平、林雅婷译《台湾人和日本人：基隆中学 F－man 事件》，（台湾）玉山社出版，1999 年版，页 28－29。

③ 【日】伊腾金次郎著，日本文教基金会编译《台湾不可欺记》，（台湾）文英堂出版社，2000 年版，页 117。

④ 王晓波《台湾史与近代中国民族运动》，（台湾）帕米尔书店，1986 年版，页 398。

⑤ 蓝敏口述，许雪姬访问，曾金兰记录《蓝敏先生访问纪录》，台湾"中央研究院"近代史研究所，1995 年版，页 17－19。

一个朋友曾在视察台湾某小学校时问校长："日本儿童和台湾儿童，不发生打架吗?" 该日籍校长很庄严地回答道："哼！把台湾人当做对等的人类看待，所以发生打架！若把台湾人当做××××教训，日本人的儿童决不同台湾人的儿童冲突。"① 这种对台湾同胞的公开的侮辱和作践，极大地伤害了在场广大台籍教师和儿童的心灵。

崇安县的台湾籍民，多数都遭受过日本殖民者的欺辱，例如王吉六在台湾谋生时，因贩卖中国文具以及革命书籍，被日本人察觉，书店遭到搜查，书籍被搬抢一空，本人也被百般毒打，乃至驱逐出台湾②；蔡尤职、蔡长细等兄弟因"嗣以不堪倭寇之虐待压迫，乃变卖其所有产业"，返回祖国故土③；林金妹、郭氏谦等人是"迨日寇割据台湾，处势力之下，不得不逆来顺受"④；杨黄氏亦是，"于前清经商台湾，该地当时随割于敌，被迫编入台湾户籍，以不堪奴隶压迫，旋即迁回闽。"⑤ 类似这样的情形比比皆是，日本殖民者的歧视压迫，甚至烙入不少台籍儿童的心里，例如台湾少年团的王正南回忆在台湾读小学校的情形时："日本人上课时，总是凶狠狠的，一个不好，就要打我们，我也常常受到打和皮鞋踢，真是忍不下这种痛苦。"⑥ 还有义勇队队员在台湾读小学时，被日本教师问及将来志向，懵懂之间仓皇回答道"希望做天皇陛下"，本以为如此"大志向"必会得到老师的赞许，没想到日籍教师勃然大怒，对其处以严厉的体罚和处分。多年后，昔日小学生已是台湾义勇队队员，但回首往事，依然感慨"一个无知的小孩，为着一句话，就要打，要处罚，要扣分数，种种处分"，"由此可以想见，日寇的残暴"。⑦ 李友邦将军本人儿时曾"与日本儿童互谑，被侮，遂愤然而说

① 山川均著，蕉农译《日本帝国主义铁蹄下的台湾》，王晓波编《台湾的殖民地伤痕》，(台湾) 帕米尔书店，1985 年版，页 79。

② 《呈为无辜受累恳请代转省政府准予保释以安生业由》，武夷山市档案馆，2-11-68。

③ 《为籍贯关系徒流闽北贫病相连殊深痛苦恳予转呈省府恩准保释还乡以纾穷困而恤艰辛由》，武夷山市档案馆，2-11-70。

④ 《抄呈台民林金妹等原呈一件》，福建省档案馆，1-1-379。

⑤ 《杨黄氏请准回复国籍》，福建省档案馆，1-5-1869。

⑥ 王正南《幼年学校生活的回忆》，严秀峰编《台湾先锋》下卷（合订本)，第 9 期，(台湾) 海峡学术出版社，2004 年版，页 285。

⑦ 溪水《回忆》，严秀峰编《台湾先锋》下卷（合订本)，第 7 期，(台湾) 海峡学术出版社，2004 年版，页 160-161。

'如在中国，君我当异于是!'"恰被一个日籍教师听见，李友邦立刻挨了个大巴掌，被勒令噤声。为此，李友邦先生感叹，"今日回忆，往事历历，犹在目前"，"这是我所以终身以从事台湾革命事业的一个细因。"① 这种因殖民压迫而产生的反抗情结，可以说是大多数崇安县台胞参加台湾义勇队的又一个原因。

2. 李友邦的推动和国民政府的支持

崇安县台湾籍民能够参加抗战，离不开李友邦将军的推动以及国民政府的支持。正是李友邦将军的努力争取，创建台湾义勇队和少年团的构想得到浙江、福建两省政府的赞同，并取得一定的政策和经费上的支持。在得知福建崇安县集中大量台胞后，李友邦亲自前往招徕和动员，他在崇安县激发了广大台胞的抗日热情，鼓舞他们参加抗日报效祖国。少年团团员黄莘回忆道："李友邦来到崇安，他那浓浓的乡音亲切动人，他宣传抗日爱国的思想主张，唤起台胞的报国热情，于是，纷纷报名参加台湾义勇队。我父亲带领姐姐和大弟弟参加第一批队伍，跟随李友邦到达浙江金华。……我是第二批参加的。就这样一批又一批的台胞参加了台湾义勇队，他们的子女进入台湾少年团，走上保卫祖国，收复台湾的抗日征途。"② 义勇队队员邹伯齐也这么回忆道："我们队长李友邦先生，……到处奔走，筹组有关台湾同胞参加圣战之机会，终于得到祖国政府的协助，在浙江金华筹组了'台湾义勇队'。得悉福建崇安，有不少台湾同胞居住在那里。于1938年，亲自前往号召二三十位同志，前往金华，才有了台湾义勇队的规模。"③ 可以这么说，李友邦将军的奔走推动和国民政府的支持，也是崇安县台胞能够实现抗日报国的外在推动力量。

---

① 李友邦《李友邦文粹：日本在台湾之殖民政策，台湾革命运动》，（台湾）海峡学术出版社，2004年版，页75。

② 黄莘《跟随李友邦总队长的足迹》，严秀峰编《李友邦先生纪念文集》，（台湾）世界综合出版社，2003年版，页300。

③ 邹伯齐《台湾义勇队与我》，严秀峰编《李友邦先生纪念文集》，（台湾）世界综合出版社，2003年版，页102－103。

第三节　抗战胜利与台湾义勇队的归宿

1942 年 10 月，迫于抗日形势的需要，台湾义勇队和少年团转战到闽西的龙岩，此后则一直待在闽西进行休整以及从事抗日工作。1945 年 8 月 15 日，日本宣布无条件投降，中国人民取得抗日战争的最终胜利，台湾也顺利回归祖国的怀抱，各地的台胞恢复了中国国籍，并开始准备返回台湾。台湾义勇队在开展庆祝抗日胜利等后续活动的同时，也着手准备返乡的行程。

一、台湾义勇队的后续工作

抗日胜利后，为了纪念台湾光复这一具有历史意义的重大事件，李友邦特意派台湾义勇队副总队长张克敏，于 1945 年 9 月 3 日，携带中国国旗一面，搭乘美国太平洋舰队司令柯克上将的飞机前往台湾，在台北宾馆将国旗升起，这是台湾光复后祖国的国旗第一次在台湾上空飘扬。① 此后，台湾义勇队又有 10 余名队员乘坐机帆船返回台湾，在台湾一些地方成立“社会服务队”，作为自发的人民团体，帮助国民政府维持日本殖民当局撤离后的社会秩序。② 1945 年 9 月 9 日，台湾义勇队总队离开龙岩，迁移到漳州下坛里 1 号办公，等候相关的工作安排。③ 随后，台湾义勇队又奉命集中到厦门，驻扎在升平路，待命渡海进驻台湾，协助政府接管工作。1945 年的 10 月上旬，台湾义勇队部分先遣队员渡台，配合国民政府维护社会秩序和保管物资。同年 10 月 25 日，台湾义勇队在厦门市的中山公园举行了庆祝台湾光复大会，这在当时是祖国大陆的首次庆祝台湾光复庆典。④ 由于经过八年的艰苦抗战，消耗了大量的物力、财力，因此各类运输工具十分缺乏，台湾义勇队渡海返台的工作就一直拖延。不过台湾义勇队滞留厦门期间，还为等候返回台湾的大量台胞提供了重要的援助。日军在侵华期间，“台湾同胞之被征

---

① 严秀峰《台湾义勇队与抗战》，严秀峰编《纪念李友邦先生论文集》，（台湾）世界综合出版社，2003 年版，页 174。

② 楼子芳《抗日烽火中的台湾义勇队》，（台湾）世界综合出版社，2003 年版，页 208－209。

③ 福建省档案馆编《台湾义勇队档案》，海峡文艺出版社，2007 年版，页 369。

④ 福建省档案馆编《台湾义勇队档案》，海峡文艺出版社，2007 年版，页 376。

入伍与义民流落各省者数达10万余人”，厦门沦陷后，台湾籍民的人数又逐渐增多起来。抗战胜利后，根据厦门市台湾同乡会的统计，台胞人数有8000余人。[①] 由于“旅厦8000台胞十之八九系属俸给生活者，因环境之变迁，全部陷于失业，以致哀鸿遍野”，在这种情况下，驻扎在厦门的台湾义勇队“节食剩余白米4000市斤”，委托厦门台湾同乡会提供给待援的台胞，这对于当时翘首盼望赈济的厦门台胞来说，无疑是雪中送炭。[②] 1945年11月7日，台湾义勇队120余名队员设法搭乘“华光轮”启航返台，不幸的是这艘木制货运汽船途中遭遇风浪，在福建漳浦海域沉没，有15名义勇队队员罹难，所幸大多数成员生还。[③]

二、台湾义勇队的返台和复员

1945年12月初，李友邦偕同家属，带领台湾义勇队的后勤部队从厦门出发，分别乘坐“胜利”、“胜兴”两艘船于12月8日抵达台湾，[④] 大多数的台湾义勇队队员及其眷属利用这次机会返回了阔别多年的故乡。

由于交通紧张，还有一些未能及时返台的义勇队队员，他们有的搭乘运送台胞难民的轮船返回台湾，例如林慧、刘燕秋、简素、林淑惠、郭辅礼、杨德华、杨德荣等义勇队和少年团的成员，他们就是在李友邦的努力下，由厦门市政府的安排搭乘“尼米兹号”轮船，于1946年的2月返回台湾[⑤]；1946年的3月，厦门有三批较大规模的台胞返乡输送，第一批909人搭乘“加礼逊轮”，第二批1270人则搭乘“拉米示轮”，第三批959人仍由“加礼逊轮”运送，第四批运送406人，三月间总共3503人被送返台湾。此后，厦门市政府指示，“除愿返籍之台胞仍予以继续运送，其居留厦市者随时安

---

① 福建省档案馆、厦门市档案馆编《闽台关系档案资料》，鹭江出版社，1992年版，页133。

② 福建省档案馆编《台湾义勇队档案》，海峡文艺出版社，2007年版，页372。

③ 苏禄洲《华光轮海难四十六周年追忆》，严秀峰编《纪念李友邦先生论文集》，（台湾）世界综合出版社，2003年版，页227－231；楼子芳《抗日烽火中的台湾义勇队》，（台湾）世界综合出版社，2003年版，页209－210。

④ “李友邦先生学经历简介”，李友邦《李友邦文粹：日本在台湾之殖民政策，台湾革命运动》，（台湾）海峡学术出版社，2004年版，页161；《黄海波先生访谈纪录》，台湾“中央研究院”近代史研究所编《日据时期台湾人赴大陆经验》，口述历史第6，1995年版，页192。

⑤ 福建省档案馆编《台湾义勇队档案》，海峡文艺出版社，2007年版，页378－380。

抚外，……”可见滞留在厦门的台湾义勇队队员均可利用这些由美国提供的轮船，返回台湾①；转道上海返回台湾也是一些义勇队队员的返乡方式，例如张明显就从浙江杭州带领一批队员到上海虹口，再由上海的台湾旅沪同乡会接待并安排回台湾。②

不过，并非所有的台湾义勇队队员都返回了台湾，还有一部分人留在福建、浙江等地。例如义勇队队员刘新民、邓东介、黄志旋、郭汝侯等约11人，在浙江衢县开设私立台湾医院，继续为当地百姓服务，生活上面“经济亦堪自给”③；此外，还有少数义勇队队员及家属则返回漳州、泉州等祖籍地生活，没有返回台湾。

1946年2月，国民政府发布命令，宣布“台湾义勇总队”解散，④ 这支存在整整七年之久的抗日革命队伍，结束了本应该继续的历史使命。不过，历史不会忘记这些曾经在祖国抗日的英雄们，他们在李友邦将军带领下所做出的杰出贡献，将被两岸人民所铭记。

---

① 福建省档案馆编《台湾义勇队档案》，海峡文艺出版社，2007年版，页382－383。

② 中华全国台湾同胞联谊会编《抗日烽火中的台湾儿女》，中国妇女出版社，1996年版，页196。

③ 福建省档案馆编《台湾义勇队档案》，海峡文艺出版社，2007年版，页377。

④ 严秀峰《台湾义勇队与抗战》，严秀峰编《纪念李友邦先生论文集》，（台湾）世界综合出版社，2003年版，页175。

第九章　结论与启示

台湾籍民是特殊历史条件下的特殊群体，是日本帝国主义侵略中国的悲剧性产物。甲午战争后，日本强行霸占台湾，台湾人的身份也随之发生转变，由中国国籍变成了日本国籍，台湾人被迫成为法律意义上的“日本人”，而当他们回到祖国大陆时，就成为所谓的“台湾籍民”。

日本学者矢内原忠雄曾指出，“日本的台湾统治，是拿台湾拉开中国而与日本相结合。”① 这揭露了日本殖民统治的目的，也说明了日本殖民者强力推行“同化”政策的原因，而将台湾人民的国籍变更为日本籍，使其成为日本帝国的“臣民”，则成了日本实现殖民统治合法性的第一步，以及作为标榜日本殖民统治“一视同仁”的幌子。对台湾人而言，国籍上的变更，不仅意味着亡国的耻辱和痛苦，也使他们在面对祖国同胞时，难免陷入尴尬的角色之中：论血缘、语言、风俗、习惯等，台湾人和祖国同胞没有任何不同，但在法律地位上，他们却是“日本国民”而不是一般的中国人，这种错位的国籍界定，在时间的流逝中，必然会给两岸同胞带来误解和芥蒂，给两者之间的情感划下了无形的鸿沟，也会给台湾同胞的中国意识和民族情感套上“国籍分裂”的精神枷锁，这是台湾人民殖民地伤痕中最大的疮疤。

近代，西方帝国主义国家在侵华过程中，通过强加各种不平等条约，在中国享有众多政治、经济、司法等方面的特权。利用这些强加的特权，帝国主义国家的国民，可以在中国领土上享受“超国民”待遇，攫取了大量的利益。甲午战争后，被迫成为“日本人”的台湾同胞，只要他们回到祖国大陆，就自然拥有了“日本国籍”所派生出的特殊权利，享受各种优待，例如生意经营的税收减免等。由于历史渊源的关系，福建是台湾籍民最为集

① 【日】矢内原忠雄著，周宪文译《日本帝国主义下之台湾》，（台湾）海峡学术出版社，2003 年版，页 204。

中的地区，人数又以厦门为最。多数台湾籍民是为了摆脱日本殖民统治而返回祖国大陆的善良之辈；还有一些是因在台湾谋生而偶然加入日本籍的大陆百姓；当然也有假冒台籍的大陆无赖或有力人士。台湾籍民的特殊身份使他们成为一个“特权”群体，有意无意之间，他们享有祖国同胞无法企及的特权，尤其是“领事裁判权”，这让他们可以免受祖国政府的司法管辖，台湾籍民的任何违法行为，均须日本驻华领事馆处理或者协助执法。随着日本帝国主义对华侵略步伐的加快，以及台湾总督府在闽、粤地区培植日本势力和压制反日运动的需要，日本驻闽领事馆对于少数台湾籍民的违法行为，在较长时间内采取放任的方针，让小部分台湾籍民的违法犯罪处于司法管辖的“真空”中。在这种情况下，台湾籍民中的一些流氓或者无赖分子，就胆敢经营鸦片烟毒、妓院、赌场等非法行业进行牟利，甚至不少浪人籍民犯下杀人、抢劫、诈骗等恶性案件，严重扰乱了福建厦门、福州等地的治安，给当地民众留下极为恶劣的印象，这些无恶不作的台湾籍民就被称为“台湾呆狗”。日本利用“台湾呆狗”充当侵华的前驱，让他们为非作歹，制造事端，甚至从事特务活动，引发大陆民众对台籍浪人的反感和厌恶，乃至于对所有台湾籍民都视如虎狼，这样一来，日本侵略者就达到离间两岸同胞关系的恶毒目的。正如后来义勇队中台胞所揭露的那样，“盖日寇政策，一贯为挑拨离间，欲将吾中华之整体，支离破碎而击溃之，乃利用少数台籍浪民，来华作非法之事，即使干犯我法律，可以领事裁判权‘保护’之，国人中之歹徒，见台民有此便利，亦假其名活动，而日寇之特务及浪人，为保持其‘皇军’、‘皇民’之尊严，复为加重台湾人在中国人头脑中之坏印象，亦冒台湾人名义胡作非为，殊知果有中敌寇之阴谋者，而划下闽台间之鸿沟。”①

“七七”事变后，抗战全面爆发，日本驻闽领事开始撤退侨民，大多数的台湾籍民亦被遣送回台湾。1938 年 5 月，日军攻占厦门，福建沿海形势十分紧张。由于金门、厦门沦陷前后，有台籍浪人为日军提供情报以及从事后方破坏活动，并在日军进攻金、厦过程中充当向导。少数浪人籍民的倒行逆施，引发了福建民众和社会媒体的一致愤慨和强烈谴责。此外，公众舆论

---

① 王坪《闽台之间》，严秀峰编《台湾先锋》下卷（合订本），第 6 期，（台湾）海峡学术出版社，2004 年版，页 9。

对于福建省政府的“肃奸”不利极为不满。随着战争形势的紧绷，鉴于台湾浪人籍民以往的各种劣迹和国民政府所掌握的“奸谍”情报，使福建省政府对境内尚存的台湾籍民不得不提高警惕。面对社会舆论的不满和压力，福建省当局决心调整处理台湾籍民的政策，将省内非沦陷区的台湾籍民一律迁往闽北的崇安县。

但实际上，福建境内剩余的台湾籍民，多数是不堪忍受日寇的歧视和苛刻统治，才返回祖国故土的，除了厦门外，他们主要集中在晋江、福州和龙溪等地。这些地区台胞一般是回国多年，安分守己，兢兢业业地服务桑梓，已经融入地方社会的良善之辈。尤其不少爱国台胞，在抗战爆发后或是捐钱捐物，或是发表声明不返回台湾，或是申请恢复中国国籍，或是成立反日爱国组织，积极支持祖国政府的抗日行动。但即便如此，1938 年 5 – 6 月，福建省内剩余的台湾籍民，几乎都被集中到闽北崇安县。但从后来有关的档案资料来看，集中到崇安县的台湾籍民，除极少数人沾染吸食鸦片的陋习外①，基本上没有其他不法的行为，直到抗战胜利，崇安县台胞返回故土，福建省政府也未发现其中曾替日军从事“谍报”工作的人。1942 年年初，在祖国大陆从事抗日活动的台湾人联合组织台湾革命同盟会，其中央执行委员会主席张邦杰向国民政府递交一份呈请书，就将抗战爆发后福建台胞的情况做了如下的说明，“查我国抗战以来，地方当局对于台湾同胞不分皂白，均予拘禁或杀害，仅福建一省，现尚拘禁于崇安者，不下数百人，此辈实系纯良之义民，在抗战初起，敌领再三迫令台人返台，但渠已饱受敌人之虐待与敲剥早具不愿为顺民之决心，即已脱出虎口，重见青天，何肯再陷人间地狱。故各避内地以安生业，然地方当局不察，均予拘禁，甚至杀害，视同仇敌，此种处置，实陷入敌人离间政策之圈套，增其宣传之口实，殊对台湾革命大有阻碍。”② 应该说张邦杰对崇安县福建台湾籍民的在台经历、真实身份和日寇的离间阴谋所做的阐述是较为到位的，当然张邦杰所谓地方当局对台民“拘禁或杀害”，实际上是不了解情况的夸大其辞，虽然集中崇安县的

---

① 《台籍烟民管理暂行办法》，武夷山市档案馆，2 – 15 – 55。

② 《张邦杰呈拟收复台湾五项意见由》，中国第二历史档案馆、海峡两岸出版交流中心《馆藏民国台湾档案汇编》，第 12 册，九州出版社，2007 年版，第 304 页。

台湾籍民自由受限且生活艰苦，但国民政府不断提供各种赈济与援助，在生活就业等方面给予各种支持，这是不容否定的客观事实，并没有虐待或者杀害台民的情况。

对于被集中迁移的崇安县台湾籍民来说，日本殖民者在台湾的残酷统治，已是痛苦的记忆；而抗战时期，他们因为“日谍”嫌疑，得不到国民政府的信任，被迁移到闽北山区县城，这难免会造成台湾籍民的心理受挫感，产生委屈、失落、彷徨、苦闷等心理情绪，这种心理状态是特定历史条件下，多种因素复合影响的结果，吴浊流作品中描绘的“亚细亚孤儿”意识，在一定程度上反映了崇安县台湾籍民的这种心态。

作为闽北的山区县城，崇安县社会经济的发展程度较低，台湾籍民因为集中仓促所带财物有限，且多为老弱妇孺，他们的生活较为困顿。对此，国民政府进行了系列的赈济援助，包括伙食救济、手工业辅助贷款、鼓励独立谋生、编入垦务所从事垦荒，成立济老院和台湾儿童教养所等系列措施，这些生活救济虽对台湾籍民的生产和生活起了重要作用，但由于日本侵华战争造成的国民经济紧张、崇安县较为恶劣的自然环境和不发达的经济状况，以及台湾籍民自身不利因素的影响，他们的生活状况实际上没有太大起色。内心的苦闷和彷徨，一直是多数台湾籍民的主要心理情绪。

不过，包括崇安县台胞在内的广大台湾人民始终没有屈服于日本的殖民统治，他们坚持汉民族的文化和气节，不屈不挠地与殖民者做斗争。这种民族气节和民族精神，以及对日寇殖民统治的不满，一起深埋在崇安县广大台湾同胞的内心里。因此，在爱国台胞李友邦将军的鼓励下，他们中的不少人抛开了彷徨与失落，将自身的命运和祖国的抗日事业及台湾的解放运动结合起来，大多数具有特殊技能的台胞参加了台湾义勇队，投身祖国的抗日洪流中，为中国的抗战事业做出了自己独到的贡献，并且在抗战中“自我实现”价值，在一定程度上克服了“孤儿”意识。当然，需要注意的是，崇安县还有不少老弱妇孺由于不具备条件，没能追随李友邦直接参与抗日活动，他们的苦闷与彷徨仍然存在。抗日胜利后，台湾光复，崇安县的台湾籍民多数返回台湾，也有迁回福建晋江、龙溪故居生活的，困扰他们多年的“间谍”嫌疑问题，终于得到了解决。

崇安县台湾籍民的经历和心路历程，尤其是“亚细亚孤儿”意识的产生和发展，多多少少带有“悲剧”色彩，这也是对当时中国大陆部分台胞心态的反映，同一时期大陆其他地区的台胞也有不少人具有这种“孤儿”意识，这从1945年12月，台湾旅京同乡代表苏子善递交国民政府的呈文中可以看出。苏子善先是在呈文中叙述了甲午战争后清朝割让台湾给台湾人民带来的心理影响，即“虽殉国家之难，夫复何言！有类池鱼之殃，情难自已。从此炎黄之胄，沦为殖民，横逆之来，只有忍受。五十年之岁月，火热水深，六百万之呻吟，声嘶泪竭。因思台湾之解放，有待于祖国之富强，而祖国之富强又为环境所阻碍，延颈久待援手未伸迩者”，也指出一些台湾籍民在日本殖民者的纵容下为非作歹的原因，“台胞之中其所作为，容或有不尽合爱国之道者，此系受日人教育之麻醉与夫积威所约成，进退因人，鞭箠在后，行虽可恨，情实堪怜，在日人迫使煮豆燃萁，以为离间政策”，强调了“大部分台胞饮水思源，未忘祖国深情”；另一方面，苏子善也指出了抗战时期生活在祖国台湾籍民身份的尴尬与苦闷，“回忆我台湾被满清割让于日寇以来，而日寇视我台民几皆为中国之奸谍，种种压迫无时，或释此时我台湾脱离日寇，重归祖国，往往又将我台民视为日寇之奸细，台民何辜？频遭险阻，歧路彷徨，隐忧曷已。嗟乎一时家道中落，为奚奴鬻入人家，此日得脱回来，俨如重逢手足，宁知骨肉之至亲，定能提携至细，抚遍体之鳞疤，不忍再施夏□”①，形象地体现了抗战时期祖国大陆多数爱国台胞苦闷、彷徨和无奈的心态，尤其是“日寇视我台民几皆为中国之奸谍，种种压迫无时，或释此时我台湾脱离日寇，重归祖国，往往又将我台民视为日寇之奸细”和“歧路彷徨”正是对“亚细亚孤儿”意识的生动写照。

“亚细亚孤儿”意识是日本对台湾殖民统治带来创伤的一大体现。可以说，日本帝国主义是这一切悲剧的缔造者，凡与台湾籍民相关的问题，是日本帝国主义在1895年至1945年这五十年间，侵华行为逐步升级的必然结果，以及侵华阴谋的直接体现。正如台湾学者梁华璜所评论的，“日本帝国主义是处心积虑、巧设诡计，利用台湾籍民（或台籍浪人）与原属同一民

① 《为台胞脱离日寇重归祖国恳祈俯准通令对于台胞之良善者予以奋发之机于不肖者开其自新之路由》，中国第二历史档案馆、海峡两岸出版交流中心《馆藏民国台湾档案汇编》，第12册，九州出版社，2007年版，第371－373页。

族之中国人互相仇视、残杀、制造民族之分裂，说近代中日关系史上的矛盾是落在台湾籍民身上也不为过。"① 这在一定程度上，显示了日本对台湾籍民的操弄和利用，给两岸同胞之间造成了隔阂和伤害，这种伤害后果和影响是巨大和深远的。"亚细亚孤儿"意识就是这种伤害后果最直接和最无形的体现，如同台湾学者尹章义所评价的那样，"无论日本意识、孤儿意识、台湾人意识和台湾意识的产生，都是由于日本人在台湾长期高压统治的结果。殖民统治结束之后，台胞仍然必须承担其恶果，忍受'认同危机'之煎熬，给台胞带来刻骨铭心的痛苦。"②

如同笔者在文中考察的那样，"亚细亚孤儿"意识是有历史原型的，它是特定历史背景下特定台胞群体的心态表现。不过到了今天，"亚细亚孤儿"意识的内涵在台湾岛内已被过度引申，甚至将其历史时空追溯至甲午战争后清政府被迫割让台湾。譬如就有学者提出，"当台湾被割让时，台湾中上层文人知识分子和老百姓都感到悲哀和屈辱，觉得自己被当成养女送给万恶的日本帝国主义，从而形成被割掉、丢弃、出卖、疏离、无奈的心态"，"遂形成无奈、抱怨及自哀自怜之被迫害的'养女'属性，或被丢弃者的特殊情结。"③ 更有人直接将归结为，"台湾人面对日本是无人疼的养子，面对中国又是无人认的弃民或庶子，逐渐培养出'孤儿意识'。"④ 显然，这种看法是脱离近代中国积贫积弱的历史背景，对"亚细亚孤儿"意识的内涵任意扩大和歪曲。在如今的台湾政治现实中，这足以成为台湾民进党人刻意操弄"悲情意识"，引导台湾民众疏离祖国大陆的议题。例如吕秀莲就别有用心地称："甲午战争，满清虽败而未亡，台湾不过被它的生身父母出卖给日本罢了"⑤，称台湾是"养女命"。在这种情况下，难免有人借

---

① 梁华璜《台湾总督府的"对岸"政策研究》，（台湾）稻乡出版社，2001年版，页213。

② 尹章义《台湾的认同危机及其发展史》，黄康显主编《近代台湾的社会发展与民族意识》，（香港）中华书局，1987年版，页279。

③ 戴国辉《台湾结与中国结——睾丸理论与自立、共生的构图》，（台湾）远流出版社，1994年版，页18。

④ 施正锋《台湾民族主义与垦殖国家的政治民族塑造——汉人血缘、华人文化及政治中国的挑战》，洪泉湖、谢政谕主编《百年来两岸民族主义的发展与反省》，（台湾）东海大学出版社，2002年版，页466。

⑤ 吕秀莲《台湾的过去与未来》，（台湾）拓荒者出版社，1979年版，页61。

题发挥，提出："祖国不要我，我怎敢自称为中国人呢?""台湾在受到日本殖民统治之前，就先受到中国的抛弃，中国对台湾绝情绝义，台湾有必要和中国和好如初吗?"等言论。① 这些偏执的言论均是从"亚细亚孤儿"意识所引发出的狭隘看法，实质都是分离主义的意识在作祟。尤其是在选举场合，一些政客便会利用这狭隘的看法，挑动"省籍-族群"矛盾，以"中国人欺负台湾人"、"台湾人出头天"等，打出"悲情"牌，挑动民众的对抗情绪和分离意识，以博取同情的选票。

"当过去不再昭示未来时，心灵便在黑暗中行走。"这是19世纪法国思想家托克维尔的一句名言。"以史为鉴"一直是我们研究历史的最终目的。因此，正确地看待历史上存在的"亚细亚孤儿"意识，以及化解当今台湾存在的"孤儿"心结，这都是需要认真思考的问题。

福建崇安县台湾籍民问题的产生，是日本帝国主义侵华阴谋的恶果。"亚细亚孤儿"意识是日本殖民者残酷统治台湾，以及离间两岸民众感情阴谋的衍生物，当然这其中也包含当年国民政府受到误导而对台湾同胞产生误解的事实。因此，历史经验告诉我们，要化解对岸同胞的历史心结，必须做到以下两点：

首先，必须能够充分理解他们的现实情况以及相关心态，给予他们充分的尊重和关心。虽然两岸之间有着血缘、文化和历史上的共通性，但也有不同的历史发展轨迹，加上两岸长期的历史隔绝，在政治、经济和社会等各方面，存在着一定的差距。陈孔立教授曾经提出，"两岸都有自己与对方不同的'特殊历史背景'，走过不同的道路，因而产生不同的心态"，"如果不是设身处地、将心比心，而是把自己的想法强加于人，就无法理解对方，就难以沟通、对话。"② 因此，可以在适当的程度上理解台湾同胞的特定意识，例如"孤儿"意识等。

其次，在理解的基础上，要关心和照顾台湾同胞的切身利益。对于"孤儿"意识，曾有台湾学者从所谓的"被遗弃心理"出发，指出："台湾人民很有理由从民族主义的立场要求其'父祖之国'的中国，提供适当的

---

① 卢建荣《分裂的国族认同：1975-1997》，（台湾）麦田出版社，2000年版，页74。

② 陈孔立《需要"同情的理解"》，《台声》，2003年第1期，页11。

或更多的补偿来抚慰流落异乡，缺乏母爱照顾并心灵受创的台民”①，这里的“补偿”更多的是指心灵上的抚慰，但也说明有不少台湾人希望能得到大陆方面经济利益上的照顾。而实际上，中国大陆多年也一直朝着为台湾同胞谋利益的方向在努力。2008 年两会期间，温家宝总理在答中外记者问上，就说道，“凡是对台湾同胞有利的事情，我们一定要努力去做，而且要把它做好”，“为了台湾同胞的利益，我们甚至愿意作出必要的牺牲。”② 中国共产党第十七次全国代表大会上的报告也曾提到，“我们理解、信赖、关心台湾同胞，将继续实施和充实惠及广大台湾同胞的政策措施，依法保护台湾同胞的正当权益”，“两岸同胞要加强交往，加强经济文化交流，继续拓展领域、提高层次，推动直接‘三通’，使彼此感情更融洽、合作更深化。”③可见，祖国大陆时刻关心并且照顾台湾同胞的切身利益，并为此做一切的努力。

总之，“信赖、理解、关心”是化解两岸心结，“使彼此感情更融洽、合作更深化”的必要步骤。我们有理由相信，未来两岸同胞间的心结，会随着彼此交流的加深，往来的密切而最终消弭于无形。

---

① 卢义辉《台湾意识的多面向——百年两岸的民族主义》，（台湾）黎明文化出版社，2001 年版，页 142。

② “温家宝总理与中外记者见面并回答记者提问（实录）”，http: //www. china. com/2008lianghui/2008 -03/18/content_ 12953641_ 4. htm。

③ 胡锦涛《高举中国特色社会主义伟大旗帜为夺取全面建设小康社会新胜利而奋斗——在中国共产党第十七次全国代表大会上的报告》，人民出版社，2007 年版，页 45。

参考文献

档案

[1] 福建省档案［Z］. 福州：福建省档案馆馆藏.

40－1－19. “密报台湾人在晋江活动之概况”.

1－9－841. “福建省会公安局1934年外侨调查表”.

1－1－379. “福建省政府集中台民护送安全区域”.

1－1－380. “福建省政府关于处理福州、厦门等处台民办法的训令、函”.

1－9－781. “福建省秘书处关于崇安垦务所台民问题”.

1－5－1825. “台湾革命同盟会请发还台人产业”.

1－5－1846. “调查各县区辖内被收管之台民产业情形”.

1－4－1093. “福建省政府关于切实看管日侨民、日归侨黄胜子迁移邵武、日侨坂本的释放及查留、催报人数实况给崇安、邵武县政府的电、呈”.

1－4－1232. “福建省政府、崇安、连城、建阳关于查台籍、台民死亡、台民谢忠信被诬告案等问题的代电呈及崇安县政府附管理台民姓名册”.

3－1－26. “福建省第三回统计年鉴. 抗战损失类”.

4－2－352. “通缉崇安垦荒潜逃台民”（一）.

4－2－352. “通缉崇安垦荒潜逃台民”（二）.

4－2－352. “通缉崇安垦荒潜逃台民”（二）.

4－2－1459. “通缉崇安垦荒潜逃台民”.

1－5－1869. “杨黄氏请准回复国籍”.

[2] 武夷山市档案［Z］. 武夷山市：武夷山市档案馆馆藏.

2－11－100.“敌侨管理及日台民伙食费”（一）.
2－11－90.“关于台民管理及救济棉衣被、日台侨归化”（一）.
6－4－6.“台民垦荒卷”.
2－19－65.“警察经费及台民管理费”（二）.
2－11－68.“受株连台民保释事项”（一）.
2－11－70.“受株连台民保释”（三）.
2－11－81.“垦荒台民退垦及赴浙参战”（一）.
2－11－71.“受株连台民保释”（四）.
2－11－69.“受株连台民保释”（二）.
2－11－66.“台民保释卷”.
2－19－64.“警察经费及台民管理费”（一）.
2－11－82.“垦荒台民退垦及赴浙参战”（二）.
2－11－80.“台民编垦监管”.
2－11－78.“台民编垦”（一）.
2－11－86.“台民垦荒”（一）.
2－11－87.“台民垦荒”（二）.
2－11－98.“日台侨民状况调查表”（一）.
2－28－34.“垦农名册、垦民异动报表”（二）.
2－11－79.“台民编垦”（二）.
2－11－76.“通缉逃亡台民”（一）.
2－18－242.“公务员、台民、征属减免捐款摊派事项”（二）.
2－18－241.“公务员、台民、征属减免捐款摊派事项”（一）.
2－11－77.“通缉逃亡台民”（二）.
2－11－75.“台女申请婚嫁、崇安台童教养所学童及职员名册、垦民捐献飞机捐”.
2－11－83.“关于垦荒台民贷款、残老安置、斗殴调节”（一）.
2－11－96.“配发台童救济物资、资遣台民回籍”（二）.
6－4－12.“垦耕公约和垦民组织、处理冒混垦民诈财谋利事件、□□垦民勤惰”.
6－4－11.“民国廿九、卅年本省东、中、南部各地移民垦荒——

崇安县垦务所”.

2－11－73. “设台胞战地服务训练班”.

2－11－92. “救济老弱台民及台童教养”.

2－11－88. “各地解送台民集中管理、垦荒台民退垦、台民名册”.

2－11－91. “关于台民管理及救济棉衣被、日台侨归化”（二）.

2－11－72. “受株连台民保释”（五）.

2－11－93. “台民逃、病死、遣回”（一）.

2－11－89. “垦荒台民戒吸鸦片、筹发垦民台民棉衣被”.

2－11－84. “关于垦荒台民贷款、残老安置、斗殴调节”（二）.

2－11－97. “配发台童救济物资、资遣台民回籍”（三）.

2－11－95. “配发台童救济物资、资遣台民回籍”（一）.

2－15－55. “设县戒烟所：台民限戒所、禁私售私吸”（一）.

2－8－70. “台胞、日侨户口调查表”.

2－11－101. “敌侨管理及日台民伙食费”（二）.

2－11－65. “误定日台籍群众请求保释”.

2－11－74. “集中管理台民、台民异动册”.

2－11－99. “日台侨民状况调查表”（二）.

2－42－61. “台民参加义勇队”.

［3］厦门市档案局、厦门市档案馆编．近代厦门涉外档案史料［Z］．厦门：厦门大学出版社，1997.

［4］厦门市《政法志》编委会编．厦门政法史实［Z］．厦门：鹭江出版社，1989.

［5］福建省档案馆、厦门市档案馆编．闽台关系档案资料［Z］．厦门：鹭江出版社，1992.

［6］厦门市档案局、厦门市档案馆编．近代厦门经济档案史料［Z］．厦门：厦门大学出版社，1997.

［7］［日］《台湾总督府档案》中译本第六辑［Z］．南投市：台湾省文献委员会编印，1995.

［8］台湾“国史馆”审编处编．国民政府档案（二）：国民政府对日

情报及意见史料［Z］.（上）、（下）.“国史馆”数位典藏计划出版系列.台北县：“国史馆”，2002.

［9］福建省档案馆编.日本帝国主义在闽罪行录（1931－1945年）［Z］.福州：福建人民出版社，1995.

［10］厦门市档案局、厦门市档案馆编.厦门抗日战争档案资料料［Z］.厦门：厦门大学出版社，1997.

［11］福建省档案馆编.台湾义勇队档案［Z］.福州：海峡文艺出版社，2007.

［12］厦门市政协文史资料委员会编.抗战时期的厦门［Z］.厦门：鹭江出版社，1995.

民国时期报纸、期刊

［13］厦门市政府秘书处.厦门市政府公报［Z］.（1－12）合订本，1935－4－1936－3.

［14］厦门市政府秘书处.厦门市政府公报［Z］.（13－15）合订本，1936－4－1936－6.

［15］厦门市政府秘书处.厦门市政府公报［Z］.（19），1936－10.

［16］厦门市政府秘书处.厦门市政府公报［Z］.（20），1936－11.

［17］厦门市政府秘书处.厦门市政府公报［Z］.（17），1936－8.

［18］厦门市政府秘书处.厦门市政府公报［Z］.（21），1936－12.

［19］厦门市政府秘书处.厦门市政府公报［Z］.（22），1937－1.

［20］厦门市政府秘书处.厦门市政府公报［Z］.（23），1937－2.

［21］厦门市政府秘书处.厦门市政府公报［Z］.（24），1937－3.

［22］厦门市公安局.厦门市公安局警务月刊［Z］.（1），1928－7.

［23］厦门市公安局.厦门市公安局警务月刊［Z］.（2），1928－8.

［24］厦门市公安局.厦门市公安局警务月刊［Z］.（3），1928－9.

［25］厦门市公安局.厦门市公安局警务月刊［Z］.（6），1928－12.

［26］厦门市公安局.厦门市公安局警务月刊［Z］.（7），1929－1.

［27］厦门市公安局.厦门市公安局警务月刊［Z］.（8），1929－2.

［28］福州市公安局.福州市公安局警政月刊［Z］.（16），1928－10.

[29] 福州市公安局. 福州市公安局警政月刊 [Z]. (19), 1929 - 1.
[30] 福州市公安局. 福州市公安局警政月刊 [Z]. (23), 1929 - 5.
[31] 福建省秘书处公报室. 闽政与公余 [Z]. (1), 1937 - 9 - 10.
[32] 福建省秘书处公报室. 闽政与公余 [Z]. (4), 1937 - 10 - 10.
[33] 福建省秘书处公报室. 闽政与公余 [Z]. (5), 1937 - 10 - 20.
[34] 福建省秘书处公报室. 闽政与公余 [Z]. (10), 1937 - 12 - 10.
[35] 福建省秘书处公报室. 闽政与公余 [Z]. (13), 1938 - 1 - 10.
[36] 福建省秘书处公报室. 闽政与公余 [Z]. (18), 1938 - 2 - 10.
[37] 福建省秘书处公报室. 闽政与公余 [Z]. (19), 1937 - 3 - 10.
[38] 禁烟委员会刊行. 禁烟公报 [Z]. (12), 1930 - 1.
[39] 禁烟委员会刊行. 禁烟公报 [Z]. (11), 1929 - 11.
[40] 禁烟委员会刊行. 禁烟公报 [Z]. (8), 1929 - 8.
[41] 申报 [N]. 1936 - 3 - 30.
[42] 台湾民报 [N]. (76), 1925 - 10 - 25.
[43] 民国日报 [N]. 1930 - 4 - 13.
[44] 江声报 [N]. 1937 - 8 - 6.
[45] 江声报 [N]. 1937 - 8 - 21.
[46] 江声报 [N]. 1937 - 8 - 26.
[47] 江声报 [N]. 1937 - 12 - 20.
[48] 江声报 [N]. 1937 - 7 - 18.
[49] 江声报 [N]. 1938 - 1 - 10.

地方志

[50] 台湾文献委员会主编. 台湾省通志稿 [Z]. 第 25 册, 台北: 捷幼出版社, 1999.

[51] 刘超然修、郑丰稔纂. 中国方志丛书 崇安县新志 [Z]. 台北: 成文出版社有限公司, 1941.

[52] 武夷山市志编纂委员会编. 武夷山市志 [Z]. 北京: 中国统计出版社, 1994.

资料文献合辑

[53] 金振林．台湾义勇队在金华 [Z]．北京：九州出版社，2005.

[54] 中华全国台湾同胞联谊会编．抗日烽火中的台湾儿女 [Z]．北京：中国妇女出版社，1996.

[55] 王铁崖编．中外旧约章汇编 [Z]（1-3）．北京：三联书店，1957.

[56] 台湾总督府警务局编，王洛林总监译．台湾抗日运动史 [Z]．台北：海峡学术出版社，2000.

[57] 台湾总督府官房统计课．日据时期台湾统计书 [Z]（1-22）．台北：台湾时报发行所，不详．

[58] 陈支平主编．台湾文献汇刊 [Z]（第7辑，第8册）．厦门：厦门大学出版社、北京：九州出版社，2005.

[59] 厦门市志编纂委员会、厦门海关志编委会．近代厦门社会经济概况 [Z]．厦门：鹭江出版社，1990.

[60] 台湾民主自治同盟厦门市委员会、厦门台湾同胞联谊会等编．台湾儿女祖国情——记厦门的台湾省籍人士 [Z]．北京：台海出版社，2000.

[61] 厦门市政协文史和学习宣传委员会编．鹭江春秋——厦门文史资料选精粹 [Z]．北京：中央文献出版社，2003.

[62] 厦门总商会特刊 [Z]．厦门：中山路焕文印书馆，1931.

[63] 洪桂己．近代中国外谍与内奸史料丛编：清末民初至抗战胜利时期（1871-1947）[Z]．台北县："国史馆"，1986.

[64] 中国人民政治协商会议、福建省晋江市委员会编．晋江文史资料选辑 [Z]（14）．晋江：中国人民政治协商会议、福建省晋江市委员会文史资料研究会，1993.

[65] 中国人民政治协商会议全国委员会、文史资料研究委员会编．革命史资料 [Z]（八）．北京：文史资料出版社，1982.

[66] 南平市政协文史资料委员会编．抗战时期的闽北 [Z]．南平：闽北报社印刷厂，1997.（178）.

[67] 严秀峰编．台湾先锋 [Z]（上）、（下）合订本．台北：海峡学术

出版社，2004.

［68］中华全国台湾同胞联谊会编．不能遗忘的名单——台湾抗日英雄榜［Z］. 台北：海峡学术出版社，2001.

［69］中国人民政治协商会议全国委员会、文史资料研究委员会编．革命史资料［Z］（十五）．北京：文史资料出版社，1986.

［70］逄夏主编．侵华日军间谍特务活动纪实［Z］. 北京：北京出版社，1993.

回忆录与口述史

［71］严秀峰编．李友邦先生纪念文集［Z］. 台北：世界综合出版社，2003.

［72］台湾“中央研究院”近代史研究所编．日据时期台湾人赴大陆经验［Z］.（口述历史 6），台北：“中央研究院”近代史研究所，1995.

［73］严秀峰女士口述，黄俊凌访问、记录．台北：台北市重庆南路一段 121 号，2007.

［74］杨肇嘉．杨肇嘉回忆录［Z］. 台北市：三民书局出版社，1977.

［75］蓝敏口述，许雪姬访问，曾金兰记录．蓝敏先生访问纪录［Z］. 台北：“中央研究院”近代史研究所，1995.

［76］台湾“中央研究院”近代史研究所编．日据时期台湾人赴大陆经验［Z］.（口述历史 5），台北：“中央研究院”近代史研究所，1994.

［77］丘念台．岭海微飙［Z］. 台北：海峡学术出版社，2002.

专著

［78］吴浊流．亚细亚孤儿［M］. 北京：人民文学出版社，1986.

［79］林德政．抗战期间国共政权对峙下的台湾志士——他们的奋斗和贡献［M］. 台北市：“国史馆”印行，1998.

［80］［法］雅克．勒高夫、诺拉等主编，姚蒙译．新史学［M］. 上海：上海译文出版社，1989.

［81］陈孔立．台湾学导论［M］. 台北县：博扬文化出版有限公司，2004.

[82] 陈小冲．日本殖民统治台湾五十年史［M］．北京：社会科学文献出版社，2005.

[83] 林仁川、黄福才．闽台文化交融史［M］．福州：福建教育出版社，1997.

[84] 周子峰．近代厦门城市发展史研究：1900－1937［M］．厦门：厦门大学出版社，2005.

[85] 卞凤奎．日据时期台湾籍民在大陆及东南亚活动之研究（1895－1945）［M］．合肥：黄山书社，2006.

[86] 卞凤奎．日据时期台湾籍民在海外活动之研究（1895－1945）［M］．台北市：乐学书局有限公司，2006.

[87] 王政文．台湾义勇队：台湾抗日团体在大陆的活动（1937－1945）［M］．台北市：台湾古籍出版社，2007.

[88] 陈正平．李友邦与台胞抗日［M］．台北市：世界综合出版社，2000.

[89] 楼子芳．抗日烽火中的台湾义勇队［M］．台北市：世界综合出版社，2003.

[90]［德］马克思、恩格斯著，中共中央马、恩、列、斯编译局译．马克思恩格斯选集［M］．（4）北京：人民出版社，1972.

[91]［英］帕特里克．加登纳著，江怡译．历史解释的性质［M］．北京：北京出版社、文津出版社，2005.

[92] 陈恒、耿相新．新史学［M］．第四辑“新文化史”郑州：大象出版社，2005.

[93]［法］雅克．勒高夫、皮埃尔．诺拉主编，郝名玮．史学研究的新问题新方法新对象——法国新史学发展趋势［M］．北京：社会科学文献出版社，1988.

[94] 庞卓恒．西方新史学述评［M］．北京：高等教育出版社，1992.

[95] 罗凤礼．历史与心灵：西方心理史学的理论与实践［M］．北京：中央编译出版社，1998.

[96] 胡波．历史心理学［M］．广州：广东高等教育出版社，1993.

[97] 彭卫．历史的心境——心态史学［M］．郑州：河南人民出版

社，1992.

[98] 张广智、周兵．心理史学［M］．台北市：扬智文化事业股份有限公司，2001.

[99]［英］杰夫里．巴勒克拉夫著，杨豫译．当代史学主要趋势［M］．上海：上海译文出版社，1987.

[100] 梁宁建．心理学导论［M］．上海：上海教育出版社，2006.

[101] 沙莲香．社会心理学［M］．北京：中国人民大学出版社，2002.

[102] 张玉法．历史学的新领域［M］．台北市：联经出版事业公司，1978.

[103]［法］费尔南．布罗代尔著，顾良、张慧君等译．资本主义论丛［M］．北京：中央编译出版社，1997.

[104] 康乐、彭明辉．史学方法与历史解释［M］．北京：中国大百科全书出版社，2005.

[105]［美］伊格尔斯著，陈海宏等译．历史研究国际手册［M］．北京：华夏出版社，1989.

[106] 汪征鲁．福建史纲［M］．福州：福建人民出版社，2003.

[107] 林满红．晚近史学与两岸思维［M］．台北市：麦田出版社，2002.

[108] 郑林宽．福建华侨汇款［M］．福州市：福建省政府秘书处统计室印，1940.

[109] 林庆元．福建近代经济史［M］．福州：福建教育出版社，2001.

[110] 苏警予、陈佩真等．厦门指南［M］．出版地不详，1931.

[111] 陈万里．闽南游记［M］．上海：开明书店，1930.

[112] 王宠惠属稿．“中华民国”刑法［M］．（华东政法大学珍藏民国法律名著丛书二），北京：中国方正出版社，2006.

[113]［日］井出季和太著，郭辉译．日据下之台政［M］（1－3）．台北市：海峡学术出版社，2003.

[114] 谢南光著，郭平坦校订．谢南光著作选［M］（上、下）．台北市：海峡学术出版社，1999.

[115]［苏］Г. М. 安德烈耶娃著，李钊、龚亚铎等译．社会心理学

[M]. 上海：上海翻译出版公司，1984.

[116] 张光正 . 张我军全集 [M]. 北京：台海出版社，2000.

[117] 胡德辉、叶奕乾、杨治良 . 现代心理学 [M]. 郑州：河南教育出版社，1989.

[118] 孟昭兰 . 情绪心理学 [M]. 北京：北京大学出版社，2005.

[119] 班固 . 汉书 [M].（4）北京：中华书局，1963.

[120] "中国近代金融史" 编写组 . 中国近代金融史 [M]. 北京：中国金融出版社，1985.

[121] 薛光前 . 八年对日抗战中之国民政府 [M]. 台北市：商务印书馆，1978.

[122] 冉绵惠、李慧宇 . 民国时期保甲制度研究 [M]. 成都：四川大学出版社，2005.

[123] 曾健民 . 台湾一九四六 . 动荡的曙光：二二八前的台湾 [M]. 台北市：人间出版社，2007.

[124] 蔡勤禹 . 国家、社会与弱势群体：民国时期的社会救济（1927－1949）[M]. 天津：天津人民出版社，2002.

[125] 孙艳魁 . 苦难的人流——抗战时期的难民 [M]. 桂林：广西师范大学出版社，1994.

[126] 简秋燕 . 李友邦将军严秀峰女士简史 [M]. 台北市：世界综合出版社，2006.

[127] 沙连香 . 中国民族性 [M].（1－2）北京：中国人民大学出版社，1990.

[128] 王晓波 . 台湾史与近代中国民族运动 [M]. 台北市：帕米尔书店，1986.

[129] [日] 伊腾金次郎著，日本文教基金会编译 . 台湾不可欺记 [M]. 台北市：文英堂出版社，2000.

[130] [日] 田村志津枝著，汪平、林雅婷译 . 台湾人和日本人：基隆中学 F－man 事件 [M]. 台北市：玉山社出版，1999.

[131] 李友邦 . 李友邦文粹：日本在台湾之殖民政策台湾革命运动 [M]. 台北市：海峡学术出版社，2004.

[132] [美] 亚伯拉罕. 马斯洛著，许金声等译. 动机与人格 [M]. 北京：中国人民大学出版社，2007.

[133] [日] 矢内原忠雄著，周宪文译. 日本帝国主义下之台湾 [M]. 台北市：海峡学术出版社，2003.

[134] 粱华璜. 台湾总督府的“对岸”政策研究 [M]. 台北市：稻乡出版社，2001.

[135] 戴国辉. 台湾结与中国结——睾丸理论与自立、共生的构图 [M]. 台北市：远流出版有限公司，1994.

[136] 吕秀莲. 台湾的过去与未来 [M]. 台北市：拓荒者出版社，1979.

[137] 卢建荣. 分裂的国族认同：1975 - 1997 [M]. 台北市：麦田出版社，2000.

[138] 黄康显. 近代台湾的社会发展与民族意识 [M]. 香港：中华书局，1987.

[139] 卢义辉. 台湾意识的多面向——百年两岸的民族主义 [M]. 台北市：黎明文化出版社，2001.

[140] 茅乐楠. 新兴的厦门 [M]. 厦门：厦门棋轩巷萃经堂印务公司印刷，1934.

[141] 陈孔立. 台湾历史纲要 [M]. 北京：九州出版社，1996.

[142] [英] 保尔. 汤普逊著，覃方明、渠东等译. 过去的声音 - 口述史 [M]. 沈阳：辽宁教育出版社、牛津大学出版社，2000.

[143] 张广智、张广勇. 史学，文化中的文化——文化视野中的西方史学 [M]. 杭州：浙江人民出版社，1990.

[144] 涂照彦. 日本帝国主义下的台湾 [M]. 台北市：人间出版社，1993.

[145] 陈恒、耿相新. 新史学 [M]. 第二辑“布罗代尔的遗产”郑州：大象出版社，2004.

[146] 王诗琅. 日本殖民体制下的台湾 [M]. 台北市：众文图书公司，1980.

[147] 黄昭堂. 台湾总督府 [M]. 台北市：前卫出版社，2002.

[148] 黄国昌．中国意识与台湾意识 [M]．台北：五南图书出版社，1995.

[149] 梁华璜．台湾总督府南进政策导论 [M]．台北市：稻乡出版社，2003.

[150] 叶荣钟．日据下台湾政治社会运动史 [M]．（上、下）台中市：晨星出版社，2000.

[151] 梁妃仪、洪德仁、蔡笃坚．协助社群认同发展的口述历史实践——结合理论与实务的操作手册 [M]．台北市：唐山出版社，2003.

[152] 清庆瑞．抗战时期的经济 [M]．北京：北京出版社，1995.

[153] 彭卫、孟庆顺．历史学的视野——当代史学方法概述 [M]．西安：陕西人民出版社，1987.

[154] 曾健民．1945 破晓时刻的台湾：八月十五日后激动的一百天 [M]．台北市：联经出版股份有限公司，2005.

[155] 陈培丰著，王兴安、凤气至纯平译．"同化"的同床异梦：日治时期台湾的语言政策、近代化与认同 [M]．台北市：麦田出版社，2006.

[156] 当代上海研究所．口述历史的理论与实务——来自海峡两岸的探讨 [M]．上海：上海人民出版社，2007.

[157] [美] 约翰．托什著，吴英译．史学导论：现代历史的目标、方法和新方向 [M]．北京：北京大学出版社，2007.

[158] 林秉贤．社会心理学 [M]．北京：群众出版社，1985.

[159] 蒋大椿．唯物史观与史学 [M]．长春：吉林教育出版社，1991.

[160] [美] 雷克斯．马丁著，王晓红译．历史解释：重演和实践推断 [M]．北京：文津出版社，2005.

[161] [美] 唐纳德．里奇著，王芝芝、姚力译．大家来做口述历史：实务指南 [M]．北京：当代中国出版社，2006.

[162] 孙谦．清代华侨与闽粤社会变迁 [M]．厦门：厦门大学出版社，1999.

[163] 曹大臣、朱庆葆．刺刀下的毒祸：日本侵华期间的鸦片毒化活动 [M]．福州：福建人民出版社，2005.

[164] 戴国辉．台湾史研究——回顾与探索 [M]．台北市：远流出版

股份有限公司，1985.

［165］［美］J. P. 查普林、T. S. 克拉威克著，林方译．心理学的体系和理论［M］．北京：商务印书馆，1984.

［166］刘广明、王志跃．中国传统人格批判［M］．南京：江苏人民出版社，1995.

［167］马啸、陈正翁．寂灭与再生——中国传统人格掠影［M］．北京：国际文化出版公司，1988.

［168］何兆武、陈启能．当代西方史学理论［M］．上海：上海社会科学院出版社，2003.

［169］杨豫、胡成．历史学的思想和方法［M］．南京：南京大学出版社，1996.

［170］［美］格特鲁德．希梅尔法布．新旧历史学［M］．北京：新星出版社，2007.

［171］［美］K. T. 斯托曼．情绪心理学［M］．沈阳：辽宁人民出版社，1986.

［172］池贤仁．近代福州及闽东地区社会经济概况［M］．北京：华艺出版社，1992.

［173］安然．台湾民众抗日史［M］．北京：台海出版社，2003.

［174］王晓波．台湾史论集［M］．北京：中国友谊出版社，1992.

论文集

［175］夏潮联合会、台湾大学东亚文明研究中心．台湾殖民地史学术研讨会论文集［C］．台北市：海峡学术出版社，2004.

［176］王晓波．台湾的殖民地伤痕［C］．台北市：帕米尔书店，1985.

［177］林金田．台湾文献史料整理研究学术研讨会论文集［C］．南投市：台湾省文献委员会编印，2000.

［178］林金田．第四届台湾历史与文化研讨会论文集［C］．南投市：台湾省文献委员会，2001.

［179］厦门大学台湾研究所历史研究室．海峡两岸首次台湾史学术交流论文集［C］．厦门：厦门大学出版社，1990.

[180] 符维健．烽火东南——台湾义勇队在龙岩［C］．龙岩：龙岩东方彩印有限公司，2005.

[181] 严秀峰．纪念李友邦先生论文集［C］．台北市：世界综合出版社，2003.

[182] 田汝康、金重远．现代西方史学流派文选［C］．上海：上海人民出版社出版，1982.

[183] 周婉窈．海行兮的年代：日本殖民统治末期台湾史论集［C］．台北市：允晨文化出版社，2002.

[184] 洪泉湖、谢政谕．百年来两岸民族主义的发展与反省［C］．台北市：东海大学出版社，2002.

[185] 李祖基．台湾研究25年精粹．历史篇［C］．北京：九州出版社，2005.

[186] 福建省闽台交流协会、福建省社科院等．海峡两岸台湾移民史学术研讨会论文集［C］．福州：出版社不详，1999.

学位论文

[187] 卞凤奎．台湾总督府的南进政策——以籍民为中心探讨［D］．厦门：厦门大学历史系博士论文，2002.

[188] 王学新．日本对华南进政策与台湾籍民之研究（1895－1945）——兼论台湾黑帮籍民的形成与演变［D］．厦门：厦门大学台湾研究院博士论文，2007.

[189] 李爽．抗日战争时期国民政府难民安置政策研究［D］．长春：东北师范大学硕士论文，2005.

期刊论文

[190]［日］中村孝志著，卞凤奎、李玉珍译．"台湾籍民"诸问题［J］．台北文献，1999，(129)：165－206.

[191]［日］中村孝志著，卞凤奎、李玉珍译．华南之"台湾籍民"(2)［J］．台北文献，1999，(130)：169－202.

[192] 松浦章、卞凤奎．中国华南地区台湾籍民之特性及其问题（初

探）[J]. 台北文献，2000，(133)：211－252.

[193] 卞凤奎、李玉珍. 台湾籍民在东南亚地区之动态 [J]. 台北文献，2000，(134)：163－202.

[194] 陈小冲. 档案史料所见之清末日籍台民问题 [J]. 台湾研究集刊，1991，(3)：65－70.

[195] 陈小冲. 档案资料所见之清末"归化"台湾籍民 [J]. 台湾研究集刊，1992，(1) 72－78.

[196] 陈小冲. 台湾籍民与治外法权——以光绪三十一年王协林案为例 [J]. 台湾研究集刊，1992，(2)：69－73.

[197] 詹冠群. 论日据时期在闽的"台湾籍民"若干问题 [J]. 台湾研究，2001，(4)：80－86.

[198] 罗桂林. 国民政府初期福州的台湾籍民问题 [J]. 台湾研究集刊，2006，(2)：66－73.

[199] 林真. 抗战时期福建的台湾籍民问题 [J]. 台湾研究集刊，1994，(2)：71－78.

[200] 陈小冲. 抗战时期的台湾籍民问题 [J]. 台湾研究集刊，2001，(1) 63－70.

[201] 林星. 日本人和台湾籍民与福建城市的现代化 [J]. 福州大学学报（哲社版），2006，(3)：11－17.

[202] 黄新宪. 日据时期台湾籍民教育探微——以福州和厦门为中心 [J]. 东南学术，2004，(4)：7－13.

[203] 王晓波. 日据时期的台湾独立革命与李友邦将军——论台湾革命青年团与台湾义勇队 [J]. 台湾研究集刊，1990，(2－3 合刊)：117－132.

[204] 林真. 台湾义勇队的筹组及在福建的活动 [J]. 台湾研究集刊，1991，(4)：90－98.

[205] 楼子芳. 略论台湾义勇队的抗日活动 [J]. 抗日战争研究，1993，(4)：182－196.

[206] 陈小冲. 台湾少年团述论 [J]. 抗日战争研究，1993，(4)：197－210.

[207] 卞凤奎. 台湾义勇队在华南地区的抗日活动 [J]. 台湾文献，

2002，53（4）：183－224.

［208］吕一民．法国心态史学述评［J］．史学理论研究，1993，（3）：138－148.

［209］邹兆辰．近年来我国心理史学发展趋势［J］．史学理论研究，2005，（4）：122－125.

［210］郑剑虹、陈劲．再谈历史心理学［J］．重庆大学学报（社科版），1996，2（2）：92－96.

［211］居阅时．论社会心态对北洋历史进程的影响［J］．史学月刊，2002，（4）：49－56.

［212］邹兆辰．当代中国史学对心理史学的回应［J］．史学理论研究，1999，（1）：26－37.

［213］徐浩．探索“深层”结构的历史——年鉴学派对心态史和人类历史学研究述评［J］．学习与探索，1992，（2）：121－130.

［214］高露露．当代心理史学的变化［J］．史学史研究，2004，（3）：74－80.

［215］毛曦．心理史学及其应用的方法论原则［J］．唐都学刊，1992，8（1）：33－38.

［216］周兵．心理与心态——论西方心理历史学两大主要流派［J］．复旦学报（社科版），2001，（6）：51－55.

［217］徐奉臻．群体心理历史学探微［J］．求是学刊，1993，（4）：111－113.

［218］胡波．历史心理学的价值与意义［J］．广东社会科学，1993，（1）：100－105.

［219］居阅时．心态研究——历史学的新视角［J］．苏州大学学报，1999，（2）：97－100.

［220］陈曼娜．二十世纪中外心理史学概述［J］．史学史研究，2003，（1）：61－69.

［221］［日］井上庚二郎著，梁华璜译．厦门的台湾籍民问题［J］．台湾风物，1987，37（1）：83－107.

［222］梁华璜．日据时代台民赴华之旅卷制度［J］．台湾风物，1989，

39（3）：1－50.

［223］苏新有．抗战时期国民政府难童救济述论——以赈济委员会儿童教养院为例［J］．贵州社会科学，2007，（7）：159－163.

［224］林真．试论福建在台湾光复中的作用［J］．抗日战争研究，1995，（3）：63－74.

［225］陈小冲．1937－1945年皇民化运动述论［J］．台湾研究集刊，1987，（4）：72－81.

［226］陈孔立．需要“同情的理解”［J］．台声，2003，（1）：10－11.

［227］陈小冲．日据时期台湾与大陆的文化联系［J］．台湾研究，1997，（2）：79－83.

［228］陈小冲．日本在台同化政策及其失败［J］．台湾研究集刊，1992，（3）：64－71.

［229］吕一民．从地窖到顶楼——法国心态史学探微［J］．学术研究，1993，（1）：106－110.

［230］张附孙．布罗代尔的“长时段”与马克思的形态观［J］．云南师范大学学报（哲社版），2007，38（3）：105－111.

［231］孙晶．布罗代尔的长时段理论及其评价［J］．广西大学学报（哲社版），2002，24（3）：80－84.

［232］陈孔立．1945年以来的集体记忆与台湾民众的复杂心态［J］．台湾研究集刊，2003，（4）：1－12.

［233］陈孔立．台湾历史的集体记忆与民众的复杂心态［J］．台湾研究集刊，2003，（3）：1－8.

［234］林泽荣．心理史学与历史人物研究［J］．学习与探索，2000，（4）：125－127.

［235］孔祥吉．甲午战争中北洋水师上层人物的心态——营务处总办罗丰禄家书解读［J］．近代史研究，2000，（6）：140－160.

［236］李桂芳．抗战时期国民政府的社会救济行政［J］．政法论坛，2007，（3）：416.

［237］吴成军．民国时期戒毒政策研究［J］．民国档案，2004，（2）：73－79.

[238] 吕芳上．蒋中正先生与台湾光复 [J]. 近代中国，1990，(79)：76 - 101.

[239] J. B. Jacobs. 台湾人与中国国民党 1937 - 1945：台湾“半山人”的起源，台湾风物，1990（79)：17 - 54.

外文资料

[240] Huang chun chieh. the challenge of a new democracy to an old civilization：TaiWan in transformation 1895 - 2005 [M]. new brunswich. new jersey：transaction publishers, 2006.

[241] Certrude. himmelfarb. the new history and the old [M]. Cambridge, Massachusetts：The Belknap press of Harvard University Press, 1987.

报告

[242] 胡锦涛．高举中国特色社会主义伟大旗帜为夺取全面建设小康社会新胜利而奋斗——在中国共产党第十七次全国代表大会上的报告 [Z]. 北京：人民出版社，2007.

参考网址

[243] 中国网．温家宝总理与中外记者见面并回答记者提问（实录）[EB/01]. http：//www. china. com/2008lianghui/2008 - 03/18/content_12953641_ 4. htm，2008 - 03 - 18.

补充参考文献

[244] 汪毅夫《闽台缘闽南风》，福建教育出版社，2006 年版.

[245] [意] 卡洛．金斯伯格著，朱歌姝译《夜间的战斗：16、17 世纪的巫术和农业崇拜》，上海人民出版社，2005 年版.

[246] 中国第二历史档案馆、海峡两岸出版交流中心《馆藏民国台湾档案汇编》，第 12 册，九州出版社，2007 年版.

后　记

“学海无涯苦作舟”，也只有在书稿完成的那天，方才能深刻地体会这其中的“苦”。

第一种“苦”，是求学过程的艰苦。钻研学问是个坐“冷板凳”的过程，往往是寂寞相伴与安逸绝缘。笔者为了寻找有关台湾籍民的史料，近年来在福建省档案馆、武夷山市档案馆驻点查阅档案，租住档案馆附近的房子，每日早出晚归，埋头于档案馆的故纸堆中，日常生活中也有诸多不便，期间深刻感受到了在外求学的艰辛。此外，笔者天性愚钝，写作时也常为才思枯竭而懊恼，其中的过程并非平坦。

第二种“苦”，是历史过往的心灵体验。在研究抗战时期福建崇安台湾籍民心态时，笔者的思绪免不了随之起伏，一份份台湾籍民递交的呈请资料总能让我遥思千里，体会他们遭遇的困境。寻访籍民旧址，站在台民第二管理所的文庙旧址，看着孤零零的门牌坊依然伫立，浮想当年台湾籍民在此生产生活的场景，不仅感慨岁月的沧桑变化，意会着他们的孤寂与忧郁，感受他们内心的苦寂，可以说笔者追思崇安县台湾籍民的过去便是一趟“心灵苦旅”。

第三种“苦”，则是苦于“学海无涯”。有关崇安县台湾籍民的研究，仍有推进的空间。由于各种主客观原因，笔者至今没能较为完整地采访到当年生活在崇安县的台湾籍民，在口述资料的整理收集上尚有欠缺。2009 年 11 月的一天，笔者有幸电话访问了当年生活在崇安县的高明谭先生，高先生 1932 年出生于台南，1938 年全家返回祖国大陆，并于当年被集中于崇安县，现居住在福建省泉州市。由于年代久远，高先生所能记忆的往事有限，且没有正式约见笔者面谈，电话访谈的资料只能割爱，没有在书中引用。台北市和福建漳州的龙海、长泰、南靖，也有当年生活在崇安的台湾籍民依然健在，只是笔者无缘采访得成，这不能不说是本课题研究的一大遗憾。此外，本书运用心态史学的方法，对特定的群体做微观史学的剖析与研究，毕竟是笔者的一个尝试，其中有不妥或不完善之处，仍须今后努力。倘若有再版的机会，定要进行补充和修订。

本书能够顺利完成，首先要感谢厦门大学台湾研究院的领导和老师，多年来他们对我的培养、帮助和关爱，使我能够顺利完成学业，并将博士学位论文整理成书稿。其次，在做此研究时，笔者也得到台湾大学邱荣举教授的支持，赠送了我不少相关书籍，并为我采访有关当事人四处奔走。在他和吴宥霖先生的帮助下，我顺利采访到当年台湾义勇队队长李友邦将军的夫人——严秀峰女士，获得了第一手的口述资料，临别时严秀峰女士还赠送了一些资料，诸多台湾友人的热心帮助，让我终生难忘。福建省档案馆、武夷山市档案馆的领导和馆员，他们提供周到的服务和帮助，为我完成这个研究课题奠定了基础，对此深表感激。本书的出版得到九州出版社的大力支持，也在此谨表衷心感谢。

由于笔者水平有限，不当或错漏之处，在所难免，敬请读者批评指正并见谅。

黄俊凌

2010 年 4 月于厦门大学台湾研究院